理解他者　理解自己

也
人
————
The Other

徐前进 著

现代精神之花

一个
东北工业城市的
具体与抽象

上海书店出版社
SHANGHAI BOOKSTORE PUBLISHING HOUSE

纪　念

这些正在变化

或已经消失的

现代精神象征

序

经济向南，思想向北

东北是一种方法，一种以具体和直接的方式理解中国现代化的方法。

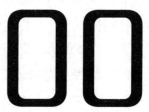

一、不确定的经济—文化论

在人类历史上，一旦涉及经济衰落，无论是相对的衰落还是绝对的衰落，几乎都会衍生出一些压迫性或歧视性的判断，例如贫困是一个道德问题，经济衰落等同于文化衰落。与衰落几乎同时出现的还有失语，既没有诉说的能力，也无法获得倾听的机会。这种现象往往有深刻的影响，并可能在逻辑意义上证明：这个地区的衰落是符合历史理性的，如果它不衰落，那么这个世界就是不公平的。

这是一个功利性的历史逻辑，也是一个隐藏着道德风险的历史逻辑。经济与文化之间有难以辨明的复杂关系，有时足以颠覆人类对于普遍正义的理解。现代功利主义者将经济繁荣归结于文化优越性，但人类历史的发展证明这个判断并不准确。在一些情况下，有目的、有策略的野蛮行径更有可能创造出丰厚的收获，如抢占土地、掠夺人口和财富。这是一种并不正义的进步，既是经济意义的掠夺，也是心理意义和语言意义的掠夺，因为胜利者控制着对于野蛮的解释权。那些没有攻击性也没有抵抗力的淳朴或安宁被野蛮彻底颠覆，失去了语言能力，很多族群甚至会由此解体或消失。

15 世纪以来，一些西方政治体通过殖民主义和帝国主义实现了前所未有的繁荣，但也制造了一个世界性的人道主义悲剧：那些在外来侵略中解体或消失的民族受到了胜利者的嘲笑。由于没有强大的语言能力，这些无辜的民族只能在沉默与忍耐中去化解这种在时间中无限延长的苦难，有些民族由此变得自卑、颓废，逆来顺受，不再寻求改变的可能。

一个由野蛮奠基的现代秩序已悄然形成，一个世界性的心理悲剧从此在现代历史中持续上演。这个悲剧有三个层次：第一个是行为层次，其中有两个主角，即掳掠者和被掳者，最终掳掠者胜利了，被掳者消失了，或者沉默。第二个是文字层次，被掳者不再有历史性的语言能力，所以掳掠者掌握了历史解释权，他们的继承人又发明了足以将掳掠隐藏起来的逻辑。第三个是常识层次，这个逻辑制造了一个侵略性或压迫性的常识，即落后就要挨打。尽管这个常识违背了普世的正义，却大行其道，这个世界由此展示了一种无以言表的混沌，富裕与贫穷、高尚与粗俗、雄辩与沉默等不再有明确的道德内涵。

我们不知道这个世界性的心理悲剧会持续多久，至少在当下仍旧是一个无从解决的问题。但在思想意义上，我们有责任描述这个已经上演了五百年的心理悲剧。尽管文字叙事无法改变宏观历史趋势，但对于历史失语症而言，只要文字制度介入其中，这个悲剧至少不会从人类历史记忆中完全消失。

这个心理悲剧长期覆盖着这个世界，身处其中的人或是不想改变，或是无力改变，或是在艰难地改变。西方现代文明对于声音、颜色、线条、语言、物质和思想几乎都有创造性的改造力，这种力量有时会变成扩散性和渗透性的诱惑，包括对于那些曾经被冒险家侵袭的民族。这是一种源于当下的诱惑，也是让人忘记过去的诱惑。相比于其他生命，人类有明确的历史意识，但这种历史意识会被当下改造，也就是说，历史状态有时要服从于或依附于当下的状态，或者说谁控制了当下，谁就能控制历史的解释权。西方文明获得了强大的话语权力，同时又制造了历史失语症，所以才能用漏洞百出却难以反驳的语言技术回避野蛮、征服与责任。这个心理悲剧也就不再是关于普世正义的问题，而是如何用当下塑造历史的问题。在这个大面积失语的世界上，真理可能会变成语言的奴隶。

我们是不是还坚持认为经济发达源于文化优越，或经济贫困源于道德败坏？这个问题不只出现在这个世界的东西方之间，也出现在一个国家的内部。当然，后一种对立的程度会减轻，也不再具有残酷的伤害性，取而代之的是不同认知之间的对立。这种对立同样源于经济与文化的复杂关系，一种不确定的想象由此出现，即经济—文化论。这种想象有时会变成大行其道的道德观念，尽管是肤浅的，甚至是错误的，却会影响很多人的判断。

20世纪早期，美国北部城市赋予了这个国家强大的工业力量，使之成为一个世界性的政治经济体。这个世纪的三代人，甚至更多的人是机器工业所造就的幸运者。他们在这些城市里获得了优越的生存条件，并超乎预期地实践了自己的理想。20世纪后期，这些城市衰落了。它们并未获得美国人的同情，相反他们将不容辩驳的文化歧视投向这些为美国崛起付出了很多的城市。

这是一种源于功利主义与消费主义的认知偏见。进步制造了新奇，新奇又变成一种迷惑性的经济优势和文化优势。所以，很多人都希望生活在进步与新奇中，并努力将这个愿望付诸实践，哪怕千辛万苦。对于他们来说，这是一个优良的经济判断，也是一个崇高的道德判断。这种认知塑造了一个负面结果，即进步之后的衰退会受到排斥。芝加哥、底特律、匹兹堡等重工业城市变成了人人避之不及的"铁锈地带"，人口流失、生活贫困、法制松弛、犯罪率上升等。

在那些被人普遍接受的思想中，有一些是深刻的，但也有一些是浅薄的，因其被表象所迷惑，也就无法呈现问题的本质。实际上，这些衰落之地已经从生产、消费领域进入了更深刻的思想领域，一个关乎工业化未来的思想领域。表面上，这个领域被缓慢、静止、荒凉、遗弃等词汇所占领，然而，这些词汇并非只有负面意义，相反它们等同于深刻，也就是意义本身。

自古至今，在这个世界上，几乎没有一个地区是注定要繁华，而且从来都是繁华的。在技术文明时代，安全的飞机、准时的高速铁路、故障率很低的私人汽车，以及自由选择的工作类型和居住空间已经消解了人口状况与地域文化之间的密切联系。在流动性稀少的古代，我们还可以在一个地区的人口状况与文化状态之间找到模糊的关系，但在流动性丰盛甚至让人不知所措的时代，这种模糊的关系是不存在的。一个均匀的文化平面已经在现代国家内部出现，我们可以称之为工业社会或陌生人社会。

经过半个多世纪的现代化进程，中国内部已经形成了这样的平面，为物质、人口与信息的自由流动提供了充分的条件。但无限的流动性对于个体情感的维系是不利的，因为情感维系需要的是密集、重复、稳定，而无限的流动性会压缩个体情感的边界，甚至使这种情感变成抽象的存在，即人的符号化。历史理性是对于宏观、庞大和长时段现象的判断，能够解释现代社会中情感稀缺的问题。而个体理性是对于微观、瞬间或短时段的判断，有时无法解释这个问题，对于现代性的判断就会出现偏差。

近十年，在中国经济南移的时代，东北地区在一些方面也陷入了这个普遍流行的经济—文化论。在现代中国历史上，东北人完整地经历了一次现代化进程，首先是满怀希望、斗志昂扬，然后在机器工业的声音与节奏中充分实践自己的理想。20 世纪末，在新经济类型的冲击下，传统工业衰落的迹象出现了，并很快变成悲观的预期。这个预期首先在生产领域蔓延，很快扩及家庭心理和消费领域。当预期的衰落变成了现实，即使这种衰落是相对的，或是仍旧在缓慢地进步，但在竞争性的现代社会中，源于经济—文化论的压迫感就会出现。

这种感受类似于个体意义的自卑，但又比自卑更加普遍，好像无处不在。一群人时刻面对着它，受它压迫，却无法言说，也无法缓解。他们怀着对于光荣时代的回忆，在缺乏新奇的日常生活中奔波劳碌，一次次试图忘记压迫感的存在，却无法证明自己并不差，既无法用历史的荣光证明，更无法用当下的平庸证明。有些人不希望在这种状态下生活，所以想方设法离开。有些人依旧在这里生活，对抗着静止或衰落，同时也期待着历史机遇的降临，然后这片土地再次变得繁华。

在东北经济衰落的时代，从未来过东北的人会相信一些先入之见或管窥之见，然后成为经济—文化论的信徒。这不是他们的错，因为语言或舆论有时会在虚拟的状态中影响人的判断力，而这是他们理解这个地区的唯一信息来源。但对于那些在东北出生、成长、生活的人，面对这个普遍流行的经济—文化论，哪怕从中衍生出来的判断是错误的，他们也无法彻底扭转。这是一个语言与实在之间的矛盾：语言即使无法阐释一种具体存在的准确内涵，有时却会被人当作是存在本身。

二、东北边陲之行

2006 年，我有过一次东北边陲之行。这次旅行让我对经济—文化论产生了疑惑。春末冰雪消融之际，我独自一人到东北东部的敦化市寻亲。那里聚集了大量山东移民，很多村子基本上是山东人的后代，一个姓氏或一个族群临近而居，相互照应。我希望看一看这群背井离乡者的生活，更希望找到高祖父弟弟的后人。清朝末年，他们离开故乡，在未知的前途中奔走千余里，纯粹是为了个人生计，但在客观意义上，他们又是一群政治主权移民。

一辆大型客车在我所在的城市的道路上走走停停，然后进入高速公路，在东北平原上飞驰，又在山林道路上多次转圜，七个小时后抵达敦化汽车站。暮色将至，周围是陌生的目光与商业目的掩盖的温情。我拒绝了很多旅店的招呼，一路向前，在一条河边的旅店中住宿，一晚上 50 元钱。老板五十多岁，面容和悦，与我好像没有陌生感。最初，她想为我展示一个关于人性的神秘诱惑，"我们后面还有一个地方……"我告诉她我是来这里寻亲的，她立刻变得肃穆，那个还未来得及展开的诱惑旋即消散，取而代之的是陌生人之间的温暖。在这种温暖中，她讲述了很多山东人来这里谋生的艰难往事。

早上五点，我起床赶路，在汽车站坐上一辆小型客车，很快到达贤儒镇。下车后，周围人很少，我不知道怎么办，就沿着一条路向前走。一个老人与我迎面而来，他的口音里有一些山东话："这里姓徐的很多，你说的那种情况，估计得往南走，那里有很多从山东海边来的……我家就在前面，你先跟我到家里吃顿饭吧，找不到就住下，明天再找。"在那个至今还清晰的笑容里，我与他道别，或者说是永别，因为我们以后再也没有相见。我一路向南走，路边是冰雪融化的农田，一望无边。脚下的路通向远方，没有尽头。一头又一头的黄牛在农田里吃草，不知道是谁家的。

我坐在路边休息，一辆拖拉机从远处开过来，"哒哒哒……"声音由小到大，空气在振动。我举起右手，驾驶员皮肤黝黑，微笑看着我。得知我的目的后，他说自己的故乡在河北，所以不是我要找的人。"我大概知道你的亲戚在哪里，上车。"我坐在拖拉机后轮上方的挡泥板上，一种人与人之间来自远古时代的文化认同感立刻出现在这个微小的移动空间里。这种认同感几乎没有对外辐射性，只存在于我和他之间，无法预期，很快会消失。"那里有几个村子，八九不离十……我出来下地，不干活了也帮你找。"

拖拉机在弯弯曲曲的土路上行驶。他的右脚踩在油门上，柴油有节奏地喷入发动机的燃烧室，与空气混合后被火花点燃，右前侧的烟囱里喷出黑色烟雾，柴油爆燃所产生的力量经过机械方式传递到轮胎上。我握着铁质的驾驶座背，身体摇摇晃晃。他不停地跟我说话，面容近在咫尺，清晰可见，黝黑的皮肤，混乱的胡子。这是悠远的人性所创造的偶然交往方式。在这个时刻，在这个地方，他不知道我会出现，当我拦下他的拖拉机，他立刻决定成为这种古老交往的实践者。

经过一个村子时，我们遇到一个扛着锄头的人。他停车打听，重新规划路线，然后带我转向另一个村子……在第三个小村子，我们就此告别。拖拉机的声音越来越小，最后消失不见。四周一片安静，我站在这个小村子的南端，一条泥土路经过其中，两边分布着独立的小院子，两百平方米左右。木头房子立在院子中央，院墙是一米高的木头篱笆，简易的木门，门上没有锁。

我在这条路上走走停停，寻找一段已经消失的情感。我不知道它是否还会出现，但仿佛感觉到它就在眼前。在这条路的中段，一个经营商店的人站在门前，看着我一路走来。那种目光很奇特，我们是陌生的，但相互之间又有一种无法言说的期待。他问我从哪里来？在他开口的一瞬间，我就知道这种期待不是虚幻。他说自己不是我要找的人，我要找的人住在那个院子里。他用手指着 30 米之外的房子，然后让他的孩子带我过去。

我站在这个院子的门前，向里面看。一个六十多岁的男人迎面走过来，穿着老旧的深蓝色中山装。他的眼睛里有好奇，因为这个深山里的小村落很少出现陌生人。很快，他站在我面前，看着我。他在疑惑，也在思考。我还没有完全解释清楚我的目的，我们的手就已经握在了一起。这是一个神奇的时刻，一个无须用语言就能实现的目的，因为我们长得很像，尤其是眼睛。

这是一种清晰存在又难以证明的感觉，奇妙、亲切、不言而喻。十年后，在新春之际，我与父亲一起去拜望我的舅爷，也就是奶奶的哥哥。在我看到他的那一刻，这种感觉又出现了。我的奶奶已经去世两年，舅爷的身体也每况愈下。我们相对而坐，他专注地看着我，然后笑容满面。他的眼睛与奶奶的一样，他们的面庞也一样。他开口说话，就像我的奶奶在说话。一个消失的声音又出现了。他说还记得我小时候的样子，"应该是五六岁吧，你来住了十多天，我带你去后面的树林里看鸟，哈哈哈，一晃就长大了。"在那个时刻，我并不知道这个声音会在半年后永远消失。

在东北边陲之地，我看着这个与我有血缘关系却仍旧陌生的人在院子里忙碌。他劈了一些松木当柴火，用传统的锅炒了四个菜（蘑菇、花生、豆腐、山芹菜）。我们坐在热乎乎的土炕上，在松木烟香与浓烈的高粱酒香里相对而坐，用目光、手势和言语唤醒已经隐藏的家族情感。每当举起酒杯，他都先看我一会，放下酒杯再看我一会：

我们来东北已经四代了，那时候到处都是荒山野岭，随便用木头搭个屋子，狼虎有时出来伤人……也就是近三四十年变化大，电视、电话都有了……我和你父亲应该是一辈的，但我年龄要大一些……现在这里就我一个人住，大女儿在省城上的大学，毕业后去深圳了。二儿子在县城当警察，要准备结婚了。唯独小儿子我不太放心，前几年去南方打工，没技术赚不到钱，去年回来了，在县城找了个工作，总说赚得少，但我觉得安稳些……这里每年都有离开的，基本上是南下，有些回了山东，有些到了南方……每当过年，我有时也想回趟老家看看，但实话实说啊，已经这么多年了，谁也不认识……

离别之际，他掏出一叠崭新的百元人民币，塞到我的怀里。我婉言相拒，他又塞到我的怀里，我转身加速离开。他疾步跑上来，再次塞到我的怀里，然后用责备、关怀，以及一点离别的悲伤，还有对于未来的相见不抱希望的多重语气说："我只能给你这点钱，家里的东西很多，但你拿不多。"

山岭之间景观相似，没有现代文明世界里的路标，我借助于记忆中的路线往回走。山间的农田里有很多低着头吃草的牛，没有人看护，没有人催促。在一个三岔路口，我不知道选择哪个方向。我走入山中，想找人问路，但四周空无一人。我迷路了，只能在树林里四处游走。等到筋疲力尽时，我看到了一个木头房子，房子边的烟囱里冒着烟，大门敞开，一个七十多岁的老人在做饭。他听力不好，但最终知道了我的目的："孩子，你先坐下来吃点饭，吃完饭我和你一起走出去，到大路就有过路车，今天走不了，你再回来，晚上就住在这里。"

眼看太阳西下，我着急赶路。他弯着腰，在前面带路，健步如飞，翻过一座山，经过一个山谷，又穿过一片树林，然后他指着前面："你看到没有，那里就是大路，我就不下去了，天快黑了，记着没有车再回来。"

十年后，我坐上了开往敦化的高速列车，两个小时后在敦化火车站下车，之后乘坐公共汽车到达了贤儒镇。在中国现代化的进程中，两个城市之间的时间距离不断缩短，甚至缩短为城市内部公交车的通行时间状态。但这个小镇子的景观并没有很多改变，这里人的精神状态看起来也没有什么改变，眼神中仍旧散射着通向远古的清澈与坦诚。我再次走到贤儒镇的南面，还是那片农田，但田间的路已经覆盖了混凝土。

一辆拖拉机驶过来，烟囱冒着黑色的烟，后面拖着一个兜子。我挥手示意停车，司机知道了我的目的，"上车上车，去哪里都行，哈哈哈。"不是同一辆拖拉机，但我仍旧坐在后轮上的那个位置。他从烟盒里抽出一根烟，含在嘴里，在点燃打火机的时刻，他想起还有一个人，"来来来，你也来一根，忘了，哈哈哈……我有八垧地，每年开春就得忙一阵，明年地更多，我弟弟去省城了，他的地让我种……种地是很难发财的，但自由自在，下雨就睡大觉，到外面打工挣得多，但得看人家脸色，我以前去过南方，感觉总是不自在。"他的右脚踩在油门踏板上，柴油发动机稳定地提供着动力。

那个小村子原来有三十几户人家，现在已经剩下了二十几户。高祖的孙子已经离开。那个小商店还在经营，店主人说有的人去了县城，有的去了省城，有的回了山东，还有的去了南方。通过邻居提供的电话，我与他取得了联系。这两年，他的身体不好，搬到县城跟二儿子一起住，小儿子在这个城市干建筑。话别之际，他希望我好好工作，以后有机会再相聚。

回来后，我找到了他小儿子的工地，看到了他参与的工程。一个钢筋混凝土的简单结构正在变成一个有生活气息的居住空间，客厅瓷砖的连接处均匀平整，卫生间的每个拐角有一种几何学的美感，卧室衣柜里的固定螺丝有准确的位置。这是我们第一次见面，在这片现代文明的扩张地带。他点了一根烟，烟雾在他面前飘散，温厚的笑容穿过烟雾。"我们有个工程队，基本上什么都能干，搬砖、灌浆、贴瓷砖……只要这片楼没完工，你就能在这里找到我。"

这是一群现代化进程里的边缘人，也是一群处在现代化边缘仍旧快乐的人。他们的心里保留着来自古典时代的品质，对于静止的生活有充分的信任，对于外界的变化也有足够的适应力。即使外部环境异常艰难，他们还有无与伦比的忍耐力，然后在忍耐中等待着希望。他们不懂现代理论和后现代理论，也不懂人工智能与后人类社会，但在当下这个具体的空间里，他们日复一日地实践着自己的理想。

在现代功利主义的视野中，这种理想可能会被看作是一种被动的、没有意识的追求。但在人性的原始意义上，这种理想最长久、最坚韧，引导他们度过了无数次艰难的时刻。他们在个体意义上往往是微不足道的，没有征服的力量。但作为一个群体，他们的言行中有淳朴的本性。这种本性常常以隐秘的方式一次次化解宏观历史趋势中的危机。

日本侵华期间，很多日本开拓团的农民来到敦化地区，开山种地，生产木材，为侵略行为提供物资给养。日本战败后，很多开拓团农民被抛弃在这里。在东北从殖民主义秩序中彻底解放前，当地人生活在对于个体命运的绝对担忧之中，并被迫用彻底的服从去化解这种担忧。

但当殖民主义时代结束后，他们并没有让这种担忧失控，然后去实践正义却残酷的报复。相反，他们用一种源自远古时代的善意覆盖了殖民主义之恶。他们可能并不清楚殖民主义的理论内涵，而是用最朴素的人道主义去对待一个又一个被军事帝国主义所抛弃的孩子、女人、老人。

小林荣一的父母是满洲开拓团的农民。太平洋战争开始后，日军伤亡惨重，他的父亲应征入伍，一去不返。很快，他的母亲得了重病，不得不将他托付给孩子的舅妈。几个月后，由于家境困难，舅妈又将他送人。之后，小林荣一经常在铁路线捡煤块，维持生计。铁路工人知道他是日本人，仍然给他吃的，有时也会给他一些煤。"文革"时期，没有人为难他。相反，由于工作努力，他担任了生产队长。[1]

1978 年，中日签署和平友好条约。自 1981 年开始，两国政府分批组织日本战争遗孤回国寻亲。小林荣一借此机会与父亲团聚，并找到了一份保洁工作，生活逐渐安定下来。之后，他两次回敦化，每次朋友们都送给他大参烟。他带着这些烟到日本部门办理各种事务，十分顺利：

拿出中国的大参烟，真不得了，有的官员抽完了还悄悄问关东烟还有吗？那些人都在中国待过，对那些东西有一种特殊的回忆。[2]

在宏大、复杂的历史背景中，大参烟不仅仅是这些人对于一种物

－1 于建青：《寻路关东——长白山区移民口述实录》，长春：吉林文史出版社，2018 年，第 104 页。
－2 同上，第 105 页。

质的回忆，还意味着中国文明对于日本殖民主义之恶的宽容。这种宽容是西方现代政治理论所无法解释的，因其是一个生命关怀高于政治理论的问题。自远古时代以来，中国风俗中就存在这种宽容的精神，尤其是在对外交往中。这是中国文明连续性的风俗基础，也就是原谅那些不可原谅的，宽容那些不能宽容的。尽管在现实中，这种宽容精神有时会遇到背叛，却是一种深奥的历史理性，能够维持一个文明的连续性。

三、传统的两种类型

清朝末年，中国文明的连续性一直困扰着来华的西方人，包括商人、传教士和政治家等。他们看到了一个帝国衰落的种种迹象，例如官吏腐败、鸦片盛行、公共道德缺乏，加之帝国主义的侵略，普通民众生活在极度的紧迫与不安中。在漫长的历史上，中国也多次面临类似的困境，但这种文明依旧在延续，原因是什么？

美国传教士明恩溥（Arthur H. Smith，雅瑟·亨·史密斯）长期在中国生活，是有名的中国通。1894 年，他出版了一本影响很大的作品，即《中国人的性格》（*Chinese Characteristics*），严厉地批评了清帝国的混乱，既包括宏观制度的缺陷，也包括帝国臣民的顽劣，例如争强好胜、因循守旧、裙带关系、寄生性格、缺少公德心和同情心等。[1]根据他的判断，中国文明不应该延续这么久，也难以保持下去。

然而，明恩溥的判断是错的。随意评论不理解的事物，这是一种

－1 ［美］雅瑟·亨·史密斯：《中国人的性格》，李明良译，西安：陕西师范大学出版社，2010 年。

违背实证主义的行为。1833—1876 年，美国传教士卫三畏在中国生活了四十余年，对中国政治、经济和风俗状况有深入了解，但他对于这个文明的连续性也是迷惑的：

> 事情有结果必有相称的原因。有人想知道中国人卓越持续力的原因，为什么他们的组织结构没有陷入老化，这个民族经历四千年依然存在，没有让位于其他民族？是不是因为地理上的孤立，使别的民族不能轻易地入侵？也许语言和文学使他们所教导的人统一起来并坚持下去？是不是有一种宗教和统治阶级的力量一起发生作用，给现在所见的节俭、勤劳、务实的人民带来安全和自由？[1]

事实上，承认、尊重、理解中国文明的连续性，并在此基础上设定对华交往的方式和限度，对于西方人而言，这是一个富有挑战的问题。他们要在功利主义和工具理性之外重新认识这个世界，进而反思现代化的最终目的：现代化可以在短时间内壮大一个文明，使之有改造世界的能力，但这个文明是否会因此而走向普世与永恒？

在对华交往中，基辛格展现了超乎寻常的远见卓识，因其认识到中国文明的连续性：

> 中国历史之悠久，规模之宏大，使中国领导人能用中国几乎永无尽头的历史让谈判对手油然产生一种谦恭之心。（哪怕以后在回忆时，谈判对手才意识到，所谓历史有时候只是一个比喻）外国的谈

－1 ［美］卫三畏：《中国总论》，下册，陈俱译，陈绛校，上海：上海古籍出版社，2005 年，第 713 页。

判对手会因此而觉得自己是在违背自然，自己的行动注定只会在中国滚滚的历史长河中留下一条逆流而动、微不足道的痕迹。[1]

1971 年，基辛格秘密访华，从外交实践中认识了这个文明的内在力量。尽管在那个时候，中国是落后的，但这种力量让中国政治家可以在现代化之外讨论中美关系，根据人类历史的宏观趋势确定中美交往的方式。在最初的几次谈话中，周恩来赞扬美国历史悠久，比中国历史还悠久，一个建国已近两百年，而新中国才成立二十二年。这是外交性的语言技巧，之后他从国家视野转向文明视野：

> 至于我们的古文明，每个国家都有，美国和墨西哥有印第安人，南美洲有比中国还古老的印加帝国。很可惜，他们的文字没有保存，遗失掉了。至于中国的悠久历史，有一点是好的，就是已有四千年历史的书写文字，有历史文物为证。这对国家统一和发展有益。[2]

人类历史上有两种传统：一种是可见的文字传统，一种是不可见却可以感受到的风俗传统。风俗传统的展示领域是当下的日常生活，始终处于出现与消失的短暂过程中，游离于文字制度之外。文字制度实践的是一种知识权力，具有长久的时间性，而且能跨越空间传播。在风俗传统面前，文字传统往往会控制话语权。但这并不是理想的状况，因为在一些情况下，文字传统与风俗传统是分裂的，而分裂的结

－1［美］基辛格：《论中国》，胡利平、林华、杨韵琴、朱敬文译，北京：中信出版社，2015 年，第 240 页。
－2 同上，第 241 页。

果是风俗传统的消失。

近代以来，中国思想界关于传统是否断裂的讨论基本上限定在可见的文字领域。清末西学传来是这个断裂的序曲，古典知识逐渐被西方现代知识所取代，所以有人认为中国传统的连续性受到了冲击。之后，在国内革命和工业化时代，西方知识进一步普及，并不同程度地引领着科学、技术、文艺研究的方向。所以，在可见文字的意义上，中国传统有断裂的迹象。

但那个不可见的风俗传统仍旧在延续，以非文本化的方式存在着。在现代城市中，这种传统在很多时候是隐而不现的，但在中国的边缘地带，这种传统仍旧是稳定的。近百年的政治革命与现代化事业造成了文字传统的断裂，但并没有导致风俗传统的断裂。相反，这种传统以直接的方式推动着中国的现代化。

如果忽视了两种传统并存的现象，我们对于中国现代精神会有不同的认识，而文字传统更有可能主导我们的判断，因其具有长久的时间性。这是文字传统的特点，但对于不可见的风俗传统而言，这个特点意味着剥夺与挤压。在文字传统的时间性中，过去占据了统治性的地位，尤其是在当下的状况受到贬低或厌弃的时候，过去可能会受到美化。风俗传统隐藏于当下的日常生活，以实践性的、非文字化的状态不间断地出现，没有机会变成历史记忆，所以历史阐释权容易被那些喜欢书写或以书写为业的人主导。

不可见的风俗传统则出现在相对静止的地区，尤其是没有被急剧变化的流行文化所影响的地区，例如敦化往南 20 公里的小山村。在那里生活的人言行古朴，意志纯洁，虽然没有杰出的学识，也没有系统书写的能力，但在日常生活中，他们延续着古已有之的习惯，卑微却从容。这些地区属于空间意义上的边缘地带，也属于历史记忆的边缘地带，但另一方面，这是风俗传统的中心地带。

在权力密集或经济剧烈变动之地，风俗传统并不稳定，有时会被现代文明冲散，不再有塑造群体心理的力量。但在那些相对静止的地区，风俗传统是稳定的，以间接的方式推动着现代化进程。在这种传统中长大的孩子，在生命中的一个时刻，例如初中毕业、高中毕业、技校毕业或大学毕业后进入城市，在现代陌生人社会中实践自己的理想。每逢节日，他们会离开城市，回到家乡。他们不是从文明回到粗野，而是从复杂回归简单，从工具理性回归原始意志，从诱惑性的消费主义回归自给自足，或从可见的世界回归非文本化的不可见世界。现代陌生人社会有时候并不能让身处其中的人完全实现自己的价值，既无法施展源自本能的习俗，也无法获得情感意义的自我认同感，于是他们只能在沉默与孤独中谋求生存资源，有时也会为了一点利益而身处真诚与虚假的边缘，但定期或不定期的回归之旅使之恢复了本初的信念，以及对于未来的希望，然后再次回归现代陌生人社会。

所以，乡村与城市之间并非是完全无法缓解的对立，而是在对比中互相发现。在现代城市中，物质丰裕、信息密集、景观不断变化，一刻不停地制造新奇，鼓动创造的精神。但在情感意义上，城市是贫困之地。在短暂的相遇中，微笑是灿烂的，但可以不真诚；语言是温暖的，却被功利性的目的主导。这是表象与本质的分离，几乎没有人喜欢这种分离，却都会有意或无意地成为其中的角色。

而乡村地带与城市的状况恰恰相反。物质稀缺、信息闭塞、景观单一，很多空间处在法律悬空的状态，或由于缺乏注视而处在道德虚无的状态。在艰难生存与原始欲望的怂恿下，有人会无限度地冲撞法律与道德，制造耸人听闻的悲剧，然后逃之夭夭。这种现象违背了崇高的人性，同时也违背了现代文明的内涵。但在人与自然的关系上，乡村是丰裕之地。赤裸的泥土、杂乱的草丛、从河水里起飞的野鸭子……自然风物能消解现代城市文明所制造的紧张、虚无，以及人的符号化和工具化。

在现代化进程中，越来越多的人从农村来到城市，在丰富、密集与变化中感受着现代精神的无限可能。然而，他们在这种状态中长期生活，可能会感到单一或乏味。而乡村之行能为之提供一个远方的视野。这是短暂的逃离，却让他们重新发现了现代城市的内涵。对于另一些人，乡村之行有一种类似于朝圣的意义。在纯粹的自然中，人类的原始感觉复苏了。他们珍惜这种模糊不清却明确存在的东西，并在它们的激励下回归城市文明，作为一个有理想的妥协者而存在。

每当在城市文明的节奏里感到无力、落寞或空虚时，我会驾驶汽车去远离城市的乡野地带，在黑色的泥土地里游走，观看那些城市文明之外的人如何种地、锄草、施肥或收获。这是一个回归自我的过程，因为来自远古的、非文本化的传统仍旧存在于这个地带。这种传统虽然不具备对外阐释的文本能力，我们在多数文本中几乎不会发现它的影子，却是中国现代化的风俗基础，以坚韧对抗困境，以宽容化解冲突，尽管它一直处在失语与卑微的状态，甚至有时也会由于陌生感和流动性的冲击而自我迷失。

四、中国是一个文化平面

在中国经济重心转向南方的时代，这个观点会受到质疑。我在东北边缘之地发现了纯真、古朴的风俗，在这种风俗中长大的人进入了东北的城市，为什么东北经济仍然衰落？至少是相对衰落或进步不足，例如人口流失、产业升级缓慢、养老金入不敷出等。近年来，这是一个备受关注的问题。由于经济优越论往往会掌握道德话语权，这个观点也就更加不确定。

在流动的现代社会中，人的地域意识会衰减，经济状况更多地决定着人的地域归属感。一个人在陌生的地方生活，这里不是他的家乡，但经济状况良好，他会对这里产生一种地域性的归属感。相反，由于经济状况不具备充分的竞争力，东北受到了很多误解，在这里出生、成长和工作的人对此无法反驳。他们在误解中南下，怀着对于家乡的情感，甚至也可能怀着对于东北文化的疑惑。

在经济—文化论的引导下，这种误解会无限延伸，并在延伸中不断变形。最近十余年，东北题材在进入歌曲、文学和电影时，往往会展示出一种有别于北京、上海、深圳的风格，类似于下沉、静止、逃离。北京、上海、深圳在公共展示中是现代的，明亮的写字楼里出现了一阵高跟鞋的声音，清脆干练，充满了生命的力量，一群留着长发、穿着呢绒外套的年轻女人从远处走近，然后飘逸而过。这是现代人格所具有的姿态，尽管其中隐藏着一点紧张、焦虑，以及对于未来的不确定。

然而，经济—文化论是一个充满了矛盾的判断。20世纪中后期，在东北经济快速进步，并在重工业领域支撑中国现代化的时刻，为什么没有人质疑东北文化？在东北进步缓慢的时刻，有人将问题归咎于文化状态。这是一个没有启示性的经济决定论，以不公正的方式增加了一群人的心理负担。

中国是一个文化平面，哪里被历史机遇垂青，人口就有可能涌向哪里。在陆地时代，内陆城市经济繁荣，并由此创造了丰富的文化；在海洋时代，沿海城市获得了历史机遇……在这个均匀的文化平面上，每个地区都在等待可遇而不可求的历史机遇。一旦机遇降临，它一定不会使之落空，因为每个地区的人都有隐忍的力量，也有顺势而为的力量。

当下东北的经济状况是历史趋势使然，而非风俗传统与地域文化使然。在一个经济周期之后，它在等待着新的历史机遇。当这种机遇再次到来时，它也不会错过。在东北经济放缓、期待历史机遇的时代，我们应该如何对待这片土地，是遗忘、无视，还是怀着现实性的理解，或是对于未来的期待？

在中国现代化进程中，东北已经变成了一种方法，一种分析经济—文化论的方法。南方经济发展越快，东北作为方法的意义也就越重要。在东北生活的人越想离开这个地方，对于这种方法的阐释也就越迫切。这是一种思考衰落，接纳衰落，并将衰落看作是历史性的深奥，然后从中寻找希望的方法。

在人类社会中，进步总能创造出新奇的幻想，静止、缓慢或衰落却是一种历史性的深刻。在表象意义上，这是一个动作或一种趋势的暂停，实际上却是思想意义的圆满，确切地说，是当下对于过去的判断，也是当下对于未来的启示。因为表象的静止、缓慢或衰落往往有通向未来的内涵，其中既包括批判的意图，也隐藏着启示的力量。

这个启示的过程可能并不是温暖的，有些时候或对于有些人来说是压迫性的，也就是说，他们不得不接受这种状况，并会为此而自卑。但在这个艰难的时刻，一个时间与心理的转换机制出现了：未来，作为一个预期中的时间状态，出人意料地来到了当下；在这个提前出现的未来的注视下，当下这个时刻所具有的历史性会完全释放。

2006 年，这个城市的拖拉机厂实行破产改制。一个人经历过这个工厂的全盛时期，曾经满怀信心地走在上班路上。现在，他失去了之前的身份，要自谋生路。他卖过水果，卖过衣服，为了活下去，什么赚钱干什么。二十年后，他已年近古稀，体力衰退，无法劳动。他坐在拖拉机厂住宿区的街边，在晚春的阳光里眯着眼睛，看着周围的老旧建筑，以及来来往往的陌生人。

这个老人变成了一个工业类型的象征，漫长的时间、紧张的工作程序、被物质生产控制的身体……在这个时刻，曾经的一切让他具有了历史性的视觉、历史性的听觉，以及历史性的情感。在等待最后命运降临的时候，他变成了一个历史性的景观。这个景观的内涵是高档写字楼里的年轻人所无法阐释的。

对于没有经历过衰落的繁华而言，衰落是想象未来的导师。因为进步不是无限的，或早或晚，在某个时刻，一个地区就会由盛转衰。这个过程是缓慢的、隐秘的，最终的结果却是明晰的，人口流失，经济增长乏力，产业结构陈旧。这种状态会引发一种压迫性的负面心理，但承受这种心理的人却是无辜的。

在现代中国历史上，南方经济的崛起与东北工业化的贡献密切相关，而且在现实意义上，南方经济也受益于东北移民的努力和才华。这些移民的父辈曾经将同样的才华投入东北工业建设，现代中国第一次感受到物质变形的力量：煤炭从地下转运到地上，经过火车抵达各地的锅炉房，铁矿石被炼成钢铁，钢铁变成轮毂、武器、发动机或耕作的犁……变形的物质放大了人的力量，也打开了国家想象力的边界。

晚清的洋务运动已经开启了这个事业，但由于制度缺陷，一系列的工业计划几乎都无果而终。

近十年，在经济增长缓慢的过程中，东北变成了一个思想之地，一个构建中国现代化理论的前沿地带。中国现代思想研究中心应该出现在东北，因为东北在现代化的时间性上是超前的，它有过繁华，未来可能会再次繁华，但它现在是相对衰落的。然而，这也是一种承受着不公正评判的时间性，因为当下的衰落不是最终的结果，也就不能作为评判的最终根据。

这是一种具有启示力量的时间性。面对这种时间性，熟悉西方工业化进程的人应该部分或完全放弃源自西方的工业化经验，以及西方现代化理论的分析模型，然后以创造性的态度在东北行走、观察，搜集现代中国第一次工业化的精神象征，为已经开始的信息革命提供一种源自工业化时代的经验。

为了理解这种时间性，同时展示这个庞大、均匀的文化平面，我改变了研究的方法。此前，我在西方知识体系中已经游荡了二十年，了解各种类型的理论，从古典理论到现代理论，从现代性批判到后人类社会。我也能综合判断西方理论的特点，然后在对比中说明它们的长短之处。这是一个变博学的过程，也是迷失的过程，既是对于自我的迷失，也是对于时代性和地域性的迷失，思想驳杂、文辞雄辩，有时候却不知身在何处。

未来二十年，我还可以沿着这条路往前走，变得更加博学，甚至比西方人都要熟悉他们的理论，但我也会更加迷失。因为面对飞快变化的中国，如果我不想置身事外，就只能用西方理论分析这些变化。西方理论是一些极具吸引力的逻辑，却不能跨越时空，准确地说明中国现代精神的状况，结果方枘圆凿，似是而非。对于理论创造而言，这种方式有违于一般的规则。这个规则是指在人类历史上，影响深远的理论多数来源于此时此地，而不是古代或远方。

我不想以这种方式消耗掉未来的十年或二十年，所以有意回避来自古代和远方的理论，包括古典主义、启蒙主义、浪漫主义、抽象主义、现实主义与超现实主义、现代主义与后现代主义、殖民主义与后殖民主义……这些理论曾经让我着迷，但面对一个流动的现代城市，面对在中国现代化潮流中暂时衰落的东北，它们基本上都失效了。

我需要的是关于此时此地的知识，在过去的繁华、当下的静止，以及对于未来的希望中创造新的分析方法。我不能确定自己能否找到这种方法，却知道这种方法应该源自对于当下日常生活的直接感受，而且对于中国现代化的未来也是有意义的。广而言之，对于中国重要的方法，对于这个世界也是重要的，因为现代中国的经验也是人类历史的经验。

在描述这个城市的日常景观时，我开始实践这个目的，即在人文研究领域，在研究中国问题时，如果我们有意避开西方理论，还能不能构建讨论问题的完整思路？这个愿望看起来是幼稚的，而且可能会引起很多批评。因为按照这个时代的惯例，在分析问题之前，我们要总结相关研究，西方理论占很大比重，有时甚至会主导分析的方向：首先从一个英国人的理论开始，然后用德国人、美国人或意大利人的理论反复论证，最后用一个法国人的理论证实这种分析的价值。这并不是一个新现象，在一些领域中已经成为逻辑训练的规范，但这种规范与创造精神的关系并不清晰。傅雷认为民国后期的艺术界沉迷于现代、立体、达达、表现等名词，但由于缺乏独立创造的精神，所以浅尝辄止：

> 慨自五四以降，为学之态度随世风而日趋浇薄：投机取巧，习
> 为故常；奸黠之辈且有以学术为猎取功名利禄之具者；相形之下，
> 则前之拘于形式，忠于模仿之学者犹不失为谨愿。呜呼！若是而欲
> 望学术昌明，不将令人与河清无日之叹乎？ [1]

　　另一方面，这个愿望又是深刻的，因为西方理论无法解释这个世
界的一切。西方思想家在一些问题上是隐晦的、敷衍的，甚至是颠倒
的、欺骗的。为了充分阐释一个问题的意义，我们可以参考西方理论，
作为一种逻辑训练的方法，但如果没有这些理论，我们对于这个世界
的认识仍旧不受阻碍。这是一种思想意义的独立。我们在这里强调思
想独立，并不是为了彻底与世界隔绝，而是希望打破理论的虚空，然
后以启发性的角色回归，面对西方理论不再屈从，不再模仿，也不再
以鹦鹉学舌为美。所以，这是一种创造性的隔绝，最终目的是作为独
立的角色回归。
　　尽管如此，这是一个有难度的问题。那些已经存在的理论，包括
来自古代的理论和来自异域的理论，总是让人沉迷。无论是出于认同，
还是为了批评，这些严密的逻辑体系都能成为分析的起点或终点。这
是一个逻辑和语言学过程，而不是创造的过程，也不是用知识或理论
改变现实的过程。无论语言和逻辑多么精巧，这个过程与此时此地的
状况总会有或长或短的距离。

－1 傅雷：《世界美术名作二十讲》，天津：天津社会科学院出版社，2006 年，第 7 页。

客观而言，一个理论往往有明确的个体性、时代性和地域性，是一个人、在一个时刻、在一个地方，针对一个具体的问题提出来的。当它要跨越时间、空间传播时，这些特性就会被部分或完全删除。在逻辑意义上，这个理论还是完整的，在实践意义上却处于悬停的状态。卢梭的社会契约论是一个关于理想社会的逻辑，法国人在实践中出现了很多歧义，甚至一度延缓了法国现代化进程。这个理论也无法用于英国、美国或德国的改革，因为每个地区都需要符合此时此地特点的理论体系。

在现代历史上，德国思想界和法国思想界坚持独立思考，有意回避来自古代和异域的理论，关注此时此地，创造时代性和地域性的理论体系，根据自己的愿望去认识自己和世界。他们有时也会参考英语学术界的理论，但更多的研究是在英语理论之外完成的，并且在很多方面引领了英语理论。

在人类历史上，此时此地是新理论的来源。相反，从理论中推导理论，这是一个足以熄灭创造力的研究逻辑。伟大的理论所具有的抽象力量让人沉迷或敬畏，但如果习惯于用这个理论去制造抽象，可能会走向虚空，因为源于理论的理论缺少实践力。源于此时此地的理论才有实践力，也就能解决时代性或地域性的问题，因其是对于实践的总结，同时又会变成时代精神的象征，然后在未来变成历史解释学的源头。

17世纪初，神学理论已经在欧洲流行了近千年，控制着语言风格、知识探索，以及普通人的日常生活。但在现代历史开端之际，神学理论阻碍了社会进步，变革的愿望随之出现，既要打破拉丁语的话语权，也要打破神学理论的主导权，然后回归当下的日常生活，用民族语言表现这些具体和确定的存在。法国哲学家笛卡尔观察到时代精神的变化，他抛弃了拉丁语，用法语表述自己的思考，并重视个体感觉，据此重新解释这个世界，从而奠定了法国现代思想的风格：

> 直到今天，我才感觉到：自幼年开始，我接受了很多错误的见解，并把它们当作是正确的原理。我根据这些不可靠的原理推导出来的知识也就是可疑的，或极为不确定。此后，我一直希望破除这些我已经接受的错误观念，然后在科学领域重建稳固的基础。但这是一个极为宏大的事业，因此我在等待着成熟的年龄。在这个我认为不会比它更成熟的年龄到来时，我会开始这个事业。所以，这是一个漫长的等待。当这个时刻真正到来时，我认为不能再拖延了，我必须付诸行动，否则就会铸成大错。[1]

21世纪初，在西方理论无法解释自身的问题，也无法解释这个世界甚至落后于这个世界的时代，我希望在西方理论之外重新审视此时此地。这是我最熟悉的时间和空间，我知道其中的各种具体和实在，各种隐喻和暗指，然后从复杂、流动、无序的表象中概括这个时代的常识与共性。这是一个从无到有的过程，哪怕最终一无所得，但探索本身已经具有让人沉迷的力量，即使失败也值得期待。

根据结果判定一个行为的价值，这是功利主义的策略；根据过程判断这个行为的价值，这是理想主义的策略。在短期意义上，功利主义策略更有合理性，因为付出的努力很快就会对外呈现。但在长期意

- 1 René Descartes, *Les Méditations métaphysiques touchant la philosophie première*, Paris, 1673, pp.1-2.

义上，理想主义策略更有利于思想创造，因为理想主义经常会无果而终，却往往能创造深邃的思想空间。这个空间里充满了失败、迷茫、焦虑和不确定。在本质意义上，这些因素会以间接的方式变成思想本身。

这是创作这部作品的原因，也是目的。我在一个东北工业城市里行走，观察那些转瞬即逝的日常景观，以此说明中国现代精神的沉淀、发酵与绵延，然后用严肃、深刻和预见性的态度对待这个被忽视的城市，以及这片被误解的土地。这里不是我的故乡，但在思想意义上，我并不认同那些功利主义的观点，因为它们用局部、短时段和非实证性的态度认识中国现代化的进程。

东北是一种方法，一种以具体和直接的方式理解中国现代化的方法。

目　录

前
言

我们所获得的日常体验是相似的，在这些相似的体验中隐藏着中国现代精神的特点。所以，关于这个东北城市的写作也是关于很多城市的写作。因为这个城市的日常生活状态也会在其他城市出现。

一、历史档案里的奇异城市

城市是现代人的故乡。尽管在情感意义上，有的人可能不愿意接受这个故乡，因为他们心里还藏着一段关于乡村的绵长记忆，或是对于故乡有更美好的想象。但在现实意义上，城市最大程度展示了故乡的特点。无数的线条、色彩、声音、行为、技术在这里汇集，交错、重叠、组合，不间断地为人提供物质、精神和安全的需要，并以直接、间接或难以描述的方式展示着现代精神的内涵。

在现代城市的早期历史上，也就是在工业革命时代，波德莱尔的《恶之花》为这种文明状态赋予了负面的道德内涵，丑陋、阴暗、神秘、无情、颠覆人性，违背自然秩序。在之后出版的《巴黎的忧郁》中，巴黎仍旧让他难以接受。无限变幻的生活造就了令人恐怖的城市，"时间老人又出现了，他现在变成了主宰，随着他出现的还有恶魔般的随从：记忆、懊悔、痉挛、害怕、恐慌、噩梦、忿怒以及神经官能症"。[1] 总之，他将巴黎看作一朵让人厌恶的花，一朵在旧传统已经消失、新传统尚未形成的时代开放的奇异之花。

20 世纪后期，城市不再是贫困、革命、动荡的发源地，也就不能刺激关于恶的想象力。在生产与消费平衡的时代，或在技术以附庸的角色密集进入日常生活的时代，城市变成了现代精神的发源地或栖息地。尽管这个空间里仍旧有贫困、动荡、异化的迹象，但它也在高效

－1［法］波德莱尔：《巴黎的忧郁》，亚丁译，北京：生活·读书·新知三联书店，2015年，第 16 页。

地制造着平等、稳定、自由和可预期的理想生活。

城市不再是一个关于腐败与堕落的象征，而是一朵现代精神之花。它在世界各地开放，深奥、优雅、隐秘，在一个新时代里又会改变形状或色彩。这是一个长时段的精神现象。19世纪末，西方城市开启了这个进程；20世纪后期，中国城市也开启了这个进程。越来越多的人离开了故乡，从乡村进入城市，从小城市进入大城市。

我们要寻找这朵现代精神之花的起源，以及完整的生长状态，却发现这个问题困难重重，因为几乎每个城市的历史都是支离破碎的。在文字制度中，那些承担着微小梦想的偏远城市几乎是一片空白，那些创造现代文明的庞大城市也没有成为完整的记忆结构，例如孕育伟大启蒙时代和现代文明的巴黎。这个城市的无数古老建筑已被拆除，无数空间已经消失。古老的街道还在原来的地方，但街边的一切几乎都是新的。这是一种足以通向未来，却会覆盖过去的状态，确切地说，是一种空间意义的断裂。

17世纪末，法国人用世俗制度取代宗教制度，由此开启了影响深远的启蒙运动。巴黎是这场运动的中心，它创造了前所未有的语言、思想与风俗，竞争、开放、流动、孤独、包容、冷漠、炫耀、克制……其中既有创造精神的引导、世俗名利的诱惑，也有批判精神的注视。这场思想运动最终确定了现代巴黎的精神，并在西方文明中标识了现代法国的风格。

18世纪中期，越来越多的农村人口向巴黎迁徙。城市空间越来越局促，街道脏乱，生活污水遍地，臭味熏天，老鼠到处流窜……这些问题的负面影响又由于社会不公、贫富分化而不断恶化。然而，巴黎对于那个时代的人仍旧充满了吸引力。现代城市文明打破了农业主导的时间模式，人的生存不再受制于季节。一个人来到巴黎后，只要努力，就能避免农闲时节或春夏之交出现的暂时却致命的贫困。如果这个人不识字，他可以受雇于人，从事体力劳动，尽管辛苦，但温饱不是问题。如果他有一定的文化基础，就有机会进入文化界，担任出版工或博学者的助手。如果他对新知识有足够的悟性，就能通过自学的方式进入现代思想领域，从而实现社会地位的跃升。

越来越多的年轻人从农村进入巴黎，或从小城市进入巴黎，在现代早期的陌生人社会中获得各种形式的帮助，个体命运也就有了全新的可能。在这个庞大的城市里，一个人可能会厌恶政治权力或宗教权力所塑造的城市景观，但有时候又喜欢它们，并以之为美。他多次想过要离开这个让人抑郁的城市，但始终无法付诸实践。他已经是现代城市文明的早期信徒。在生存困境中，他会想起自己出生的小村庄，并构建一个美好的乡村乌托邦，但在现实意义上，他从城市文明中获得了自己需要的东西，既包括物质，也包括情感。

他走在巴黎的街道上，看到教会当众处死"异端"，并为此愤愤不平。他转而进入一家咖啡馆。为了吸引顾客，店主订阅了很多报纸。他可以自由浏览，可以与人讨论。那种愤懑之情很快消失了。他厌恶国王的表演欲，因为城市公共景观几乎被这种欲望所改变。但他无法否认的是，他喜欢走在石头铺成的路上，不喜欢泥泞、布满动物粪便的土路，而巴黎的石头路也是王权表演欲的副产品。

他住在顶楼，因为房租便宜。18世纪，地球处于小冰川时代，巴黎冬季寒冷。他经常在被窝里瑟瑟发抖，却对于未来抱有热切的希望。他亲眼见过很多穷困潦倒的人转眼间飞黄腾达，成为贵族沙龙的座上宾，衣食无忧，情感自由。所以，他愿意忍受当下的困顿，每天推开木门去寻找机会，辛劳一天后，拖着疲惫又回到顶楼，有时甚至饿着肚子睡觉。他侧过身体，将被子窝在腹部，用身体外部的充盈感抵消身体内部的饥饿感。

在这个陌生人社会里，他独自忍受着窘迫与绝望，然后等待着不期而至的机遇。在日复一日的坚持中，他可能会失败，然后在城市文明中变成一个经验丰富却可有可无的符号。他也可能会如愿以偿，转眼间改头换面，出入贵族沙龙、私人阅读会，广泛结交人脉，获得受人尊敬的身份，以及足够的财富。在这个愿望的激励下，他日夜不停地写作，在主流报刊上发表，或是投给活页新闻出版商。无论哪种途径，他都能获得稿酬。

在人类历史上，一个普遍的现象是：金钱能满足人的愿望，甚至金钱就是愿望本身。他的住所附近有各种商店，他能买到新鲜蔬菜、大西洋鱼虾、印度香料、巴西咖啡、中国丝绸和瓷器等。如果不想做饭，他可以去街边的餐厅，要一份自己喜欢的套餐，例如牛奶鸡蛋汤、烤肉和燕麦面包。吃完后，他可以去咖啡馆，猎取奇闻异事，或是扩展交往的边界，进入一个更具想象力的陌生人领域。他奉行独身主义，但这不意味着他就要忍受孤独，相反他获得了与不同异性体验丰富情感类型的机会。每一个情感类型可能都会成为思想意义的启发，所以他在不断突破潜能，文字风格变化无穷。总之，在这个城市里生活，他会出乎意料地扩展个体生命的内涵。

我们能从这个时代的文字中体会到法国人的丰富、多变、深情与优雅。我们想进一步了解这些风格的来源，也就是说，到底是什么样的城市文明创造了这些风格？18 世纪的巴黎留下了相当丰富的档案、日记、回忆录。然而，即使将关于巴黎城市布局和日常生活的信息都搜集出来，我们也难以恢复那个时代完整的物质、语言与空间状况。

我们获得了一些缺少联系的关键词，它们会构成一个奇异的世界。香榭丽舍大街是法国国王庆祝战争胜利的空间，也是 1789 年革命群众游行之地，能否用这些关键词复原这些历史场景？根据历史档案记载，一群人骑着马经过香榭丽舍大街，但我们只看到他们的身体在两米左右的空中一起一伏，因为供人骑行的马几乎没有进入历史档案的可能。在这条街道上，一辆模糊的马车在向前走，但在文字意义上，那匹马是不可见的。车上会有武装的士兵，我们能根据官方档案确定士兵人数，但无法知道他们的心理状态，以及着装情况。

18 世纪的塞纳河边有很多书报零售处。根据常识判断，河边应该人来人往，包括维持秩序的警察、搜集信息的间谍、书籍走私者、前来买书的人或蹭书看的流浪汉，还有一长排的木架或木箱，以及繁忙的书贩，当然也有他们发出的各种声音，高谈阔论，或窃窃私语。但在文字世界里，这个空间是安静的，没有任何声音。上述那些人物几乎都消失了，木架和木箱也不见了，只有几本当时流行的书漂浮在塞纳河边，距离地面一米高的空中，因其进入了几个人的回忆录或日记。人类历史中有一个被忽视的物质领域。这个领域历来是日常生活和政治权力的基础，但在文字制度中是不可见的。

从塞纳河边的小路转向亨利四世大街（Boulevard Henri IV）。这是一条造就法国启蒙思想，甚至是现代精神的街道，西南端连接圣日耳曼大街，东北端是巴士底狱。在文字的引导下，我们在一片几乎空白的土地上行走，像是进入了奇幻之地。在未进入这片奇幻之地前，我们想象着这里会人声鼎沸，然而当真正进入时，却发现四周一片荒凉：残缺不全的物质结构，被文字制度过滤掉的芸芸众生，缺少生命逻辑的交往场景，脱离日常生活后游移不定的思想……这是一个历史性模糊的空间。

整个巴黎只有零零星星几棵树，法国思想家卢梭晕倒后倚在身后休息的橡树，还有杜伊勒里宫旁边一棵为人遮阴的橡树，有人不时获得宫廷的内幕，然后在树下低声讨论。巴黎的大地上有一些浮动的房间，大概在三楼或四楼的高度。确切地说，这些都不是完整的建筑空间，而是我们凭借一些零星的记录，确定这里有一张桌子、一张床，或破旧的床单，然后据此判断这是一个房间。在真实的历史中，这的确是一个房间的所在。这个房间处在一栋建筑的三楼、四楼或顶楼。由于 18 世纪出现的平民思想潮流，住在这里的那个年轻人获得了功名，然后进入现代历史，作为时代精神的符号。但在 19 世纪中期巴黎的改建规划中，这栋楼已被拆除。

我们想象着在这个 18 世纪的世界文化之都中行走，四处看到的几乎都是失去了日常逻辑的器物。一辆跑过的马车，只有当轮子进入路上的积水时，它才会出现，因为有人在回忆录中批评这辆马车横冲直撞，车轮激起的水溅到了行人身上，然后又谜一样地消失。巴士底狱和杜伊勒里宫吸附了大量的文字，这些文字仍旧不能复原这两个分别于 1789 年和 1871 年被焚毁的建筑。

然而，这段历史不会因此就会被人彻底遗忘，现代历史意识也不允许这种事发生。虽然现代人不能用那个时代留下的文字重建巴黎的物质、语言与空间结构，但他们在这个断裂的世界里行走时，看到了很多飞来飞去的名词，包括科学类名词、文艺类名词、法律类名词，包括理性、人民主权、宗教宽容、第三等级等。尽管这些名词中的很多可能并不为当时的人知道，但这是现代人最熟悉的领域。他们借助这些名词，以及杰出的修辞学和逻辑术，为这个城市创造了另一种类型的历史。这是一种漂浮的、抽象的历史，是一个曾经生活在其中的人有时也无法把握的叙事结构。

由于文字制度对于日常生活的选择与裁剪，现代人必须有创造历史的能力。当然，这不是纯粹的虚构，而是在一个时代的物质、语言与空间状况残破的状况下，对于完整状态的艰苦复原。由于推测与论证的方法不同，用于表述这些推测或论证的语法—修辞结构也就不同，所以这段覆盖在真正历史之上的新历史会有很多版本，包括国王的巴黎、贵族的巴黎、女人的巴黎、无套裤汉的巴黎、思想家的巴黎、警察的巴黎等等。

19 世纪中期，马维尔（Charles Marville）用现代早期的照相机记录了巴黎彻底改造前的场景，最接近 18 世纪的状态，从而弥补了文字制度在复原历史中的缺陷，包括正在整修的亨利四世大街。[1] 照相是一种现代记忆生成的方式，在短时间内完成文字不可能完成的任务。同样，能弥补文字缺陷的还有各类博物馆和纪念馆。这是一些基本上排除了文字记忆功能的历史空间，虽然仍旧存在抽离与断裂的问题，但它们在部分意义上保存了一个时代的物质与空间状况。

此外，现代技术在声音领域也展现了文字制度所无法企及的力量。虽然我们再也听不到 19 世纪以前的声音，但能听到 20 世纪以来的声音。而在这个时刻之前，文字与声音几乎都是断裂的，文字制度中关于语音、语调、音量、音质的名词和形容词无法复原已经消失的声音。20 世纪以来的有声电影、录音设备可以弥补这个断裂，所以我们听到

- 1 Charles Marville, *Percement de l'avenue de l'Opéra et boulevard Henri IV*, Paris, 1862, p.6.

了伟大历史人物的声音，也看到了他们行走的节奏，还有身上的服装和生活的空间。

但在这个时刻之前，声音保存技术并未出现。18世纪的巴黎就处在这个时刻之前，这个城市的日常状态几乎都是即时性的存在。实际上，不止巴黎如此，其他世界大都市也都陷入了历史性存在与现实不存在的矛盾。那些作为个体理想中途的小城市，它们的历史在文字制度中几乎是一片空白。

如果我们想要调查这个世界的档案状况，以此说明文字制度对于这个世界的展示能力，这个愿望在文本数字化时代有可能实现。我们借助于数字化的文本解读策略寻找关于各个城市、各个地区、各个国家的关键词，然后在世界地图上归类，每个词都变成一点光，那么梵蒂冈、佛罗伦萨、巴黎、伦敦、柏林、纽约、莫斯科、北京、上海等城市所在的地区一定更亮。那些作为纯粹经济中心的城市，即使在历史上有过重要的时刻，在这张文字地图上却只有一点光，而且在总体上是灰暗的。然而，这些城市曾经繁华过，并主导着这个世界的物质与信息交流，或者现在依旧繁华，有很多人在那里居住、生活。

繁忙的大西洋航路同样如此。在现代历史上，这条航路在西欧与北美之间创造了共同的时间意识，以及现代意义的"西方"。16—18世纪，这条航路担负着世界性的奴隶贸易，西方国家以此积累了丰厚的资本，不但开启了资本主义经济模式，而且开创了现代精神。以殖民主义创造现代精神，这是一个矛盾：很多人无辜的死亡让另一些人变得博学、优雅，甚至成为人类历史的精神象征。至少在部分意义上，西方国家利用这个矛盾控制了这个世界，并长期维持着世界性的殖民主义秩序。

　　尽管如此，这条航路在这张地图上几乎是漆黑的，只有一点文字之光。哥伦布在《航海日记》中记录了在大西洋航路上的冒险经历。哥伦布的水手，例如奥热达（Alonso de Ojeda）、韦斯普奇（Amerigo Vespucci）等，在哥伦布航行结束后会独自航行，也留下了一些记录。这些记录关注的不再是航行状况，而是与南美殖民地的不平等贸易，包括如何抢夺财物、贩卖人口。[1]18 世纪，库克船长以科学考察的名义进入这片海洋，所以记录得更详细。[2] 除此之外，我们还能看到一些海员的海上生活记录，1617—1627 年，瑞士雇佣兵利邦在大西洋航行期间记下了此类情况。[3] 尽管简单粗糙，但仍旧是珍贵的资料，因为这类记录太少了。而数量少，则意味着我们无法在历史意义上重构繁忙的大西洋航路。

　　非洲大陆同样处在文字与现实的断裂带上。由于本土化的失语现象，这片大陆的历史性存在与现实不存在的失衡问题会更严重。我们从一些被贩卖到美洲、有读写能力的幸存者那里了解了一个被奴役、被剥削的非洲，例如古瓜诺（Ottobah Cugoano）、艾奎亚诺（Olaudah Equiano）等的作品，但这种叙事在历史上出现的几率不高。[4] 同样，南美、东欧、加拿大北部、俄罗斯广阔的西伯利亚，还有分布着原始部落的岛屿等，这些地区在这张地图上也几乎是灰暗的，

－ 1［美］华盛顿·欧文：《哥伦布同伴的航海与发现》，王嘉琳译，北京：中国友谊出版公司，2016 年，第 18、23、24 页。
－ 2［英］詹姆斯·库克：《库克船长日记："努力"号于 1768—1771 年的航行》，刘秉仁译，北京：商务印书馆，2013 年。
－ 3［瑞士］艾利·利邦：《海上冒险回忆录，一位佣兵的日志，1617—1627》，赖慧芸译，包乐史、李伟华校，杭州：浙江大学出版社，2015 年。
－ 4 Ottobah Cugoano, *Thoughts and sentiments on the evil of slavery*, London: Dawsons, 1969; Olaudah Equiano, *The interesting narrative of the life of Olaudah Equiano*, Penryn: printed by and for W. Cock, 1816.

没有一点光。

总之，根据文字出现的频率所绘制的世界光学地图与人类历史的真实状况并不一样。这张地图上有很多耀眼的地区，但高亮度并不意味着这个地区在经济或政治意义上的重要性。那些灰暗的地区对于人类历史的进程可能更重要，例如主导18—19世纪棉纺织业的伯明翰、曼彻斯特，主导20世纪汽车工业的底特律等。

除了与现实的差异之外，这张地图还会有很多版本，法国版本、英国版本、美国版本、日本版本、中国版本、俄罗斯版本等等。在每个版本中，这个国家的亮度是最高的。学术研究具有世界性，但也有民族性，而且一个我们无法回避的问题是：在很多时候，思想的民族性会超越思想的世界性。

全球史的分析方法有可能改变这种状况，至少能恢复一个时代平面化的世界交流状况。但由于实践难度大，这种方法日渐成为一种历史哲学。它寄托了人类在共同的世界中讨论问题的愿望，但我们未必能完成一张全新的世界光学地图。因为全球史方法仍旧附属于一个错误却普遍存在的常识，即没有文字，就没有历史。

这张世界光学地图是有缺陷的，一个主要原因是日常生活的破碎与消失。这个问题造成了文字的奇异性或虚拟性。那些曾经是伟大思想基础的日常生活状况消失不见了，那些思想也随之进入了一个缺乏物质基础的虚幻世界。这个虚幻世界的存在逻辑与日常逻辑是不同的，它需要的是断裂、新奇、悲剧等异常状况。

现代人对于文字的期望从来不是重复、平常与缺少逻辑的日常性，而是那些描述断裂、新奇、悲剧的部分。在一个家庭空间里，父母照顾孩子，勤奋工作，每天疲惫不堪，对于未来的希望不断为当下的日常性赋予意义……对于他们而言，这是无法逃避的日常生活，但由于这类状况是无限重复的，而且缺乏断裂、新奇与悲剧性，所以不会进入文字制度。相反，那些对于普通人而言避之不及的问题，例如犯罪、暴力、革命、战争等事件，却因为异常性而进入历史叙事，并具有提纲挈领的力量。

在这个世界上，几乎没有人希望生活在异常与混乱中，但他们都想在文字中看到异常的情节，对于那些平淡无奇的叙事却显得不耐烦。谁会耐心地阅读一个人的日常生活记录，例如早上六点起床、七点吃饭、九点购物，以及这个过程所制造的缺乏逻辑的日常话语……这些场景会日复一日地出现，而且每个人也都无法逃脱。对于人的生存而言，每次重复都有无可取代的价值，却违背了文字制度的一般逻辑。所以，文字制度对于日常生活中的异常与正常总是区别对待，厚此薄彼，习以为常。

这是那张有缺陷的世界历史光学地图存在的深层原因。我们生活在当下这个时刻，但也生活在一个文字的世界里。无论这个世界向我们局部呈现、延时呈现，还是错位呈现或扭曲呈现，我们都无法否定文字制度的重要性。这是一个事实，但我们也要认识到：当文字开始标记这个世界的存在状态，或开始制造历史记忆的时候，关于记忆的不平等机制也就随之开始。断裂、惊奇、震撼等异常状态受到文字制度的关注，平常、连续、反复、琐碎等日常状态受到文字制度的忽视。然而，日常状态才是一个时代的人所熟悉的，他们在其中生活、思考，日复一日。

历史记忆的不平等导致了一个负面后果，即一个时代的日常状况与后来的历史叙事是不一样的。本来不重要的变成了重要的，本来被人冷落的变成了被人追捧的，本来高频率出现的语言已经消失，历史叙事中出现了另一个类型的关键词，它们本来仅仅具备局部的历史性，却在历史叙事中承担了绝对的历史性。这不仅是历史学家要面对的问题，因其是关于存在与虚无的根本问题。

　　在一个时刻存在的一切在另一个时刻几乎都消失了，我们如何用残留的语言学证据复原？这是一个有难度的问题，很多人在寻找答案，但经常困于其中，或陷入悲观的历史认识论，例如意大利学者克罗齐提出的"一切历史都是当代史"[1]，法国年鉴学派创始人吕西安·费弗尔提出的"只有现在的历史"（Il n'y a d'histoire que du Présent）[2]，或犹太思想家马尔库塞将历史叙事看作"必然王国中的偶然王国"[3]。

　　近二十年来，我专注于法国启蒙研究，并希望在西方理论之外寻找阐释这个问题的方式。在这个目的的引领下，我发现了很多新认识，例如制造启蒙、现代思想的寻根意识、西方中心主义的思想起源等。但我也遇到一个难题，即法国启蒙时代的日常生活是无法复原的。伏尔泰、卢梭、孟德斯鸠、狄德罗等是启蒙精神的象征，然而支撑他们思考的日常生活已经消失，只剩下他们的思想。

　　有生活的时候，思想稀薄；而当思想密集出现的时候，与之相关的日常生活类型已经消失，思想与日常生活的分裂造成了思想的虚拟化。每当一个问题进入日常生活领域，相关分析就会停滞。这意味着

- 1 ［意］贝内德托·克罗齐：《历史学的理论和历史》，田时纲译，北京：中国人民大学出版社，2012 年，第 11 页。
- 2 André Burguière, "L'anthropologie historique et l'école des Annales," *Réflexions historiographiques*, 22（1999），p.2.
- 3 ［美］赫伯特·马尔库塞：《单向度的人：发达工业社会意识形态研究》，刘继译，上海：上海译文出版社，2008 年，第 3 页。

我对法国启蒙的阐释是有缺陷的，而且是无法弥补的缺陷。尽管如此，西方学者仍旧为 18 世纪的巴黎制造了一个伟大的启蒙时代，因为西方现代精神需要明确的起源，他们就制造了这个起源。我不是要彻底否定这个时代，而是说他们美化了这个时代，将之塑造成一个美丽的传说。每当西方现代精神遇到困境时，这个传说就会出现，作为一种批判性的注视，或劝慰性的引领。然而，这是一个脱离了日常生活的思想传说，西方现代寻根意识也就缺少了无法辩驳的实证性。

二、行走、感觉与城市叙事

现代城市的过去无法改变，消失的物质、消失的事件、消失的声音，还有与之一同消失的理智与情感……这些曾经创造了现代精神，并以局部或深刻的方式展示现代精神的东西是难以复原的。人类历史上有很多无法弥补的空白，我们对此不必感到惊奇，因为城市的当下仍旧处在这种消失的机制里。未来的人希望了解这个时代的城市文明类型，他们去追溯一些思想遗存的根源，或试图复原一些景观遗存的全貌，他们可能会再次陷入这个古已有之的困难，即具体、真实、客观的生活状态被间接、虚拟、主观的抽象思考删除。

这是一个无意识的过程，一个在被删除的时刻几乎不会引起不满、也不会引起注意的过程。所以，这是一个难以克服的困难，甚至没有克服的愿望。这个困难对于历史记忆的形成制造了障碍，因其以一种隐秘却不恰当的方式塑造了人类的存在状态。人类从过去而来，却生活在被虚拟的过去所映照的当下。在逻辑意义上，这个当下还会通向未来，但仍旧以过去来到当下那样的断裂方式。在城市已经是现代文明主体结构的时代，这种状况不利于人类历史意识的塑造和传承。

　　1932 年，日本占领东北后成立了伪满洲国。为了向世界证明侵略的合法性，他们在城市街巷里大量张贴布告，向来往的行人散发辩解性的小册子，目的是改变他们的历史意识。1933 年，英国《泰晤士报》记者彼得·弗莱明赴华考察，在这个城市里看到了很多语言生硬、自命不凡的宣传。他对此非常厌烦，称之为冗长、乏味、狡诈的辩解：

　　　　这种炫耀并不存在的美德的行为，这个无休止地自我开拓的过程，在外国观察者的眼里产生了疑问和怀疑……在强硬的、气势汹汹的面具背后，他们却缩手缩脚，对自己没有把握。他们平常的行为举止反映出他们内心缺乏自信。他们玩这种新游戏玩得过于努力，过于认真。他们玩过了，他们的断言太多了……一时间，我真希望（伪）满洲国的统治者已经摒弃了现代外交手段的陈腐技巧，真希望他们停止"深切关注"，停止"承认自己茫然不懂"。[1]

　　但在这个城市旅行时，弗莱明到底看到了什么、听到了什么，让他觉得日本人做贼心虚。这是一个重要的问题，他在旅行记中并没有明确地记录下来，而这些场景已经消失。在人类历史上，这类意义丰富却已消失的景观还有很多。它们出现在日常生活领域，在一个时刻密集出现，看似无关紧要，但其最终的意义还处在等待的状态，也就是说，在未来的某个时刻才会对外展示。这种与未来密切相关的等待状态会隐藏它们在当下的意义，而当下的无意义状态是允

－1 [英]彼得·弗莱明：《独行中国——一九三三年的中国之行》，侯萍、宋苏晨译，南京：南京出版社，2006 年，第 51—52 页。

许这种景观消失的充分理由。然而，待其完全消失后，那个关于存在与虚无的矛盾就会出现：为什么那些存在过的东西会消失得无影无踪？

对于当下的城市景观，我们可以使之免于彻底地消失，主要方法是构建日常叙事，将现代城市里那些本来会被文字制度裁剪的物质、语言与空间变成文本，这些近乎虚无的存在就获得了一种显示的形式。客观而言，这是一种需要想象，而且在想象的过程中可能会变形的存在，但这些在当下密集出现的日常景观至少不再是虚无。

这种叙事在时间意义和空间意义上扩展了文字制度的边界，使之能涵盖那些被掩盖了意义的日常景观，它们也就能以语言—想象的方式阐释一个时代的精神。对于未来的人，这个叙事类型为那些源于过去的理论、思想或概念保留了原生场景。他们借此重现过去，或以实证性的方法反思过去，对于过去的解释也就不再是一个具有无限可能的变形体。

现代精神是一个宏观与抽象的概念。我们可以用一个或几个关键词去概括它的特点，但这种简化的处理方式往往经受不住实证性的询问。当下日常景观中的现代精神每时每刻都在对外释放，例如在深夜、清晨或午后，在交通拥堵的时刻，在患者与医生相对而坐的时刻，在消防车借用对向车道奔赴火灾现场的时刻……这种精神也会在不同的空间里释放，例如在城市街道上，在公交车厢里，在早市的语言与表情中，在医院的走廊里，在学校的放学现场，或在 2022 年春天全民免费核酸检测的队列中。3 月 12 日，鹅毛大雪从天而降，一辆警车停在街道中央，红蓝灯光不停闪烁，穿着白色防护服的志愿者拿着一个小喇叭，里面不断播放着提示："请遵守秩序，人与人间隔 2 米……

请遵守秩序，人与人间隔 2 米……"。这个城市的正常状态瞬间暂停，全民免费核酸检测已经进行了三次，在接下来的两个月里还会有四十多次。

　　这些时刻、这些事件每天在我们身边发生，通过视觉、听觉、味觉、触觉，不断改变着我们的理性，也影响着我们的情感。这些过程往往是不可预测的，它们会以片段、偶然的方式突然出现，又在瞬间消失，它们的意义也会被快速的变化隐藏。所以，如果不用一种即时性的叙事方式，我们很难捕捉现代精神的释放过程。

　　然而，我们重视这些短暂的释放过程，有什么合情合理的依据？对于人类而言，日常生活是最基础的生存场景。这是一个人在生命开端所熟悉的领域，也是与这个世界告别时最后出现的领域。每个人在这个领域中出生、成长、死去，感受着这个领域中的各种具体和实在。经过个体神经机制的传递，这些感受会成为关于此时此地的认知。在日积月累的过程中，这些认知会相互重叠、交错或取代，为每个人创造出在这个世界上生活的经验。

　　日常生活是一个直接、真实、平等、深刻的领域，最大程度地消解了权力、财富或阶级所制造的身份差异，并不加区分地向任何人展示。生活在其中的人，无论来自哪里，或从事什么样的工作，无论实践理想时做了多少伪装，都要无限次回归日常生活，并在那一刻恢复本性，像其他人一样感受着走路时身体的节奏、手臂提着蔬菜时的沉重感，也会想晚上吃什么饭，油、盐、酱、醋缺了哪一种……

　　几乎在每个时代，在每个地区，这些日常状态都会密集、连续或错乱地出现，实践一些实用性的目的，然后又彻底消失。对于宏观历史而言，这些状态是可有可无的，但在微观意义上，它们是一个人或一群人生命延续的物质、行为与景观基础。我们衡量政治理念、经济策略的效果时，也要参考这些策略在日常生活中的实践状况。如果一个观念没有进入日常实践，就会停留在虚拟或抽象领域。这个观念可以作为逻辑分析的前提，但并不具备充分阐释现代精神的力量。

然而，日常生活就像一个模糊的存在，无所不在，却无法清晰地展示，尤其是在宏观意义上。鉴于此，我选择了我所生活和工作的城市，然后构建这个有限空间的叙事。这是我最熟悉的空间，是我的此时此地，其中的日常生活状况对于我而言只有是具体的、直接的，关于这个城市的景观叙事才可能是准确的。

城市景观叙事的第一个目的是弥补文字制度的选择性，从而为那些能够通向未来的概念和名词保存原生性的场景。文字制度是人类重建微观历史和宏观历史的第一基础，在一定程度上，我们甚至可以说没有文字就没有历史。然而，文字制度与历史存在之间并不是完全对应的关系。这种不确定的关系源自一个矛盾，即在变成文本的过程中，历史存在受到了文字制度有意或无意的删减。这种删减是被迫的，因为复杂、庞大、流动、无限的日常生活已经远远超过文字制度的表现力。于是，一个难以避免的矛盾出现了：文字制度在保留历史的时候也在删减历史。尽管如此，这仍然是一个时代的日常景观在不同的时间和空间中再现的理想方式，否则，我们又能怎么办？

城市景观叙事与博物馆、纪念馆、照相机和录音机的功能具有相似性，也就是记录在一个时代、一个地区不间断出现又转而消失的生活状况，将其塑造成一种具有充分意义的现代话语，使其在未来的解释学里开放。这个目的看起来简单，但实际上很复杂，因为在现代城市中，每个人的目的和行为几乎都是不可复制的。例如一个人每天工作，日复一日，忙碌不迭。这是一个无限重复又不可再生的过程。每天从住所到工作地的路上，他见到的物质、语言与空间状况可能都不一样，而且这个景观序列每时每刻都在变化，让他产生不一样的感受。这些感受塑造着一个人对于一个城市、一个国家的认识。由于这些变化是不间断的，而且难以预测，所以作为一个能感受的生命，他的认识总是处于正在完成的状态。对于日常叙事而言，这是一个复杂却存在介入机会的状态：在不同的时刻记录他的身体节奏、所见所闻，以及情感与理智的变化，并以之为时代精神的具体象征。

　　城市景观叙事还有第二个目的：以即时性的叙事表现这个城市的真实状态。这是一个年轻的城市，但经过百余年的建设，它已经具备展示现代精神的能力，并且在很多方面是东北文化或工业文化的代表。然而，在中国经济南移的背景下，这个城市面临人口流失、老龄化加剧，以及经济转型的多重压力。尽管本地政府竭尽全力谋求振兴，但与之相关的困难也是显而易见的。

　　如果未来中国经济布局完全转向南方，南方城市在景观与功能方面超越北方城市，那么根据这个叙事类型，未来的人不应该将之归咎于东北文化的衰落，也不能将经济衰落等同于道德衰落。这个判断是不公平的，而且缺乏实证性。中国是一个均匀的文化平面，东西南北有别，但不是根本的差别。一个人在中国任何一个地方出生、成长，时时刻刻都能获得这个文化体的常识。面对喜怒哀乐、盛衰荣辱，他会有其他人几乎一样的思考方式，他知道一句话的隐喻，一个姿势的深层内涵。在日益加速的现代流动性中，这种差别更是无法区分。

　　我在这个城市的路上行走，然后进入一个复印店。室内中间有一张大桌子，上面有五个订书机、一部电话传真。桌子一侧有两台运行的电脑，另一侧有四个不同品牌的复印机（Ricoh、Eco、Star、Canon）。墙壁上有三个处在工作状态的监控器，对着不同的方向。一个二十多岁的小姑娘坐在电脑屏幕面前，在这个全球化的技术空间里高效地工作，动作轻盈，行云流水。她的右手控制着鼠标，左手手指灵巧地活动，就像一种表演技术的舞蹈，不停地按下快捷键：Ctrl+ A（选择画布）、Ctrl+ C（复制）、Ctrl+ Tab（不同画板切换）、Ctrl+ Shift+ Alt+ L（调整自动对比度）、Ctrl+ S（存储）、Ctrl+ Alt+ W（全部关闭）……一个图片编辑的任务快速完成。

她有熟练的技术，能在中国任何一个城市、任何一个复印店完成文字与图像编辑工作。她在这里已经工作了五年，这是她生命中最好的时光。当伟大的历史机遇到来时，她一定能更好地施展自己的力量。然而，在经济南移的时代，她的内心偶尔会陷入不确定的状态：这个地方会不会更好，自己去南方会不会更有前途？经济优势往往会催生一种道德优势，而经济衰落会让一种负面道德无限蔓延。这种蔓延对于她是不公平的，因为在生命意义上，她与出生在南方城市中的人没有任何差别。正是这种不公平所制造的经济与道德反差增加了这个城市，以及东北的思想内涵。

城市景观叙事的第三个目的是从这个城市的生活中发现阐释现代性内涵的日常角度。对于西方学术界而言，这个角度的出现是有些迟滞的，对于中国学术界却恰如其分。因为20世纪后期，当这个概念传到中国的时候，中国的现代化进程正要全面展开。我们需要理解这个概念的内涵与类别，从而避免西方现代化进程中的一些问题，例如人的工具性、虚无感、焦虑和迷茫等。城市景观叙事记录每个人都熟悉的日常生活，并将之看作是现代性的具体实践，现代性也就不再是一个抽象的概念。

中国思想界在引介现代性的过程中并未重视其中的日常状态，这个概念在中国思想界中仍旧处于抽象的状态。这种引介也就是不恰当的，因为我们无法准确地理解它的内涵，既无法定义现代性的西方类型，也无法对之恰如其分地评判。事实上，20 世纪后期，西方思想界在分析这个概念时已经从宏观领域转向具体领域，从抽象论述转向日常生活分析，据此说明现代精神在日常生活中的真实表现。

在抽象意义上，现代化进程造就了一种普世的精神，但在现实意义上，这种精神无法跨地域漂移，也就是说不能从西方转移到东方，或从英国转移到法国，从德国转移到美国，甚至不能完全将之从美国南部转移到北部。现代精神在不同地域会有不同的展示方式，所以要理解这种精神的具体状态，仅仅依靠抽象推理是不够的，更重要的是进入一个可以准确把握它的空间，然后从地域化的景观中发掘属于这个空间的现代精神。这是一种实证性的知识，其中的每个类别都与其发掘者的理性和情感状态密切相连，虽然视野微小，只涉及一个村庄、一个街区、一个城市，却有可能成为现代精神的具体类型。

我走在这个城市的大街小巷里，经过一个又一个十字路口，直行、向左或向右。这是一种当下的视野、表象的视野，或在陌生人社会中任意漂移的视野。现代城市是一个人造物的世界，其中的一切都与人的需求有关。各种物质离开了本原的状态，以物理或化学方式重新组合，变成街道、楼房、电路、汽车、排水管道……最终构成完整的城市。

所以，我们可以将城市看作是人性的展示方式。街上的汽车疾驰而去，路上的行人刚从商场出来，或是要进入银行、书店、公园、饭馆、停车场、宠物医院……这些日常景观有一个确定的源头，即在现代制度中谋求生存的愿望。他们来去匆匆，都是为了这个目的，从而造就了一个巨大的、流动的、没有尽头的景观群。这个景观群无休无止，向前不可追溯，向后无限绵延。

日常实用主义控制着现代城市的基本状态。在这个城市里，几乎所有的建筑都是为了当下的生活或工作之需，而当下的所需总是在变化，所以这些建筑也就具有难以避免的流动性。这种流动性不同于简单的重叠，而是彻底的取代。面对全新的日常需要，旧建筑的空间变得局促，那么它就要被推倒，被一个更高的建筑取而代之。这个新建筑虽然具备一些审美功能，但仍旧被日常实用主义控制，缺少对抗时间的力量，也就不会成为一种历史性的标记，因为迟早有一天，它也会像原来的那栋建筑一样被推倒。现代城市景观在非历史性的目的的引导下日新月异，所以有时候无法应对关于城市文明肤浅的批评。

这个城市的人口不断地增加，从二十年前的 500 万人到现在的 700 万人，在长期规划中，未来十年会增加到 1000 万人。由于巨大的公共开支，政府财政始终捉襟见肘，城市景观也就无法逃脱日常实用主义的范畴。街道、墙壁、内部装饰只能满足实用目的，无法具备充足的审美性或艺术性。当实用目的弱化或消失之后，这些景观就会被取代，因为在这里生活的人找不到将之留存的理由。在现代城市中，实用主义消解了建筑的记忆功能。

然而，我们是不是要批评这种状态，或者反思这个城市的众多建筑为什么不能像巴黎圣母院或梵蒂冈的圣彼得大教堂一样，变成一种与时间同行的艺术？对于这个问题，我们不能沉迷于表象，因为这类艺术建筑的背后往往有不受质疑的权力。绝对权力有崇高的尊严，这种尊严需要独一无二的建筑。当然，绝对权力也有建筑的能力，即使不计代价、违背正义。在现代城市文明中，平等精神已经影响到建筑风格，日常实用建筑无法展示高雅的审美愿望，却符合平等精神的内涵，因为每一个空间都是有用的，与炫耀无关。

平等精神已经前所未有地在这个世界上蔓延，包括权力分配、经济管理、个体感觉，也包括文字与存在的对应关系。相比于古典时代，越来越多的人具备了书写能力，文字制度出现了多层次状态，底层生活成为一个重要的叙事类型。尽管如此，这种状态仍旧无法覆盖这个世界的日常景观。我在这个城市的街道上行走，一方面感受到物质供给与个体生存的可预期性，另一方面感受到个体的符号化状态。对于这个状态而言，文字制度仍旧是缺席的。在理论意义上，我们知道符号化状态的内涵，但在中国现代化进程中，日常状况到底如何塑造了这个概念，或者说，这个概念在日常生活中如何表现，仍旧是一个缺乏实证的问题。

相比于建筑领域，平等精神对于文字制度的改变要小一些，也就是说，文字制度仍旧在过度地选择、裁剪或聚焦。这种状况导致了个体符号化的隐蔽性。对于这些生活在实用主义规则中的平凡人而言，他们的历史性完全依赖文字制度，因为他们不会创造丰功伟绩，他们生活过的建筑总有一天也会消失，与之一同消失的还有他们的记忆。所以，如果文字制度不能记录他们的生活，他们的历史身份就会进入那个关于存在与虚无的矛盾，即存在的变成了虚无，或者说存在等同于虚无。

对于现代城市分析而言，流动、陌生、孤独已经不是新奇的角度。

我不再纠结于这些概念的内涵，进而陷入走投无路的困境。我希望突破文字制度的不平等边界，借助于个体感觉，用即时性的叙事记录这个流动的、充满了微小意义的世界，包括各类物质、空间与普通人的生活，展现现代城市的精神。

"人类是有理性的"，在一些时刻或事件中，这个判断并不适用，因为人类有时会表现出非理性的状态。但"人类是有感觉的"，这个判断几乎都是适用的。尽管一些即时性的感觉会将一个人引入歧途，但我们无法否定的是：感觉是人类行为的前提。所以，依靠个体感觉是一种更加平等的写作策略，能有效地应对不可预期、无所不在、不间断地影响个体行为与心理状态的日常景观。

作为一种平等的文字策略，城市景观叙事拒绝夸张、扭曲和简化，所以会有充分的实证性，以及穿越时间的力量。未来的人想要了解这个城市或这个时代的日常生活，他们会想到这类叙事，而不是沉迷一些已经过时的理论，以及缺少实践性的判断。那些致力于城市景观叙事的人会变成一种方法，因其为文字制度赋予了更多的平等精神，并以此对抗那个关于存在与虚无的矛盾。

未来的人应该知道有这样一群人，在五十年或一百年前，他们在繁华的城市里生活，用即时性的叙事记录自己的所见所闻。未来的人也会知道这群人的目的，并重新审视文字制度与平等精神之间的关系。在这个问题中，平等不再是一个政治经济学概念，它会进入日常生活领域，在不同的人群或阶级内部重新塑造关于听觉、视觉、触觉的表达方式。

对于城市景观叙事而言，现代城市里的一切都是有意义的，没有欠缺，也没有多余。每个城市都像一个严密的实用功能逻辑体，尽管庞大，而且在不断变化，但每个部分与其他部分有必然的或可预期的联系。每扇门、每座桥、每条路、每个建筑、每个房间……它们承担着特定的功能，例如景观展示、功能实践或情感寄托等。其中一些东西在当下已经废弃，失去了原有的功能，例如一个长满草的车间或一段没有人走的路。但在城市景观叙事中，它们不会受到轻视，因其是过去的延续。在当下，它们失去了预设的功能，但在未来，这些功能还可能会复活。即使在复活之前，它们也在承担着一种类似于景观回忆或情感回忆的功能。

现代城市里有一些过度新奇的东西，不合时宜，让人惊诧。这是一种用物质形式阐释时间内涵的方式，是未来的提前出现，或是对未来生活的启示。传统文字制度不会关注这些新奇景观，但城市景观叙事具备这种力量，而且有内在的愿望，所以能最大限度地扩展文字制度的边界。

我们无须回避一个问题，即城市景观叙事是直接的、简单的，甚至有些草率，缺乏严密的逻辑和因果关系，读起来既不优美，也不高雅，有时还会让人昏昏欲睡。所以，这类叙事为自身提出了一个是否有必要存在的难题。然而，一旦有人识破了这类叙事的初衷，即对于具体和真实的热爱，以及对于"现在—未来"关系的期待，那么这个难题也就随之消失。

高雅有吸引人的力量，但并非只有高雅能吸引人。在思想意义上，比高雅更有价值的是具体的真实，因其能触动人的心灵，标记人的存在状况。这种感受来自对于日常生活的沉浸、接受，以及记录日常生活状态的愿望。实际上，对于人类历史的连续性而言，具体的真实比高雅更重要，因为没有真实感的高雅会变形，而缺少高雅的真实是纯粹的美。

在叙事过程中，我穿过了高雅所制造的迷惑，进入真实的领域。在过去半个多世纪里，这个城市是一个工业中心，技术理性控制着日常生活的节奏，工业生产塑造了人的行为，人的感觉长期沉浸在工业景观中。锅炉工人只在意煤是否够用、煤堆与锅炉之间的距离、锅炉运行是否正常、工作结束后有没有足够的热水洗澡……他们并不关心附近有没有盛开的花或其他美景。下班后，相比于去文艺厅看芭蕾舞剧，他们更愿意蒙头大睡。与锅炉工人相似，电焊工人、安装工人、检测工人也都生活在一些确定的目的里。他们在工业机制中出生、成长、工作，也在工业机制中衰老。

工业机制所创造的景观是简单的，甚至是丑陋的，一切都无法逃脱实用主义目的。但我从中感受到比高雅更重要的真实感，哪怕这类景观中的多数类别让人乏味、失望或厌恶，我仍旧热爱它们的真实感，也热爱塑造真实感的实用主义景观。

这个目的引导着我在这个城市的老工业区里行走。我看到一个处于静止或下降状态的景观序列，布满锈迹的路牌、落在地上的废弃电线、已经失去功能的取暖管道……我并没有将它们看作是一个过程的结束。相反，它们为我赋予了一种关于机器工业的历史身份，就像在荒野里行走时，成片的黄土和任意生长的植物唤醒我的原始感觉一样。这些废弃的工业景观是表象意义的破败，而非实质性的破败。因为这种破败有更深刻的思想意义，或者说这种破败本身是深刻思想的物质表现形式。

关于这个东北工业城市的写作从属于一个更大的类别，即东北叙事。关于东北的写作有很多种方法，主要包括历史类和文学类。20世

纪 30 年代，为了从文化意义上辅助日本帝国主义侵占东北的行为，矢
野仁一等日本历史学家提出"满蒙在历史上非支那领土"之类的观点。
这类观点符合帝国主义逻辑或殖民主义逻辑，却违背了国际法逻辑和
实证主义逻辑。1932 年，傅斯年出版《东北史纲》，批评偏颇之论，
并向来华的李顿调查团说明东北的历史地位：

> 中国之有东北问题数十年矣。欧战以前，日俄角逐，而我为鱼
> 肉。俄国革命以后，在北京成立《中俄协定》，俄事变一面目，而日
> 人之侵暴愈张。所谓"大陆政策""满蒙生命线"者，皆向我施其露
> 骨的进攻之口号，而国人之酣梦如故也……国人不尽无耻之人，中
> 国即非必亡之国！然而前途之斗争无限，知识之需要实殷，持东北
> 事以问国人，每多不知其蕴，岂仅斯文之寡陋，亦大有系于国事者
> 焉。吾等明知东北史事所关系于现局者远不逮经济政治之什一，然
> 吾等皆仅有兴会于史学之人，亦但求尽其所能而已。己所不能，人
> 其舍诸？[1]

　　在对抗帝国主义与殖民主义的意义上，关于东北的历史写作有非
凡的价值，历史研究具备了主权表达的功能。这是一种"过去—现在"
主导的历史叙事，有别于纯粹的学术研究。在这个时间结构中，"现
在"的角色更重要，而且具有引导性，"过去"被"现在"征用，并在
"现在"的引导下复活，成为一种有主动表达能力的时间状态。
　　与这种历史写作不同，我从事的是关于当下的写作，也就是从这

- 1 傅斯年：《东北史纲》，上海：上海三联书店，2017 年，第 2 页。

个城市的日常景观中发掘现代精神的具体象征，作为一种日常生活的档案类别，具备穿越时间的力量，传递到后世。所以，这是一种"现在—未来"主导的当下叙事。

　　在这个叙事结构中，"现在"是一个显而易见、无所不在的时间状态，尤其是对于写作者而言，他看到的、听到的、感觉到的一切都是具体的，没有放大，没有缩小，也没有扭曲。而"未来"是一个想象的时间概念，不可见，但一定会出现。借助于文字制度，这些存在于当下的景观，会变成一种可以反复观看的历史记忆，在这个想象的时间秩序中向后蔓延，然后期待着被未来的实证主义目的捕获。

　　从古至今，人类对于这个世界的空间有绝对的改造力量，高峡出平湖，沧海变良田，一栋几百米的高楼短短三年建成，一个微小空间被分割为餐厅、卧室、书房……但在时间面前，人类是完全被动的。人类可以为时间秩序做标记，却不知道时间来自哪里，又会去哪里，也不知道时间的存在形式，以及如何改变它的秩序。人类总是生活在断裂的时间中，一些时刻是清晰的，甚至因为过度清晰而导致时间变慢，但更多的时刻是模糊的，以至于没有存在的迹象。这不是因为时间本身是断裂的，而是因为人类对于时间的感知力和表现力是脆弱的。

　　当下的每一分钟、每一小时或每一天不间断地出现。其中的一些时间会因为事件状态而具有特殊意义，这些时间也就被区分出来，进入历史记忆。这是人类在断裂的状态中对于时间的局部认识。

　　"过去—现在"主导的叙事类型属于这种状态，但"现在—未来"主导的叙事类型有别于这种状态，因其是对一段即将出现的时间的想象，而且不是双向虚拟的想象，即现在与未来之间只存在着间接或可有可无的关系。相反，这是一种双向实证的想象。由于这个叙事类型

所具有的跨时间能力，现在与未来之间有一种相互期待的关系，一端
是关于真实的叙事，一端是对于真实叙事的观看。

为了完成这个期待中的叙事类型，我反复进入此时此地，在这个
城市的日常景观里游荡。这是一个位于东北中心地带的城市，既年轻
又深刻，近百余年先后经历了殖民主义时代、解放战争时代、政治观
念调整时代、机器工业化时代、信息革命时代。每个时代都会留下物
质意义和人文意义的景观，相互重叠，相互对比，既是空间性的存在，
也是时间性的存在。

我将这个城市看作是一朵中国现代精神之花，最迷人的花期即将
结束，颜色退却、香气消失，但在思想意义上却比那些盛开的花更加
馥郁、深奥。在日益失去光泽的花瓣中间，一个关乎未来的果实已经
成形。对于崇尚表象优美的景观主义者而言，这个果实没有意义，就
像城市绿化带里没有吸引力的果实一样。但对于"现在—未来"时间
机制的期待者而言，这是一个具有启示性的果实。

在阐释这种启示性的意义时，我离开了西方理论，也离开了文字
制度的固有逻辑，也就是过度关注伟大、惊奇、断裂。相反，我希望
回归个体感觉，用具体和实证的方式说明日常景观的内涵。这是一些
即时性的生活场景，在一个时刻重复出现，缺少奇异，转瞬消失。但
它们不是因为没有意义而消失，而是因为文字制度的选择性而消失。
西方理论无法阻止这种消失，反而会加剧消失的速度和规模。只有关
于当下的即时性叙事才能应对这些平常、反复、缺少意义的日常景观。

在这个过程中，我不断调整写作策略，希望能够克服那些构建深
层叙事的障碍。现代城市内部还有很多隐而不现的熟人社会，而我处
在这些熟人社会的边缘，无数次从它们旁边经过，听到它们的声音，

看到它们的行为，然后作为旁观者或局外人，以单向度的思想机制发掘这个城市在近百年的起伏中所创造的现代精神。所以，这部作品出现在熟人社会的边缘、陌生人社会的深处，正是对于"此时此地"的信念一次次打破了悬停与静止的写作。

这是一个回归自我的过程，也就是在无法进入研究对象内部的情况下，回归个体感觉，并且相信这种感觉所具有的思想力量，然后以旁观者或局外人的身份再次进入。在现代陌生人社会四处蔓延的时代，这种写作方式更有普遍性。现代城市文明越进步，传统的熟人社会会慢慢消失或隐藏，陌生人社会也就越能主导个体的生活、交往和思考。

在现代陌生人社会中，越来越多的人处在无限的流动中。流动的用品、流动的邻居、流动的景观……这些东西在一个时刻包围着我们，但转瞬即逝。不断更新的日用品在塑造出人类的恋旧情结之前就被扔掉，短期生活的房间不再有滋养个体情感的功能。在不断变化的视觉中，人的心理总是处在新奇之中，而无限的新奇会导致情感肤浅。如何在一个瞬间里思考它们，以及如何思考这些东西在这个瞬间里的意义，这是我们在描述现代陌生人社会时遇到的新问题。

在应对这个问题时，日常景观变成了一个创造思想的实证类别。我们无法让流动的日常性停下来，但它为我们提供了从瞬间通向深刻的观看方式，以及在差异中寻找共性的思考方式。每个观看者的心理背景和生活经验并不相同，有人沉迷线条与颜色，有人重视日常生活的分工与节奏，有人分析更深层的心理与感觉，也有人从抽象意义上发掘现代文明的特点。尽管如此，这是一些无区别的叙事方式，也是思想意义的平等。面对流动的日常性，只要一个人愿意记录，就能进入长时段的历史记忆。

在当下中国的任何一个城市生活，无论北京、上海、深圳，还是兰州、青岛、哈尔滨，或是一个小规模的县级城市，我们所获得的日常体验是相似的，在这些相似的体验中隐藏着中国现代精神的特点。所以，关于这个东北城市的写作也是关于很多城市的写作，因为这个城市的日常生活状态也会在其他城市出现。

三、当下的阐释权

城市景观叙事是一个文本学策略，也就是将那些本来会被文字制度忽视的日常生活变成文本，制造记忆，对抗遗忘。在时间加速和全球化叙事的时代，这种写作关乎当下的阐释权。对于人类的日常感觉而言，这种阐释权具有启示性。因为在文字制度中，它们本来是不可见的，但只要变成叙事，无论什么类型的叙事，它们就是可见的。

这种启示性里隐藏了一个矛盾：存在本来是叙事的前提，叙事却决定着存在的可见性，甚至变成存在的前提，即没有叙事就不存在。对于未来的解释学而言，如果一个日常景观只留下一种叙事，那么这种叙事就会有垄断性，我们只能据此追溯或想象那个已经消失的景观。但这是普遍的情况，几乎每一种日常叙事都有垄断性。因为在日常生活领域，文字处于微弱的地位，大量生活场景出现又消失，往往与文字无关，文字也很少会关注它们，所以日常叙事是稀缺的。稀缺是一种数量状态，也是一种话语的权力状态。

在世界历史上，中国问题具有深刻的丰富性，自16世纪中西交往以来，一直吸引着西方人。他们不断地记录在中国的见闻，日积月累，形成了关于中国风俗的档案类型，即中国游记。作为一种日常叙事类型，它们垄断了对于那些已经消失的时刻、已经消失的空间的解释权。

这是一些稀缺的文本，但稀缺是否意味着真实？来自异域的视野具有双重的奇异性：一是这种视野在中国出现时的奇异性，因其与此时此地缺少关联，既包括情感关联，也包括利益关联，它能获得很多例外的观察机会，并以无关的状态进入关于制度与风俗的深层领域；二是这种视野在观察中国时所表现出来的奇异性，它会选择特殊的方式或角度，制造不同的叙事。奇异是一种自古以来就存在的吸引力，但它与真实、客观没有直接关系。相反，失真或主观更能制造出奇异。

1974 年 4 月 12 日到 5 月 4 日，法国思想家罗兰·巴特到中国旅行，回国后完成了一个日常叙事文本，即《中国行日记》（ *Carnets de voyage en Chine* ）。他在中国仅仅生活了二十几天，面对着这个丰富、深刻的历史—现实知识体，或是由于资本主义制度的优越性，或是由于西方文化的优越性，至少在那个时刻，他忘记了在未知的深刻与庞大面前保持沉默的道理，于是一个东方的奇异世界出现了："完全没有时尚可言。零度的衣饰。没有任何寻求、任何选择。排斥爱美。"[1] 他坐在从南京到洛阳的火车上，看着窗外不断闪过的景观，然后在旅行记中做出了一个判断："一个没有皱痕的国度……没有任何东西在讲述历史。"[2] 他用抽象的语言暗示这条铁路线，甚至整个中国缺乏历史厚度，单一乏味。

这是一个缺乏历史感和世界视野的西方人所制造的奇异叙事。罗

－1［法］罗兰·巴特：《中国行日记》，怀宇译，北京：中国人民大学出版社，2011 年，第 11 页。
－2 同上，第 147 页。

兰·巴特游走于中国的表象，然后制造了这个稀缺的叙事。中国是深刻的，但这个文本是粗浅的；中国是一个长时段的存在，这个文本阐释的却是短时段的日常景观。他有杰出的想象力与修辞学技艺，但并不能发掘中国的丰富性，以及这种丰富性的历史内涵。

20 世纪 70 年代，中国处于全面开放的预备阶段，生产落后，物资紧缺，人的生存是最迫切的问题。中国的力量几乎都转向生存领域，而不是审美领域，所以日常景观是单调的。但这是一种表象的单调，而非本质的单调，因为单调的表象中隐藏了八亿多人对于独立、富足、安宁的渴望，以及在不确定的历史趋势中对于未来的期待。

面对这种隐而不现的丰富性，罗兰·巴特的分析方法失效了。他不懂汉语，所以他的符号学理论被悬置起来。他在中国匆匆而行，无法进入日常生活领域，他的大众文化理论也被悬置起来。他能做的仅仅是在法国思想风格的引导下制造一个奇异的中国，一个短暂的、视觉意义的中国。2009 年，这个文本在法国正式出版。在西方文明停滞和中国文明进步的对比中，它的奇异性对于中国不再有冲击力或伤害性，但对于那些不了解中国的西方人，仍旧会引发一些误会或偏见。

自 16 世纪以来，外国人热衷于观察中国风俗，有时会提出发人深省的观点，但并不能避免这类缺乏实证性的奇异。在有限的时间与空间里，这群怀着好奇心的外国人在中国旅行，未必能进入微小、复杂、深奥的日常知识体系。而日常性才是一种文化的实践状态，是这种文化对于自身特点的彻底展示。他们对于流动的表象可能有独特的理解，但未必能突破时间—空间距离，发掘这些表象的日常内涵。

日常景观叙事不能停留于表象分析，无论这种停留是时间性的、空间性的，还是知识性的，因为停留会触发没有限度的想象力。这种想象力即使很敏锐，也只能沉浸于表象，从而制造出一系列虚拟的叙事。这些文本难以弥补表象与真实的关系，反而有可能加剧它们之间的分裂。分裂的结果往往是破坏性的，即表象获得了阐释权，真实却失去了充分展示的可能。

几乎所有的表象都是某一类深层知识体系的隐喻或象征，而虚拟性的叙事无法展示这些隐喻或象征，甚至不能展示那些直白的暗示，也就无法表现真实的中国。这是域外视野的缺陷。尽管如此，我们仍不得不承认：当这类叙事出现后，由于缺少本土文化意识所主导的同类叙事，它们就会垄断对于那个已经消失的当下、那个已经消失的微小空间的解释权。这是一个既成事实，无法改变，我们能做的只是从本土文化角度去审视或批判这类奇异的历史文本。

我们无法否认奇异，也无法驱赶奇异，因其是人类精神的基础类别。然而，我们可以塑造或引导奇异，既包括奇异的类别，也包括奇异的限度。对于当下的日常生活，我们能创造一个与之平行的类别，即使不能引导或启发来自异域的游荡视野，但至少能使之进入一个接受本土文化质疑的实证空间，从而减轻这类异域文本因稀缺性而获得的垄断性，以及这种垄断性所制造的误解和对立。这个工作是紧迫的，因为任何一个民族的历史状态都不想受制于那些匆匆而行、时而会制造出奇异的外国眼睛。

这是一种关于当下的阐释权。如果本土文化意识置之不理，或有心无力，域外视野可能会滥用这种权力，塑造另一种侵略性或贬低性的日常叙事。这是一种发生在语言领域里的对抗或侵略，对于一个民族的自我认知会有长期的负面影响。

日本 APA 酒店社长元谷外志雄是一个谙熟语言侵略的右翼人士。

他知道日常生活具有改变历史记忆的功能，只要在一段历史记忆上不断覆盖另一种异质性的日常生活，就有可能重塑历史。2017 年，他在酒店的每间客房里放置了一本书，否认日本侵华历史。在当下的日常生活中，他要以一己之力重塑这个历史事件，一点一滴地改变历史记忆。中国政府和民众严正抗议，在日华人组织了反对元谷外志雄的游行，要求他实事求是。而他受到日本右翼势力的支持，更加有恃无恐：

> 从某种意义上说，安倍让我能活跃于业界，回头看对于安倍的各种举措，最不满的就是中国。托这件事的福，全国各地寄来了一万多封鼓励我们的信件……我绝不撤书……几个月后人们就会忘记发生了什么，只会记得 APA 这个名字。因此，说不定可以靠这个提高知名度。

如果我们忽略了这个事件，他就获得了部分意义的成功。如果我们忘记了这个事件，他就有可能实现自己的愿望。否认有罪的历史，这是一个违背历史理性的行为。日本借助对外侵略快速完成了现代化，然后在美国主导的国际秩序中获得了重生。这是一种不正义的重生，对于受到侵略的国家而言是理智和情感的双重伤害。

对于这种语言侵略，我们要如何应对呢？记录，反复地记录，将这个很快消失的事件变成文本，使之进入长时段的、具有批判性的思想领域。在 2021 年出版的《驶于当下：技术理性的个体化阐释》中，我已经分析了这种非历史性的人格对于历史理性的轻视。[1] 在这里，我

- 1 徐前进：《驶于当下：技术理性的个体化阐释》，上海：上海书店出版社，2021 年，第303 页。

再次提到这种人格，它从反面说明了民族主义的弊端，并阻挠了日本变成一个让人尊敬的国家。表面上，这是日常景观叙事的历史功能，实际上是当下阐释权的历史功能。

关于当下的写作既然这么重要，为什么又那么稀少？这种情况源于文字制度与日常生活的反差。文字制度本质上是一种词语与逻辑所主导的秩序，强调因果关系和修辞技艺。对于当下的日常生活，文字制度也能构建一个相应的叙事类型，但这个类型往往缺乏逻辑、修辞与因果关系，因为日常生活几乎总是处于瞬间、变化和无意义的状态。每个人怀着自己的目的四处奔波，来去匆匆，在宏观分析中可有可无。各种物质高频率地进入日常生活领域，然后又以垃圾的形式离开。各种声音在日常空间里回荡，作为制度的展示，或作为情绪的表达……我们可以用实用主义解释这些现象，却往往难以说明它们之间有什么样的逻辑。

这个问题造成了当下书写的稀缺性。文字制度与日常生活之间缺少明确的对应关系，文字的归文字，生活的归生活。由于这个分裂的存在，文字制度更愿意转向虚拟和抽象领域，因为这些领域中既有实证性的因果关系，也有可以任意拼凑的因果关系，而且修辞技巧能够大范围地使用，然后制造出吸引人的伟大、惊奇与断裂。

现代思想界越来越认同文字制度，远离当下的日常生活。很多人在文字世界里自得其乐，熟悉柏拉图的风格、亚里士多德的观点，了解卢梭妻子的反常、康德的谋生趣闻，也知道巴尔扎克债务缠身、托尔斯泰喜欢睡懒觉，以及梭罗在瓦尔登湖居住时厌恶技术的心理。他们博学多识，有强大的思辨能力，谈起话来滔滔不绝，几乎无可辩驳。其中一些人擅长拼凑各种理论，用词准确，逻辑严密。但这是一种虚

幻的自我实现，最终无法离开作为起点或终点的古代理论、现代理论
或异域理论。

他们对于当下的状况是极为熟悉的，了解一个词、一个行为在这
个时刻所具有的独特内涵。但如果要求他们用这些理论分析当下，他
们可能会陷入不能言的困境。至少在面对这个问题的那一刻，他们会
束手无策。他们生活在当下，但长久以来他们的目光被古代和异域所
吸引。

如果当下的状况总是被人忽视，那么在这个当下消失之后，一个
难以弥补的空白就会出现。当我们要应对这个问题时，一个困难是清
晰可见的：当下是一种无限的存在，无限多的类型、无限多的风格、
无限多的领域，各种声音、物质、事件、冲突在无法预期的情况下出
现，旋即消失不见。人类的感觉能够意识到这些变化，但在人类的语
言能力做出及时反应之前，它们已经无迹可寻。所以，当下是一种逃
避语言的存在。

对于一个人而言，在他出现的那个时刻、那个空间里，四周的景
观并不重要。他穿梭其中，视而不见，听而不闻。但在思想意义上，
这些景观是一个时代或一种文明的存在状态，并以部分、间接的方式
阐释着这个时代的精神。这个人看到的、听到的，以及亲身感受到的
往往都是真实的。如果他将之记录下来，很多人也将之记录下来，一
个关于当下的叙事类型就会出现。这是一种具有充分实证性的文本，
语法简单，但内涵深刻，因其是我们寻求共识、影响未来的前提。所
以，关于当下的叙事类型处在解释学的源头，在一定程度上能够影响
未来解释学的方向。

这是对于当下书写功能的理想化表述。在公共阅读领域，这类文

本可能会遇到多种反馈：

第一种是源于同时性的批评。关于当下的书写展示的是日常生活的节奏、秩序与空间，对于生活在这个时代的人而言，这些问题是平淡的、重复的、缺少新奇性，而且违背文字制度的逻辑、修辞和审美要求。刚读了前几页，他就注意到了这个问题。他可能还会读下去，但读到一半时，终于无法忍受："太琐碎，太琐碎，太琐碎了……不是给这代人读的。"这是一个文字制度的拥护者，他希望从阅读中发现惊奇、连续、震惊、伟大或艺术性的虚构。

第二种是镜像阅读。这是一种源于同时性的认可。在阅读之前，他可能已经意识到文字制度与当下这个时刻的关系，并希望从阅读中获得一种镜像效果。关于当下的书写变成了一个叙事镜像，文字像镜子一样映射当下。借助这个镜像，他可以从另一个角度观看自己的生活。这是生活在当下的人短暂逃离平常、连续、反复、琐碎的思想策略，尽管还要回归，但在这个时刻，他们是日常性的观看者："细碎的日常和重复的生活更可能包涵社会的基因，更可能是构建宏大叙事和大道理的基底碎石，留意它、找到它，就能看破任何粉饰和伪装。"

第三种是多重时间性背景下的阅读。长期以来，他对于历史有深入的思考，也在不断地观察现实，对于现在与未来的关系又有所期待。他已经意识到当下的日常生活是一个重要领域，却又在不断地消失，他可能会有一个疑惑：为什么曾经存在的变得无影无踪？他也可能已经为此付出了很多努力，希望留住这些无处不在、转而消失的一切。所以，当他看到一个关于当下的文本时，一种思想意义的认同感就出现了："这是大胆的实践，记录当下，写给未来。当下的人可以借此反观自己的周遭世界，未来的人可以借此了解过去。"

　　无论会引起什么样的看法，对于实践当下的阐释权而言，这类叙事都是一个重要的角度，但不是一个简单的问题。在实践过程中，西方学者和中国学者面临着相似的困难，也可能都在思考为什么要构建这个叙事类型。在抽象理论的辅助下，西方学者多次进入这个领域，最终又不得不回归文字制度的主流秩序，注重逻辑与修辞，删除日常生活的基本状态。所以，关于当下的叙事至今还没有成为独立的文本类型，附属于文学、哲学或社会学，借用这些学科的表述方式，并服从于它们的问题意识。

　　19世纪，欧洲文学已经转向日常生活。一大批作家认识到这是人类历史的空白，巴尔扎克据此确定了《人间喜剧》的主旨："书写那些普遍、日常、隐秘或明显的事件。"[1] 他以百科全书的方式记录那个时代的日常生活，将之变成实证性的文本。客观而言，文学对于日常生活的阐释是最丰富的，尽管存在变形或失真的问题，但日常生活已经成为叙事的本体。20世纪末，一种新的体裁力求弥补这类缺点，即"当下文学"（littérature immédiate）。[2] 这种体裁放弃了夸张、虚构的方法，以符合日常生活节奏的语言记录这个领域的状况。《鲁瓦西快车的乘客》（*Les Passagers du Roissy-Express*）是一部代表作，马普罗（F. Maspero）在巴黎的地铁里记录各种声音、颜色、动作，具体地展示

- 1 Honoré de Balzac, "Avant-propos à la Comédie Humaine," *La Comédie humaine*, Premier Volume, Première Partie, Paris: A. Houssiaux, 1855, pp.20–21, 28.
- 2 Gianfranco Rubino, "Avant-Propos," *Écrire le présent*, sous la direction de Gianfranco Rubino et Dominique Viart, Paris: Armand Colin, 2013, p.12.

现代人的机械出行方式。[1]

　　西方现象学派关注当下日常生活的意义，重新审视现代知识的来源，然后以此发现新知识。为了说明存在的本质，胡塞尔抛弃了古典主义哲学体系，以单数第一人称叙事对待当下的日常生活："我直接地发现它，我经验到它。通过我的看、摸、听等等……具有某一空间分布范围的物质物就直接对我存在着。"[2]但很快，他放弃了这个具体、实在与破碎的日常领域，回归纯粹与抽象的理论。

　　考虑到构建日常生活叙事的难度，这应该是一次迫不得已的回归，因为胡塞尔无法消解文字制度与日常生活之间的反差。每个时代的日常生活都是一种不规则、可隐匿、难以预测的状态，各类状态表现为当下的感受，确切地说是个体神经系统内部的、即时性的感受，与过去无关，也不会通向未来。这些日常状态存在于当下，却无法进入文字制度，因为文字制度有忽略它们的充分理由。现代哲学越来越偏向抽象的一端，忽视了日常的一端，所以现象学的问题意识也就处于停滞的状态。

　　在一个偶然的时刻，晚年的海德格尔走出形而上学领域，放弃了惯常的逻辑和修辞技术，勇敢地面对当下的日常生活，从而弥补了文字制度与日常生活之间的分裂。在《形而上学导论》中，他用直白的方式构建了一个日常叙事片段：

　　　　在大街的那一边，矗立着理工中学的教学楼……我们能够观察
　　　　到这座大楼的所有方面，从地下室直至顶楼……走廊、楼梯、教室

－ 1 François Maspero, *Les Passagers du Roissy-Express*, Paris: Seuil, 2004.
－ 2 [奥]胡塞尔：《纯粹现象学通论》，李幼蒸译，北京：商务印书馆，2018年，第103页。

及其设备，我们到处都会发现在者。[1]

在深奥的现象学体系里，这段话看起来与众不同，甚至有些格格不入。因为在那个时刻，海德格尔变成了一个站在街边的普通人，而不再是抽象的思想符号。我们甚至能想象到他从教学楼旁边经过，停下来观看、思考，然后用这个普通的景观回答现象学的根本问题：

究竟为什么在者在而无反倒不在？这是问题所在。这个问题恐怕不是普普通通的问题……这是所有问题中的首要问题。[2]

关于这个问题，法国思想家波德里亚展示了另一种突破的可能。他不属于现象学派，却希望完成现象学派的未竟事业。他意识到存在与记忆的不对称性，然后将解决的希望寄托于如何应对当下的问题，也就是在一个个当下彻底消失之前，将它们的存在状态变成有记忆功能的叙事类型。这些文本会在当下与当下的景观之间塑造一种对应关系，虽然不是完全对应的关系，但如果没有其他文本，那么这些文本对于历史阐释而言就是独一无二的。

他在纽约的街道上行走，眼前的一切都是流动的、破碎的、瞬间的。这是人类历史的真实状态，并因其绝对的真实性而进入长时段历史，足以成为政治理念、经济模式和文化风俗的基础领域。一辆警车鸣着笛从他身边经过，周围的广告占领了他的视觉，很多人与他迎面

－1［德］海德格尔：《形而上学导论》，熊伟、王庆节译，北京：商务印书馆，2017 年，第33—34 页。
－2 同上，第3 页。

而过，他们的脸上还有微笑，但都是封闭的微笑，或仅仅是对自己的微笑……他要想办法处理这些既简单又深奥的景观，然后展示这个城市在这个时刻的具体性：

> 警笛声增加了，无论白天黑夜。车速更快，广告更暴力。娼妓无所不在，电子光线也是。而赌博，所有赌博的强度都在加大。每次接近世界中心时，情况总是如此……为什么人们要住在纽约？他们之间没有任何联系，除了某种因纯粹拥挤而产生的内在电流。一种彼此接近的奇妙感觉……这是它成为某个自我吸引的宇宙的原因，没有任何理由从此逃离。没有任何人性的理由让人待在这里，只有对拥挤状态的纯粹迷醉。[1]

这是将当下的日常景观变成叙事类型的写作方式。在构建这类叙事时，我们可能还会强调逻辑和因果关系的重要性。这是一种后天习得的规范，只要进入文字制度，就要遵守这种规范，而且阅读者对此已经有习以为常的预期。但这种规范无法避免裁剪的意图，确切地说，是文字制度对于日常性的裁剪。这种裁剪会引起一个结果，即日常生活再次被忽视，既包括同一时间性里的忽视，即当代人对于当下日常生活的忽视；也包括不同时间性里的忽视，即未来的人不了解这个时代的日常生活。双重的忽视在存在与记忆之间制造了一种历史性的断裂。

尽管如此，逻辑、秩序与因果关系仍旧是文字制度的标准。一个

－1 [法] 让·波德里亚：《美国》，张生译，南京：南京大学出版社，2011年，第25、27页。

人写了一部作品，如果被指责是逻辑混乱，这是让人难以忍受的代价。然而，日常生活有另一种类型的标准，例如瞬间、无序、偶然、消失等，所以在构建这类叙事时，我们首先要接受非逻辑和因果关系稀少的文字状态，刻意弱化文字制度的追求。因为在一些时候，人类历史是偶然发生的，语言、感觉与最终的结果之间缺少必然的关系。

这是一个由博返约的叙事策略：放弃高雅的修辞、复杂的逻辑，以及假设、象征、比喻、渲染、夸张、想象等写作技巧，回归简单直白的语法，勇敢真诚地记录。这是一种最古老的叙事风格，在古典史诗中已经达到顶峰，之后慢慢被日益繁复的逻辑学和修辞学掩盖。文字所创造的世界越来越丰富多变，充满了无限可能，以至于让人忘记了当下的日常生活，甚至厌恶这些重复出现、缺少奇异的日常性。

这种古老的风格是一种关于感觉的写作。写作者以亲历者的角色面对当下，充分调动视觉、听觉和触觉，从不断变化的日常景观中发掘各种存在的具体象征，最终回归语言与存在的直接关系。经过眼睛、耳朵或皮肤的感受之后，这种关系就变成了一种叙事。

这种叙事是简单的，也是纯粹的；是具体的，也是绝对的，因其是自足的，不受制于抽象的观念，相反是抽象观念的基础。现代思想一直在向虚拟和抽象的深处延伸，因其忽视了日常性。即使在日常生活中发现了一个新领域，现代思想家仍旧习惯于将之拉入深不见底的虚拟中。但我们不要忘记，直白、简单、具体同样能表达深奥，甚至在一些方面能超越抽象所具有的概括能力。

作为对于当下状态的直接表达，日常叙事会成为未来解释学的文本之源，穿越时间，向后代人展示这个时刻的日常性。在不同的时间性里，这种叙事能直接、高效地复活那些已经消失的日常景观，没有掩饰或变形，过去对于未来也就不再是完全隐蔽的。

18 世纪后期，一个法国人已经将这个想法付诸实践，即梅西耶（L.-S. Mercier）及其出版的《巴黎图景》（*Tableau de Paris*）。[1] 他记录了那个时代巴黎的日常景观，作为一种叙事向未来传递，被各类历史分析目的捕获，成为反思法国现代问题的直接视野。在这个视野里，男人、女人、官员、医生、哲学家和游荡者基本上以真实和不掩饰的状态出场，然后在没有审美性和纯粹功利性目的的引导下行动。

在这些人物中，哲学家借助文字制度成为最耀眼的角色。他们希望创造一个理想世界，并将自己当作实现这个理想的崇高者。但在日常生活中，他们展示了另一类面貌："用对付敌人的可怕武器相互攻击，以不正义回击不正义，以更深的恶意报复恶意，总之，那是比诽谤更坏的职业。"[2] 18 世纪是法国历史命运的关键时刻，很多人意识到这个问题的紧迫性，但有时候他们只是用语言、修辞和逻辑去创造新制度，却不具备改造旧制度的能力。相反，他们从旧制度中获得了隐秘的利益，结果造就了一种骑着旧制度、又破坏旧制度的分裂型人格。

西方人对于启蒙时代有一种寻根性的想象，也就是为现代精神寻找美好的开端，梅西耶的日常叙事却提供了一个批判性的历史背景。由于这个日常叙事的出现，我们难以确定启蒙时代的哲学家在多大程度上延误了法国的历史命运，就像我们不能确定他们在多大程度上改善了法国的历史命运一样，但我们可以确定的是：《巴黎图景》把握了

- 1 Louis-Sébastien Mercier, *Tableau de Paris*, Amsterdam, 1782–1783.
- 2 "Des demi-Auteurs, quarts-d'Auteurs；enfin, metis, quarterons, &c.," *ibid.*, Tome premier, p.245.

一个当下类型的阐释权，从而在未来某一个时刻能够避免天真的、非历史性的想象。

　　对于当下叙事的功能，我们不能夸大其词，但也不能完全将历史阐释权置于"过去—现在"的时间结构中，也就是充分相信历史学家的方法。客观而言，历史学家并没有垄断人类的历史意识，因为历史意识有三个层次。第一个层次是借助于历史档案重建过去。这个过程有无穷的魅力，因其可以复原那些消失的东西，但也隐藏着语言意义的风险，因为已经消失的东西没有自我辩解的能力。第二个层次是发现过去与现在的潜在联系，然后在这种联系的引导下激活历史经验，并为现实赋予一个关于起源的视野。过去不再是静止的，现在也不再是虚空的。在第三个层次里，过去被完全打开，无障碍地通向现在和未来，一种连续的时间性随之出现。在这种时间性中，过去变成了历史理性的向导，开放、坦诚，实事求是，但它不是独断的，因为在一些时刻，现在可以成为主角，而在另一些时刻，未来也可以成为主角。

　　历史学家，作为现代分工制度中的从业者，几乎完全主导着第一层次。一些视野广阔的人也可能会进入第二层次，但对于第三层次往往是陌生的。此外，我们之所以说历史学家没有垄断历史意识，是因为历史意识的阐释需要实践的引导。纯粹的历史文本解读是阐释历史意识的方式，但从第一层次到第二层次，或从第二层次到第三层次，都需要实践的推动，而实践本身是对当下的感知。

　　在第三层次中，一个重要的问题是：当下，作为一个属于现在的微小时间状态，已经是人类历史意识的基础。如果当下不能展示自身的具体性，那么现在就是一个让人难以把握的时间状态，未来等同于过度的想象，源于现在与未来的过去也仅仅是一种虚拟的语言学状态，过去、现在与未来之间的连续性就会解体。而要把握当下，需要的是一种敢于实践的策略，也就是构建关于当下的叙事。

为了这个目的，西方学者提出了很多新理论，但他们的实践并不成功。鉴于此，在书写当下的时候，如果我们像在其他领域一样，过度依赖西方理论，忘记了自己的当下，以及当下的处境，可能会掉入理论的陷阱，就此放弃了当下的阐释权。而放弃当下可能会失去构建中国话语的机会，因为当下是理论之源。

这个世界的多数伟大理论都产生于此时此地，而不是远距离的猜测或跨越时间的追溯。对于此时此地的解释是一个返回个体感觉的问题。一群人生活在一个时代，他们有不同的感觉，但这些感觉会有相似之处，这种相似性会塑造一种共同的价值。在理论意义上，这种价值可以成为这个时代的主体精神的表述。这是一个自我阐释的过程，同时也是一个殊途同归的过程。

当下的状态有明确的时代性和地域性，所以关于当下的叙事需要本土视野的主导，也就是熟悉当下。熟悉意味着重复、沉闷，没有新奇。然而，人总是热爱新奇，例如新奇的视觉、听觉、触觉，以及新奇的情感。新奇就像是一种合情合理，又隐藏着风险的诱惑，让人不断探索、突破常规与伦理，也让人漂浮在日常性之上。只有在当下的日常性中，我们才能感受到真实。

在写作过程中，我用一种类似于视觉透视的方式观察此时此地，也就是我所在的这个城市。我在街道上行走，向前、向左或向右，进入一个现代分工制度所创造的独特空间，无区别的游荡随即变成有目的的观察。在这个空间里，我看到了什么、听到了什么、感觉到了什么……我将之变成即时性的叙事，这些本来会消失的存在也就获得了具体的显示形式。这是一种语言学形式，但它会借助于这种形式在人的感觉和思想中变成一种历史性的存在。对于表现这个时代的日常生活而言，这种叙事一定是不完整的，却是真实的。这种不可复制的真实性使之有可能成为理论创造的基础，或者是历史解释学的源头。

空
间

高密度的空间状态是现代城市文明存在或扩张的前提，因为高密度能够创造出低成本的视觉连接、声音连接和情感连接，个体生存境遇有无限多的可能，陌生人之间的交往也充满了无限多的可能。

一、人民大街的时间性

这个城市的日常景观里隐藏着不同的时间性。我走在一条大街上，就像在相互交叠、拼接、挤压、替代的时间性里穿行，从红砖时代进入混凝土时代，从煤炭时代进入燃油时代，然后在当下的景观与未来记忆之间创造一种跨越式的语言连接。在这个过程中，我放弃了夸张、隐喻等文字技巧，作为一个简单、卑微却有感受力的生命，直接面对这些迎面而来的形状、线条、空间、颜色。这种叙事方式是具体的，一点都不玄幻，虽然有时间性的跨越，以及空间性的溢出，对于现代历史而言却有根源性的阐释力量。

我经过一条街道的角落，这个空间的状况是我在这个时刻感受到的全部。这里的景观和事件是微小的、松散的，相互之间缺少因果关系，往往都是在无法预测的情况下出现，也不会在结束的时刻进入文字制度，或成为历史记忆。在这个有限空间里，我将听觉、视觉、触觉所感受到的状况转变成文字。这不是一个创造性的过程，而是对于具体景观的展示，既是向未来的展示，也是向宏观叙事的展示。

我乐此不疲，因为这些景观是绝对的真实，是我在此时此地确切看到的、听到的、感觉到的。它们进入我的理性与情感，既没有出现形状的失真，也没有出现意义的变形。绝对的真实有时候是具体的，甚至会因为过于具体而缺少想象力。现代因果关系和叙事技术往往会排斥具体、无意义的东西，并由此拒绝了真实。它们还会制造出无限的文字幻象，但缺少实证性的幻象往往会被视为肤浅的娱乐。

在这个城市里，这条街道是一个最有历史性的通行空间。尽管修整多次，它的历史性在新铺的沥青路上已经没有踪影，但对于这个城市仍旧具有标志性的意义。1905 年日俄战争后，日本人窃取了东北地区的部分管辖权，铺设铁路，作为殖民主义管理权的象征。这个城市修建了火车站，火车站向南正是这条大街。1907 年，这条大街被命名为"长春大街"，又改为"中央通"，之后又向南延伸，新路段被命名为"大同大街"。1945 年，苏联军队赶走了日本人，这条大街改成"斯大林大街"。时隔不久，国民党从苏联人手里接管这个城市，将街道北段命名为"中山大街"，南段命名为"中正大街"。1948 年这个城市彻底解放，在中苏友好的背景下，这条大街再次更名为"斯大林大街"。这个名字挺过了中苏关系破裂的年代，1996 年变成"人民大街"，一个阐释现代政治内涵的名字。

2020 年春，由于新冠病毒疫情的蔓延，这个城市制定了日常管制策略：封闭住宅区，非必要不出门。在之后的半个多月里，这条大街几乎处于空置状态。偶尔有汽车经过，在安静的城市空间里制造一个短暂的、让人充满希望的稀缺景观。在异常的安静中，汽车轮胎滚在沥青路上的声音由远及近，发动机高速转动的声音也在由远及近，之后这个声音逐渐减弱，城市空间再次回归平静。我走在这个声音异常的空间里，有一种无法表达的紧张，甚至有一点恐慌。

在工作日的拥堵高峰，这条街道上竟然一辆车都没有。我在这个城市生活了十年，从未有过这样的经历。手机微信群也陷入了一种紧张性的密集，有人沉浸其中，而有人希望用幽默予以缓解。他们曾经厌恶拥堵，但在这个时刻却希望遭遇拥堵：

——好怀念堵在路上啊，那种感觉太美妙了。

——堵在路上我再也不会愤怒了，我会大声说我喜欢。

——我会享受拥堵时的汽车尾气。

——…………

当新冠疫情得到有效控制，日常生活秩序恢复后，这种在孤独与迷茫中对于拥堵的向往，在一瞬间就被日常性的厌恶所取代。在车流量大、行驶缓慢的路段，一辆出租车在没有任何提示的情况下突然变道，进入一辆高档汽车的线路，两车差一点碰撞。后车司机迅速刹车，然后用粗俗的语言表达愤怒。由于没有付诸实践，这个极富侮辱性的声音停留在虚拟的道德领域，所以法律不会介入。这种愤怒是纯粹的、个体化的，无拘无束，在现代城市中制造了一个悲喜剧的微小场景。

我以一种当下的状态走在这条街道上，表面上看起来与过去无关，与未来也无关。就像其他路人一样，我的每个动作都消失在这个时刻结束、另一个时刻开启的瞬间。经过社区医院时，我看到门前挂着一个不间断播放声音的小喇叭："免费接种新冠疫苗……免费接种新冠疫苗……"这个声音为这条街道赋予了一种通向未来的时间性。这是一种"现在—未来"的时间性，而在未来的某个时刻，这个声音又会具有"过去—现在"的内涵。

这是一个很普通的电子声音机制，可以用在其他领域，例如废品收购、商品营销等。但在这个时刻，它所使用的词汇—语法使之具有了历史性的内涵："免费接种新冠疫苗……免费接种新冠疫苗……"这个声音不但让这个小喇叭进入了宏观历史领域，而且也让这条街道进入了宏观历史领域，因为这个声音暗示了这个世界正在发生的剧变。

第二天，一块告示牌取代了这个小喇叭："新冠疫苗接种点。"蓝底白字，视觉取代了声音。在这块告示牌旁边又出现了一张庆祝中国共产党成立一百周年的告示："伟大、光荣、正确的中国共产党万岁，伟大、光荣、英雄的中国人民万岁"，红底黄字。红色和黄色本来都是自然的颜色，但在这张告示上，这些文字使之具有了政治内涵。疫苗接种的小喇叭为这条街道赋予了日常意义的当下性，而建党百年的告示为之赋予了政治意义的当下性。

在这个街道景观的对面，第三种当下性正在生成。确切地说，这是一种重生的当下性。上一层的当下性已经处于静止状态，甚至出现了局部性的萎缩和败落，而这种新的当下性覆盖在上面。这是一栋建于20世纪90年代的七层大楼，原有的景观状态已经落后于时代，新的经营理念主导着装修的风格。在装修过程中，以前流行的淡绿色长条瓷砖露了出来，面对着街道，像是一种充满了历史性内涵的注视。当下流行的形状和颜色覆盖于其上，崭新的表象足以创造崭新的内涵。

这栋楼本来是中国计划经济向市场经济转型时代的标志物，作为商品自由交易中心，曾经一次次地制造了消费主义时代初期的景观。最近十年，它逐渐被网络经济模式所抛弃。而在这个时刻，它要改头换面，希望以全新的模式应对网络经济的冲击。外墙围起了防护性的织物，装修工人在里面施工，锤子敲击的声音，电钻冲击水泥墙的声音，还有电焊条消耗时所产生的强光，透过织物的空隙向外传播。在思想意义上，这些声音和光线不再局限于这个建筑的内部，它们具有了为这条街道赋予新的时间性的力量。这是一种正在完成着的、具有覆盖功能的、商业意义的当下性。

在接种新冠疫苗的号召下，我进入了第一种当下性。根据公共提示牌的引导，我首先向左转，进入疫情防控专属通道。左侧是一个地铁站，进入的人希望实践一个目的，出来的人已经完成了这个目的。在提示牌的引导下，我再向右转，经过一个铁门，来到疫苗注射空间，正面墙上挂着这个目的的文字向导："注射疫苗请到后楼二楼。"

这里的每个工作人员都被预先设定了行为逻辑，界限清晰。一个护士询问个人情况："第一针还是第二针……请出示健康码和身份证。"我启动手机屏幕，打开本地健康码程序，点击健康码，一个绿色的二维码出现在手机屏幕上。她用扫描仪激活，一条红色的感应光线扫过手机屏幕，"嘀"。然后，她用电子体温计测量我的体温。之后，另一个护士递给我两张表格，首先填写个人信息，包括姓名、性别、年龄、电话、住址、工作单位，之后是接种前须知：

　　是否有过疫苗或疫苗成分过敏史？

　　是否患急性疾病？

　　是否有其他重大疾病？

　　是否有发热症状？

　　…………

我逐一查看各类提示，然后在所有的选择处填写"否"，最后是签名确认。在到达注射点的途中，第三个护士接收了这个表格，再次进行审核。在二楼疫苗注射区，在工作人员的提示下，我将身份证放在电子识别器上，再次报告姓名和电话。她的身后挂着一面锦旗："疫情防控忠职守，点滴服务暖人心。"

　　进入疫苗注射区之前，一个工作人员再次要求我在表格上登记，姓名、年龄、电话、工作单位、住址。一个护士戴着口罩，安静地看着我："两种疫苗，北京科兴和国药生物，你可以选一种……请签字确认……脱掉上衣，露出左臂……请核实疫苗生产日期……"她在我的左臂上端涂上消毒液，一根细针进入我的肌肉组织，几乎感觉不到疼痛，然后一个消毒贴贴在了注射处。她将一张"注意事项"放在我的手里："找时间仔细看一看，到一楼观察半小时，先不要离开医院。"[1]

　　我经过楼梯，两侧的墙上贴满了公共卫生服务类别："办理儿保手册流程""规范接种疫苗，共建健康中国""防控传染病，集中疫苗""国家基本公共卫生服务项目一览表"……下楼后左转，再右转，进入观察区。一个远处的工作人员大声说："刚到的，请来这里登记。"登记信息有姓名、电话、接种时间、离开时间。

　　在一个遮阳棚下面，我坐在一个凳子上。遮阳棚侧面印着一个广告语："5G+ 看移动，未来无限可能。"对面的墙上贴着一块临时性的

- 1 接种前受种者了解新冠疫苗接种相关知识，携带相关证件（身份证、护照等），接种当天穿宽松的衣服方便接种，接种门诊要佩戴上口罩，扫健康码。
　　接种时配合现场预防接种工作人员询问，如实提供本人健康状况和接种禁忌等信息。
　　接种后要在留观区留观 30 分钟，没有异常情况才可以离开；保持接种局部皮肤的清洁，避免用手搔抓接种部位；接种期间不要酗酒、剧烈运动，保证充分的睡眠、休息；接种后按压棉签须扔在指定的医疗垃圾桶内，不得带走；如出现发热、皮疹等不适症状时请及时就医并报告接种单位。
　　常见的不良反应主要包括以下几方面：头发热，还有接种部位局部的红晕，或者出现了硬块，另外还有一些人有咳嗽、食欲不振、呕吐、腹泻这样一些常见的不良反应。
　　出现不良反应怎么办？接种对象完成接种后，应在接种现场留观 3 分钟方可离开，现场工作人员会告知受种者接种新冠疫苗常见不良反应、注意事项、后续健康状况观察、处置建议以及联系方式等。回家后出现了不良反应相关症状，报告接种单位工作人员，必要时及时就医。
　　接种后如果出现了发热、局部疼痛怎么办？一般接种后 24 小时内，注射部位可能出现疼痛、触痛、红肿和瘙痒，多数情况下于 2—3 天内自行消失；接种疫苗后可能出现一些过敏性发热反应、疲劳乏力状况，短期内可自行消失，不需要处理。

告示牌，蓝底红字："接种后请自觉留观 30 分钟。"周围的十五个人都处在这个观察过程中，其中十个人在看手机，另外五个人在安静地坐着。在这个时刻，已经失去活性的新冠病毒进入了这些人的身体，并与 T 细胞表面的蛋白质结合。人体免疫机制很快被激活，然后进入等待状态，等待着新冠病毒入侵人体，然后快速开启应对机制。

观察期结束后，我正要离开这个医院。一个工作人员抬起头，安静地看着我："是第一次接种吗？……领一瓶油。"黑土地浓香大豆油，非转基因，原料产地中国，900 毫升。我走在路上，左臂注射处贴着一个花瓣形的消毒贴，豆油瓶子夹在腋下，豆油随着身体节奏不停地晃动。我以一种身体实践的方式进入了这条街道的当下性。我的记忆中出现了一个清晰的片段。这条街道的这个医学空间是这个片段的物质背景，而我在这个时刻出现在这个背景中，并成为这段公共卫生记忆的承载者。

我在街上走着，出乎意外地遇见了第四种当下性。这是一种文化意义的当下性。在"新冠疫苗接种点"告示牌的南端，两个黑人留学生站在人行道上，其中一个人拿出手机，开启照相功能。另一个人背对着主路，举起双手，调整姿势，露出开心的微笑。她的背景是这个城市的日常景观，方块形的大理石地面、已生长五十年的白杨树，还有主路上一辆辆经过的汽车，包括公交车、城市越野车、家用轿车、厢式卡车……那个举着双手的留学生微笑着站在那里，处于手机镜头的中心，而背景的颜色、线条在不断地变化着。一张照片即将以电子化的模式生成。

在这个时刻，在这个图像生成之外，这个文化景观在人行道上出现了。确切地说，这是两种文化相遇时才会出现的景观。在视觉意义的相遇中，几乎每一种文化都会表现出一种自觉，至少是不同的状态。两个外国留学生在那里拍照。她们从自己的文化跨越到了另一种文化，充满了好奇，也想在这种新的文化中获得一种存在感。然而，在这个短暂的时刻，她们妨碍了正常的脚步节奏。从北向南走来一个中年男人，他立刻进入不同文化相遇的机制，成为这个文化景观的创造者。他停下脚步，站在路边，等待着她们结束这个动作。

这个过程里有一个矛盾之处，即两个留学生虽然是这个图像生成愿望的实践者，并由此开启了文化相遇的机制，但在本质上她们不是这个文化景观的创造者。这个文化景观是否出现，取决于那些被阻挡的行人的反应。如果经过的人没有意识到两种文化的相遇，直接穿过这个临时性的图像生成空间，那么这个文化景观就不会出现。相反，这个经过的男人意识到了两种文化的相遇，他停了下来，安静地等待着，由此成为这个文化景观的创造者。

作为这个文化景观的附属角色，两个留学生也会意识到两种文化的相遇。她们站在这里，作为一个临时阻碍交通的角色，可能会隐约地感觉到自己属于被动的一方。她们希望在这里留下个体存在的图像记录，但在日常通行的意义上，这个目的并不具备完全的合理性。所以，她们加速了图像生成进程。一个留学生赶紧调整了拍照姿势，另一个留学生确保手指能够按到虚拟按键，一张新的照片即将生成，线条没有抖动，也没有逆光。

在这个时刻，从南向北走来一个中年女人，她也意识到两种文化的相遇。她选择了另一种策略，向左转向，进入主路与绿化带中间的交界地带，那是一道大理石的镶边。她弯曲身体，轻快地从这个石头路上跑过。两个留学生感觉到了她的经过，及其为了减少对于这个非正常照相场景的影响而做出的改变。

拍照结束后，那个男人重新开启了正常的步行节奏。两种文化的相遇也由此完成。客体文化符号表现出了对于主体文化的好奇心，而主体文化符号表现出了对于客体文化的尊重与宽容。在两种文化相遇时，主体文化符号展示了一种感同身受的能力。

自16世纪，来自异域的文化符号经常进入中国的日常生活领域，由于是以偶然性的方式，所以能阐释两种文化相遇的真实状态。虽然这种阐释是具体而微的，而且往往处于非文本化的状态。

1869年，英国人李提摩太来华传教。他最初在山东开展工作，很快熟悉了当地方言，并融入了地域性的文化。1875年，在青州一带，他骑马去一个村子办事。街上空空荡荡，他迎面遇到了一个人。李提摩太没有清楚地说明这个人是谁，但他们之间开启了一个对抗性的文化交流类型。那个人用锐利的目光看着他：

——你是从哪里来的？

——从青州府。

——但是你不是中国人，你是外国人。

——是的，我来自英国。

——英国，那个反叛我们的国家（鸦片战争）。

——她永远都不会反叛，因为她不属于中国。

——她就是属于中国，在她成为中国的进贡国之前已属于中国了，

当年英国的叛乱是有史以来最严重的。[1]

- 1 [英] 李提摩太：《亲历晚清四十五年：李提摩太在华回忆录》，李宪堂、侯林莉译，北京：人民出版社，2011年，第137—138页。

　　这个交流类型是对于晚清历史趋势的一种解释。英国对华发动了非正义的鸦片战争，清政府由于治理能力和军事力量的落后而失败，被迫接受屈辱性的条约。但在两种文化的相遇中，主体文化符号表达了对于客体文化符号的愤怒。在中国近代历史上，在帝国主义和殖民主义的背景下，这种状态一直持续着，进而形成一种中国人理解域外文化的核心观点。20世纪后期，这个观点开始弱化，取而代之的是尊重、包容与开放的文化相遇类型。

　　对于这条街道而言，这一天是一个神奇的时刻。四种当下性以偶然的方式汇集起来，在微小的空间里塑造了一个内涵丰富却容易被人忽视的城市景观序列。大街主路上车来车往，辅路上人流不息。一个骑电动车的外卖配餐员飞驰而过，依次经过文化交流空间、政治宣传空间、公共卫生空间，然后停在那个处于重生进程中的商业空间，等待着绿灯亮起。在这个时刻，无论他们是否意识到，都已经进入这个景观序列，或者成为这个景观的内在部分，以一种日常性的、非文本化的方式感受或塑造着这条街道的当下性。

　　这条大街是这个城市公共景观的灵魂：一方面是因为街道两边的建筑风格突破了日常实用主义的范畴，具备了充分的象征性；另一方面是因为这条街道汇聚了应对宏观事务和微观事务的主要机构，包括政府部门、医院、学校、大型商场、金融机构、书店、高档饭店等。在现代城市文明中，这些机构不但具备景观塑造的功能，而且它们本身就是一种景观。

　　大街北端是火车站，历经多次扩建和翻新，外观简洁、功能直接、高效。地铁、出租车、公交车可直达车站内部，完全实现了全方位换乘的需要。现代运输技术引起了人流的聚集，站前地区很快成为商业中心。一批百余年前的建筑仍旧立在街道两侧，承担着物质与信息融通的功能。20 世纪末，由于商业中心的南移，这个空间重新归于沉寂，被一种节奏缓慢的、类似于自然意义的时间所控制。这些建筑的门窗、屋顶、墙面在日晒雨淋中变得松散，然后在野草根系的侵蚀下凋落。相比于那些修复的古建筑，这种处在自然节奏中的建筑更能阐释时间的内涵。因为在历史意义上，受冷落或被遗弃，相比被保护更具有真实性。这是一种绝对的真实，是历史以不经修饰的方式向当下展示。

20 世纪 30 年代，日本军队入侵这个城市后，这条街道的北段被塑造为政治、经济和文化的核心地带，承担相关功能的建筑随之出现在街道附近，包括日本关东军司令部，以及伪满时代的中央银行、国务院、司法部、军事部、建设局、警察厅、电话公司、图书馆、电业局等。1949 年之后，这些建筑没有被拆除，但它们所具有的殖民主义内涵在一瞬间消解。地方政府并没有刻意强调这些建筑的殖民主义内涵，而是进行日常生活化的改造。因为强调本身是一种重复性的叙述，会一次次将之从集体记忆中激活，而日常化是一种间接消解殖民主义的方式。这些侵入式的建筑变成银行、医院和各类公共事务机构，以实用主义和非意识形态化的方式，重新确定它们的存在状态。在这个过程中，一种新的时间性出现了。这是一种被重塑的时间性，或是在断裂上的重生。

这些两层或三层的建筑曾经是这个城市的天际线，主导着来往人群对于这个城市的印象。但在新中国成立后，尤其是现代市场经济开启之后，它们所控制的天际线被打破了，一些新式建筑在高度和设计风格上成为新的视觉与审美标准。这是一种覆盖的时间性。由于这种日常时间的覆盖，其他的时间性变成一种历史符号，逐渐从街道景观中隐没。

大街南端是新建的政务核心区，包括政府办公大楼、图书馆、金融中心、景观公园、城市规划馆等。各类建筑设计风格超前，坚持实用主义，颜色庄重、线条自由。这是一个巨型的建筑艺术空间，其中包含了一种通向未来的时间性。

一个人从这条街道的南端走向街道的北端，就会有时间穿越的感觉。这是新的时间性在覆盖旧时间性的过程中所制造的复杂感觉，既是一个建筑学问题、心理学问题，也是一个语言学问题，即空间或物质的语言命名权可以在这个空间里自由施展。

这条大街的北侧有一个广场，连接六条主要道路，在20世纪的多数时间里一直是这个城市的空间中心。19世纪末，这里曾是清朝的刑场，1933年日本人根据《大新京都市计划》重塑了这个空间，命名为"大同广场"。广场周边设置重要机构，包括伪满建设局、都警察厅、电信电话公司和银行总部大楼。1945年，苏联军队进驻这个城市后，获得了重新命名的权力。这个广场更名为"斯大林广场"，广场中心修建了一座34米高的苏联红军烈士纪念塔。

尽管这是一个微小的政治语言学事件，但本质上是苏联政治意识形态的对外输出。1946年，国民党军队到来之后，这个广场再次进入了语言学领域，并更名为"中正广场"。1949年，这个圆形空间变成"人民广场"，并一直沿用至今。所以，这个广场在语言学意义上有四个历史层次，与之相关的是四次语言的覆盖，每次覆盖都意味着新时间的诞生，以及旧时间的消失。

2006 年，这条大街被彻底翻修重建，道路封闭、尘土飞扬，由此引起很多批评，诸如"浪费纳税人的钱""劣质工程""不肖子孙"等。然而十多年过去了，这条街道一直维持着良好的车辆通行功能。一百年前，这是一条供牛马通行的沙土路。在日本人统治时期，这条路被赋予了殖民治理的政治内涵。新中国成立后，由于紧张的国际形势，这条街道还承担过飞机临时跑道的功能。

这次修整完全清除了这些状态。大型挖掘机将这些具有复杂历史性的砂石、沥青全部挖起来，装在卡车里运走，直到露出原始性的土地，重新铺装石子、混凝土、沥青，最后又画上清晰的白色、黄色交通标识。整条大街整洁、庄严，在特定的时刻会呈现出不同的景观，呼应政治节日和民间礼俗。国庆节之际，每根路灯杆上都会挂起国旗，春节之际又会挂起内部有照明系统的红灯笼和中国结。这是一种用空间表达时间的文化机制。在这个机制里，时间行使着长时段的文化权力，与中国历史一样久远。而空间是一个辅助性的表达方式，甚至是一个迷恋性的角色，愿意为了一种美好的想象去改变自己的一切。

2018 年，市政部门又翻修了主路两侧的人行道，重构城市的自然景观。在互联网和移动信息时代，周边的民众有了事先知情权，所以民间批评的声音大幅减弱。改造之后，这条街道双向八车道，中间有两排松树，区分两个方向的主路和辅路。另有两排高大的白杨，区分辅路和非机动车道。外围是绿化灌木丛。街道景观灯采用大功率集成光源，避免眩光和虚影，即使在雾霾、雨夜天气中仍能提供良好的视野。主路两侧安装了散射淡黄色光源的景观灯，夜晚通明。初春时节的夜晚，我走在这条街道上，明亮如白昼。白天，街道空间被汽车噪音所控制，但在夜晚，它的艺术性向四处浮泛，现代城市会有一种迷人的力量，像是对现代陌生感的回馈。

街道景观整体设计风格统一，建筑材料实用美观，功能完备，以稳定的状态存在着。下水道、通信管道的钢铁井盖统一更换，井盖中央有四个字"百年长街"，井盖边缘锻造了一圈编年体文字：

1907 年长春大街 ◆ 1921 年中央通 ◆ 1933 年大同大街 ◆ 1945 年斯大林大街 ◆ 1946 年中山大街、中正大街 ◆ 1949 年斯大林大街 ◆ 1996 年人民大街

现代城市道路上的井盖一般承担两种功能：一是通向地下设施，二是确保地面交通的连续性。除此之外，这条大街的井盖还承担了第三种功能，即对于时间性的阐释。实际上，这些井盖本身属于最新的时间类别，具有地铁、玻璃幕墙建筑同样的时间性，但上面的文字又为之赋予了历史性的起源。殖民主义时代的记忆与屈辱已经被完全克服，所以市政部门以简洁的钢铁语言学方式，向当下的视觉和未来的解释学展示这条街道的时间性。

街道的彻底翻新往往会创造全新的时间性。这是一种在原始地基上的、面向未来的时间状态。随着现代城市化进程的终结，城市建筑改变或重建的频率会越来越慢。这种时间性也就会成为一个时代建筑力量和审美风格的象征。尽管这些象征在文字制度中总是被忽视，但这不会妨碍它们的历史内涵越来越浓厚，并且成为这个时代日常话语和空间意识的根基。

在这种全新的时间性里，电动车制造了一种空间性的矛盾。在这

条街道上，人行道与非机动车道没有明确间隔的边界，电动车可以在两个平面上快速穿梭，为了一个附近的目的而狂奔，为了一个男人的尊严或一个家庭的生计而狂奔。在狂奔中，尖锐的鸣笛声总是出人意料，不断扰乱行走节奏，让这种新的时间性走向自我怀疑。

这条街道本来希望变得伟大，但狂奔的电动车有时让这个理想处于虚拟的状态。但客观而言，这并非一个令人难以接受的问题，尤其是对于那些具备历史理性的人。因为在人类历史上，伟大的理想在现实中经常会遇到一些迫不得已的干扰。

2017年，这条街道下方的地铁正式运行后，这个空间的话语内涵更加丰富。地铁换乘站的地上建筑在设计时充分考虑了周边文化状态，从而使这些新出现的建筑不会违背既定景观的整体性。遗憾的是，这个多元化的方案在建造时最终未被采用。各个入口建筑采用了统一的模式，实用主义压倒了审美品格。有人认为这是城市文化的不成熟所导致，但最重要的是为了节省建设成本。纯粹的实用主义本身有时就是人道主义。各个入口处有一个展示现代精神的设施，也就是在斜坡出入口附近，安装垂直电梯。垂直电梯入口处有一个提示牌："无障碍电梯。"一个转折三次的连续性斜坡路通往电梯入口，取代了间断性的阶梯。

深夜中，我在这个建筑景观群中行走。天空传来一阵大雁的叫声，越来越密集，越来越清晰，悠长、深沉。我仰起头寻找，上百只大雁排着队形飞过这条大街，腹部的羽毛在地上灯光的映照中泛着光。这是自然秩序与现代城市文明的偶然交错。这个交错类型本来会无声无息地消失，不会进入人类历史的记忆机制，但个体感觉写作关注的正是这类内涵丰富却被忽视的景观。

这是一种远古时间性的复活。在这个短暂的时刻，它们飞过人类中心主义空间，作为一种来自远古的生命，进入了现代时间，然后被大街上的灯光映照。我赶紧进入它们的飞行路线，避开一个又一个几何形状的建筑物，在一个视野没有阻挡的小路上，迅速拿出手机，右手食指按在手机背面的指纹采集器上，手机屏幕即刻开启。我点击下方的拍照功能，对准这种即将远去的古老时间。对于人类中心主义而言，这群大雁是一种关于未来的启示。

匆忙中拍摄的照片有些模糊，但丝毫不会减损这种时间性的内涵，因其可以说明中国现代文明正在从水泥、钢筋、玻璃、瓷砖等有形的物质景观阶段转向更深奥的抽象感觉阶段。这种抽象感觉源自人类中心主义遇到自然伦理时，在收敛实用主义的过程中，所展示出来的超越人类中心主义的愿望。

这群大雁扇动着翅膀，缓慢地飞离这个空间。街道上车来车往，因为这是汽车的合法领地。这里的地面景观、空中景观都要服从于现代技术的移动规则。地面上密集涂装了白色实线、虚线，黄色实线、虚线，白色直行箭头、转向箭头，白色网格状线、黄色交叉网格线。街道上方或路边高处设置了蓝白色引导标志、红白色禁止标志、黑黄色警示标志。

除此之外，这个空间里分布了一种具有主动观看能力的电子目光。在这条街道的所有十字路口，每个行车道上方都有违法拍照系统，全天处在工作状态，清晰捕捉汽车超速、违规变道等行为。所以，这是一个象征性的线条与颜色领域，同时也是一个处于等待状态的法律观看机制。

汽车进入现代城市，法律随之扩展了自己的领地，城市景观也大

深秋南飞的大雁

疫情防控时的空旷街道

幅度改变。这些景观在本意上不是满足人的愉悦感。尽管在现代技术下，它们的确有美的内涵，但本质上是法律的可视化，"目的是协调技术与人性的关系，使之具备高效的运行状态。只要在这种状态下，城市才能获得或者维持全新的意义"。[1]

各种类型的汽车在这条街道上往来不息。每天有密集拥堵的时段，也有通行顺畅的时段，而拥堵与通顺既是空间意义的状态，也是一种时间性的反差。中午十二点，我走在人行道上，一路向北。汽车高速通过，轮胎在沥青路面上快速转动，塑造着现代城市的声音体系。这是一种不断维持着现代实用主义想象的声音。下午五点，在同一个路段，各类汽车拥堵在一起，轮胎与地面摩擦的声音基本消失了，只有汽车怠速时发动机的空转声音，就像低沉的轰鸣，但不是庄重与丰富的低沉，而是凝固性的低沉，日常意义的时间随之处在静止状态。一辆出租车临时变道，打开左转向灯，后面的汽车停止行驶，等待它变更路线。出租车无法忍受这种静止，尽管移动并不意味着绝对的收获，但静止却意味着最大程度的失去。

这些挤在路上的汽车制造了一个平等而有秩序的庞大景观。这是一种平铺的、日常的时间性。对于未来的人，在燃油汽车消失之后，这个景观可能是陌生的，他们甚至无法想象在同一个时刻，这么多内燃机拥挤在有限空间里的状况。但在当下这个时刻，这种拥挤不会制造出时间性的差别。组装完成的汽车离开了生产线，被运到现代城市的零售店，经过短暂的商业滞留，然后出现在这条街道上。它们为现

－1［加拿大］马歇尔·麦克卢汉：《环境：被侵蚀的未来》，选自［加拿大］马歇尔·麦克卢汉：《指向未来的麦克卢汉：媒介论集》，何道宽译，北京：机械工业出版社，2016年，第73页。

代城市景观提供了新的线条、形状、色彩，以及移动的感觉，或是在一个时刻堵在这条街道中部的十字路口。[1]

在拥堵的时刻，一种近乎停止的时间出现了。这是技术平等所导致的日常状况，可以预期，也会缓解，在本质上是对现代平等观念的时间—空间阐释。没有人喜欢堵在这里，但又必须接受技术平等所导致的自由解体的负面后果。在有限的通行空间里，过量的汽车足以抵消技术自由的吸引力。

这是一种汽车普及所导致的时间混乱状态，但谁都不想通过限购的方式减少汽车数量，然后以此维持道路的通畅。这样做会消解技术自由，又无法实现真正的技术平等。相反，技术自由会被垄断，以此塑造的稳定的时间性在本质上违背平等精神。所以，汽车的数量与移动性展示了一个关于自由与平等的古老矛盾，尤其是在通行时间陷于停滞的时候。这个矛盾不是世界存在的理想状态，却是一种可接受的状态。因为在日常生活中，自由是相对意义的平等，而平等是相对意义的自由。这是一种源于对抗与妥协的平衡。

－ 1 第一车道（直行车道）：奥迪 A6L ～红旗 hs5 ～上汽五菱宏光～红旗 hs5 ～丰田荣放～大众高尔夫 7 ～一汽奔腾 B30 ～路虎发现～吉利帝豪～长城哈弗 H2 ～大众速腾～一汽奔腾 B70 ～现代伊兰特～长城 M6 ～菲亚特菲翔～本田奥德赛～本田锋范……

　　第二车道（直行车道）：大众 CC ～丰田凯美瑞～本田奇骏～雪佛兰赛欧～东南汽车SUV ～大众捷达～北汽幻速～福特锐界～上汽宝骏 730 ～红旗 hs5 ～上汽五菱之光～长城哈弗 H6 ～本田飞度～大众宝来～福特福克斯～丰田汉兰达～比亚迪 L3……

　　第三车道（直行车道）：大众捷达～丰田普拉多～铃木天语～奥迪 A6L ～丰田卡罗拉～现代伊兰特～本田奇骏～别克英朗红旗 H5 ～丰田威驰～大众高尔夫 7 ～一汽奔腾B30 ～沃尔沃 SL60 ～大众迈腾～丰田威驰～斯巴鲁森林人～大众帕萨特……

　　第四车道（直行车道）：比亚迪速锐～丰田卡罗拉～本田 CRV ～奔驰 MB100 ～东风景逸 X5 ～凯迪拉克 XT5 ～丰田凯美瑞～福特福克斯～大众宝来～长城哈弗 H6 ～本田CRV ～奇瑞 QQ ～大众速腾～比亚迪 L3 ～大众速腾～丰田致炫～东风景逸 X5……

　　第五车道（左转车道）：大众迈腾～大众捷达～长城哈弗 H6 ～奥迪 A6L ～日产蓝鸟～大众宝来～丰田汉兰达～丰田锐志～比亚迪 F3 ～斯柯达明锐～本田思域～大众速腾～丰田普拉多～大众捷达～斯巴鲁森林人～大众高尔夫 6 ～雷克萨斯 GX470……

二、反向艺术与街道漫游

这条街道是这个城市景观的灵魂，从南到北，穿越整个城市，线条简洁，颜色节制。在其他街道局限于纯粹通行功能的状态下，这条街道承担起现代城市精神的展示功能。沥青、玻璃、水泥、石头、灯光、交通标线总是处在完整、清晰、优美的状态，绿化带种植了高大的白杨、松树、灌木，以及应季类的花草。多角度密集的照明系统使之在夜间具备视觉存在的条件。

在日常实用主义的逻辑中，这个空间具有奇异性，因其与其他街道的景观状态差别太大。这不是一种负面的奇异性。因为在维持日常通行之外，这些景观也在塑造现代城市的心理。例如斑马线是交通制度的图像显示，简洁清晰地浮现在灰黑色的沥青地面上，作为一种承担实用功能的行为—空间艺术。无论车流多大，一个人想通过这个空间穿越道路，只要一挥手，他几乎总能实现自己的目的，迎面而来的汽车会减速或停止。艺术化的景观隐藏着个体感觉同化的功能。

我与一个来自南方城市的朋友走在这条路上，不断地经由斑马线穿过道路。那一天，阴雨连绵，各种自然植被与人工装饰物都被雾气笼罩。街上的汽车往来不息，轮胎高速滚动，湿润的地面改变了轮胎与地面接触时的声音，"唰——唰——"，由远及近，又由近及远。我们的双脚有节奏地落在平整的石头路面上，周围的声音进入神经机制，周围的景观进入视觉机制：

——这条路好漂亮啊。第一次来东北，竟然有这么漂亮的城市。

——不只是漂亮，还有庄严与深刻。

——哈哈哈，你说的很幽默，但我承认确实有这种感觉。

——这条路是这个城市的灵魂。在这里生活的人，只有在这条路上
　走一走，才觉得是这里的人。

　　他对于这个东北的城市有很多先验的印象。他不知道这些印象是
从哪里来的，但长期以来对此信以为真。而走在这条街道上，在艺术
性的城市景观中，他改变了之前的印象。至少在这个时刻，我们对于
这条街道的艺术性，以及隐藏在这种艺术性背后的现代城市精神达成
了一种共识。

　　行走与观看是创造这种共识的实践基础。我们走在人行道上，身
体节奏感均匀、连续，没有中断。原木凳子安置在白杨树的树荫下，
作为自然力的象征。上面是三块 2 米长的正方形截面木条，下面两块
垂直放置的支撑性木块，表层涂着淡黄色油漆，横截面上的年轮清晰
可见。不加修饰的裂纹，以自然的方式阐释了木头的状态。这个凳子
的一边是不断驶过的汽车，另一边是行走节奏快慢不一的身体。

　　对于汽车驾驶者而言，这个凳子是一个人文主义景观。即使他们
没有时间坐在这里，即使他们的视觉倏忽而过，仍然会被这个景观的
艺术性吸引。除了视觉审美之外，这个原木景观具有充分的实用性。
路过的行人可以坐在这里，可以坐一会，也可以坐很久。

　　表面上，这是行走节奏的中断，但并非完全是因为身体劳累。这
是现代人与城市文明之间的交流，他们坐在凳子上，实际上是坐在现
代城市文明的内部，从而获得了反思流动性的力量。所以，这个木凳
子不仅仅有景观审美意义，也有塑造城市心理学的功能。这种交流有
时会超出城市文明的范畴。他们坐在这里，也可能是为了在水泥、石

头控制的城市中获得与原始自然的交流。这条大街始终在稳定、密集地展示着现代城市文明的吸引力。

在街道中段，一个不同于现代城市文明的景观突破了稳定的展示状态。2018 年，市政施工队拆掉红色砖墙，使之成为一个没有视觉障碍的公共空间。一辆小型挖掘机清理碎石、平整地面，然后制造了高低两层景观。四个工人用锤子将带皮的圆木夯入地下，然后用防锈铁丝相互连接，使之成为一个整体。

在功能意义上，这些圆木能防止土坡侧滑，保护白杨树的根系。但在审美意义上，这些圆木创造了一个立体自然景观。这片微小的地面空间被分为两个层次，每个层次上都种植了细叶草。所以，两个层次既有表象的同质性，又有空间的差异性。在高大白杨树荫的光影变化中，这个景观有一种荒野的气质，看起来与水泥、沥青、玻璃、方形石头构成的城市物质秩序格格不入。对于现代人的日常视觉而言，这种差别制造了一种突兀感。他们的眼睛本来已经习惯了同质性的物质—技术景观，但走进这个立体自然景观后，突然就像从城市文明来到了荒野的自然。

这条街道的物质—技术状况基本上都要服从于通行功能。然而，这个微小空间的景观超越了这种日常功能，它们变成一个反向的日常艺术空间。所谓"反向艺术"，指的是用传统艺术之外的方式创造艺术，然后将之放在一个非艺术化的空间里，它们本来承担的是非艺术的日常实用功能，却最终释放了一种艺术的甚至是超越艺术的力量。

一般而言，艺术馆或博物馆收藏的是那些已经被时间赋予了独特价值的东西，然后用这些东西构建一个艺术空间。这是正向艺术或传统艺术类别。这个立体自然景观已经超越了正向艺术的内涵。表面上，它仍旧处于日常生活领域，而且在未来十年、二十年甚至更长的时间里，以实用性的状态存在着，但在本质上，它具有了一种例外的或超越性的内涵。

日常生活与正向艺术之间是单向度的关系，艺术可以进入日常生活，以直接或抽象的方式改变日常生活。但日常生活中的东西往往被排斥在正向艺术领域之外，因其重复、平常、没有区别性和象征性。所以，正在被人使用的日常物品不会进入艺术馆或博物馆。

这个微小的立体景观以反向艺术的方式打破了这个逻辑。它属于日常生活的物质类别，然而又能突破这种存在状态，然后进入一个可期待的，具有时间、空间想象力的视觉—审美领域。一个经过这里的人，如果他认同反向艺术逻辑，那么他几乎不会否认一个问题，即这条街道处在日常实用主义范畴内，承担的是基本的通行功能，但这个微小的街道景观已经超越了日常的秩序和功能，变成了现代审美的象征。这不是优雅、拘谨的现代文明之美，而是奔放、直白的远古自然之美。

在传统艺术类别中，被陈列或展示的物质是一个时间类别的源头。它能明确地标识这段时间的起点，但这一段时间的终点却是变动的。只要人类历史在延续，这个终点就不会是一个完成状态，而总是处在被当下覆盖的状态。这类物质阐释的是一种奇异的、非日常的、不可复制的时间性，因为时间不会倒转，过去也不会再现。

但这个立体景观的时间性属于日常的范畴，既缺少对于时间起点的象征性，也没有源于稀缺的奇异性。这个景观里的时间状态跟行人手表里的时间状态是一样的，每时每刻都面向未来，无限绵延。反向

一个具有反向艺术功能的街道景观

艺术的内涵就出现于这个过程之中，因为它始终属于当下的日常生活领域。

在这个场景中，艺术的内涵出现了一个变化。它不再是虚拟的美、悬置的美，或有悖于日常性的装饰。相反，艺术开始等同于日常生活本身，艺术即生活，生活即艺术。正向艺术与财富、权力、时间、稀有性之间的传统关系被打破了，反向艺术是一种不受这些因素控制的日常存在状态。在这种状态中，每个人都有创造艺术的能力，也有发现艺术之美的能力，因为他们的日常语言与行为本身属于反向艺术的范畴。这是现代精神对于艺术的平等化改造，我们可以将这个现象称为"生产艺术"或"制造艺术"。

这不是对于传统艺术的亵渎，而是一种新的艺术理念。面对关于艺术的抽象理论或艺术馆的陈列物，我们不再是单向的解读者或被动的观赏者。我们完全可以突破单向与被动的状态，将自身塑造为一类新艺术的发明者或支持者。这个变化需要一种认识上的顿悟。反向艺术对于创作场景、材料和主题几乎没有要求，不再依赖画笔、纸墨、水彩，而是水泥、石头、钢铁、沥青、玻璃，甚至是木头、花草、石子、黄土。创作者也不再是训练有素的画家、雕刻家，而是平凡普通、自食其力、甚至处境艰难的劳动者。这是一种平等的艺术理念，日常生活由此成为一个展示人类理智和情感的巨大艺术场。

在这条大街翻修期间，一个站在石头堆里的五十岁男人握着一把铁锤，叼着一根烟，眯着眼睛，狠狠吸了一口，看着过路的人。他可能累了、饿了，或在困惑着、幻想着。在这个时刻，他已经进入了反向艺术类别。他扔掉烟头，转过身，蹲下去，用铁锤敲击不规则的石块。他没有关于崇高与优雅的传统艺术追求，没有听过贝多芬的《第九交响曲》，没有看过伦勃朗的《夜巡》，或米开朗琪罗的圣母像。他仅仅是在常识和建筑标准的引导下塑造日常性的艺术。在这个时刻，他变成了反向艺术的主动创造者。反向艺术并不属于游荡的视觉领域，因为它本身是一个实用功能综合体，借助实用功能，全面影响人的感觉。

这是一种关于感觉的艺术，有别于传统艺术的空间性和时间性。传统艺术属于"过去—现在"的时间类别，它会出现在非日常化的空间里。而反向艺术属于"现在—未来"的时间类别，这是一种对于当下日常生活的选择与保存方法，也就是将那些在一个时刻普遍存在但过了这个时刻就会消失的物质、空间、行为与语言状况保存下来，使之成为人类历史的实体标志物。

所以，反向艺术改变了艺术品的时间性和空间性。在一种前置的审美视野中，反向艺术家们对于平凡、粗糙的日常生活充满了关于美的期待。这种期待不再是对于凝固或静态结果的判断，而是对于变化与过程的塑造。在塑造的过程中，反向艺术品能够制造一段时间的起点，而这个起点就是当下。

这个道路旁边的立体景观展示的正是反向艺术的内涵，并在理论意义上改变了现代审美的方式。这种改变一方面将传统艺术创作拉入日常生活领域，另一方面也将日常化的物质与场景赋予了艺术性的内涵，使之进入文字制度和艺术机制很少接触的日常领域。

这是一种足以超越公共管理和实用主义的审美状态。改革开放之前，这种反向艺术所创造的日常景观是稀缺的，对于中国人也是难以想象的。19世纪末，美国传教士明恩溥注意到中国街道秩序的混乱：

中国的道路是一个典型的事例，足以证明政府如何忽视公共事务，也足以证明民众如何缺乏公共精神……道路荒废随处可见，不仅在北京附近的省份，在遥远的省也是。[1]

　　无论明恩溥的描述是否准确，但在当下，中国大大小小的城市已经在实践着日常景观美学的理念，尽管这种理念可能不会出现在一个城市的所有街道上。在这种新艺术观念的引领下，我再次行走在这条大街上。我的视觉和听觉已经被这种观念改变，所以眼前的一切都在展示着一种或几种深奥的美，例如制度美学、技术美学、感觉美学。从我身边飞驰而过的汽车，外卖电动车高速驶过后的背影，还有轮胎与沥青地面摩擦的声音……这些现象不只是纯粹的技术问题，也是内涵丰富的反向艺术问题。

　　在这个世界上，沥青几乎覆盖了城市的所有道路。它们来自远古时代的动物遗体，经过现代技术和物质流通机制进入现代城市文明。滚动的轮胎从另一个角度阐释了技术性的内涵，暗黑的色彩，柔软而坚韧，对于现代通行而言无可取代。在这条大街上，无数的轮胎轧在沥青上，两种物质无数次碰撞，激发出一个个转瞬消失的"当下"，并留下一个个转瞬消失的声音。

　　一棵又一棵高大的白杨立在这条沥青街道的两边。树根处只有一米见方的土质空间，周围都被半米厚的水泥覆盖。尽管它们的生命秩序没有被打破，但在视觉意义上，这是一个窒息性的反向艺术景观。迎面而来的人匆匆而过，他们几乎都处在日常秩序中，在情感、伦理或理性的指引下奔向自己的目的。这是随意而陌生的相遇。一个中年

－1 ［美］雅瑟·亨·史密斯：《中国人的性格》，第177页。

男人从远处走来，在交错的时刻，我看了他一眼，他看了我一眼，然后各自消失。这就是我与这个陌生人相遇的全部。

这种不可复制的相遇也有反向艺术的内涵：为什么在这个时刻我遇见的是他，而不是别人？为什么在目光交错的那一刻，他是我关注的全部，而各自消失之后，他就成了虚无？这是行人被压缩为通行符号的现象。在公共景观中，几乎每个人都是现代城市文明的符号，一种与情感、伦理和理性无关的、相互陌生的符号。这些符号在这条街道上移动着，被不同的衣服覆盖，来去匆匆，去实践不同的目的。他们在这个时刻存在着，一旦这个时刻消失，他们也就在这个空间里消失。

一辆运送快餐的电动车飞驰而过，在交错的时刻，左边的车把轻微碰到了我的衣袖。驾驶者头也不回地前行，然后消失无踪，因为电动车为之赋予了快速逃离或简单反抗的技术条件。对于日常逻辑而言，这是一种不经意的危险。但在反向艺术的范畴中，我将之当作是一种关于生存的艺术，其中有狂野不羁，也有迫不得已。前一种状态源于空间性的碰撞，在急速行驶的过程中，他失去了安全的距离感；后一种状态源于对个体生存压力的抗争，他在公共道德的边界上飞奔，为自己、为自己的孩子，还有自己的家庭创造生存的无限可能。

在这条街道上，没有一个时刻的景观与另一个时刻是重合的。所以，在反向艺术中，每个绝对的景观都涵盖了平凡的深奥，或深奥的平凡。我们可以将之看作是现代文明的具体象征，包括走路状态、呼吸节奏、面部神情、衣饰类别，以及交错而过时的身体反应（躲闪、冲撞、礼让、无视）……这些都将成为反向艺术写作的素材。

反向艺术出现在文字制度与正向艺术的中间地带，以艺术的形式扩展了文字制度的边界。这个中间地带的景观通常会被文字制度删除，现代人的时间意识也不会在它们失去功能之后仍旧附着其上。这完全不同于他们对待被财富与权力操控的传统艺术品的方式，例如小心谨慎地保存它们，持续地为之赋予异样、过分的时代感。在这个中间地带，时间是消失的。哪怕是一块功能正常的钟表，如果出现在这里，即使它本身就是人类时间的象征，但仍旧缺少那种历史性的时间内涵。它的指针在旋转，却没有意义。而等到功能失效，它就会进入垃圾处理机制，而不是传统艺术领域。

所以，对于这个微小立体景观的注视是一种对于潜在方法的希望，目的是克服正向艺术创作的选择性和虚拟状态。所谓"选择性"，是指艺术品受到财富与权力的选择，不但艺术品本身，艺术家也受到它们的选择；另一方面，艺术家在受到选择的同时，又对即将成为艺术品的东西进行选择。这种选择可能来自时代性的视野，也可能是随意的视野。所谓"虚拟状态"，是指艺术家一般是在刻意营造的、不真实的场景中创作，这种艺术品也会处在这种场景中。这是普通人很少进入的场景，也是远离日常化的场景。

克服选择性和虚拟状态的目的是回归真实。所谓"真实"，是指关注那些没有经过选择的景观，它们基本上都处在日常化的时间和空间中。由于经济目的或政治行为没有对之干预，这类时间和空间也就不会变形。没有加长，没有变短，没有被压缩或出现泡沫化，也就不会出现传统艺术品上那种漫长的时间性，以及突兀的完整性。破碎就破碎了，因为这是物质存在的日常状态。破碎会制造出短暂的独特性，而独特性本身是一种反向艺术之美。

打破虚拟、回归真实，这是现代实证主义的愿望，同样也是反向艺术的愿望。这个微小的道路景观实践了这个愿望，并在反向艺术的意义上，变成一个非同寻常的象征。

在现代城市的日常景观里，这个微小的立体景观，以及这条街道是在间接地对抗传统艺术观念。因为在传统艺术观念的影响下，艺术一定要有稀缺性和非日常性。然而，在实用主义和大规模技术生产体系所主导的现代生活中，几乎一切物质都要具备日常使用的功能。这意味着每一种物质都有普遍性，物质的稀缺性也就消失了。另一方面，传统艺术品中的一部分是民族起源的公共象征，而另一部分却是有钱人的收藏品，他们将之纳入财富—身份的象征领域，使之远离大众文化的范畴。

大众也需要艺术，这是他们寻求自我认同和历史认同的方式。反向艺术的价值就在于此。它希望在当下的日常生活中制造出艺术氛围，或是从日常物质中发掘高雅与稀缺。总之，一切都可以成为艺术，"当下"是一种时间流动、覆盖与挤压的艺术，"物质"是一种功能实践的艺术，"空间"是一种关于秩序的艺术。在这种情况下，即使传统艺术被垄断，但大众仍旧不会脱离艺术。

反向艺术珍视日常生活中的一切，但不会认同那些有目的的浅薄。它不会满足于赞美表象，而是从表象中感受人类文明的本质，将表象转化为深刻的思想，日常生活也就变成了内涵深刻的领域。所以，反向艺术注视的是深层的日常生活状态。这是一种富有创造力的概括，也是一种富有想象力的观察。总之，反向艺术家要竭尽所能，才有可能为日常景观赋予独特的思想性，进而以合情合理的方式，从当下的物质、空间、语言、线条、色彩中看到、听到或感觉到那些总是被人忽视的新奇性和深刻性。

对于现代城市文明而言，艺术化的景观不再是单纯的视觉问题，而是一个有政治内涵的问题，因为景观本身也会承担隐秘的政治功能。其中之一是在陌生人社会主导的城市文明中，为生活在这里的人塑造群体认同感。这些陌生人走在被现代分工所主导的时间秩序和空间秩序中，相互视而不见，很少有语言交流，即使偶尔交流，个体情感也不会参与。然而，他们都会沉浸在艺术化的日常景观中，并会产生一些微弱却无法忽视的心理变化。在空间意义上，他们喜欢这个地方，并在当下的这个时刻，一同进入现代城市文明的内部。

这种心理变化可能不会出现在所有人身上，因为对于一些人，或这些人的一些时刻而言，他们仍旧没有办法对抗普遍存在的无用、焦虑或紧张。在现代城市的重要空间里，具有心理疏导意义的宣传标语经常会出现，例如"共创文明城市，共建美好家园，共享美好生活"。对于那些负面心理而言，这些标语像是一种触摸不到的视觉安慰，难以缓解个体心理问题。这些标语属于宏观视觉领域，而个体心理属于日常生活领域。然而，在艺术化的城市景观中行走，虽然这是一个平常的身体行为，却能够缓解那些负面心理状态。因为在行走的过程中，一个人获得的视觉景观直接通向这个神秘的领域。

在更深层的意义上，反向艺术对于日常生活的注视具有构建"当代性"的功能。这种构建不只是一个纯粹的时间问题，也是一个空间—事件问题。对于那些已经消失的过去，从当下日常生活中构建出来的"当代性"既是一种时间意义的超越，也是一种空间意义的覆盖。对于即将出现的未来，这种"当代性"是一个开端与回溯的综合体。两个状态会同时出现，又会同时消失。也就是说，只有在回溯的状态下，这种"当代性"才具有开端的功能。

为了制造这个时代的"当代性"，反向艺术是必要的，因其能为断裂、分散、缺乏意义的日常生活状态赋予一种超越性的价值，例如断裂所导致的孤独感，分散所导致的不连续性，以及缺乏意义所导致的现代人主体性的弱化等。总之，在反向艺术的引导下，日常生活被赋予了丰富的内涵，或者说日常生活本来就有的内涵被赋予了显示的能力，"当代性"也就具有了类似传统艺术品的价值，重要、稀缺、不可复制。在人类历史上，它会成为一个时间类型的开端，或一个空间类型的象征，所以也就有深入阐释的可能。在"当代性"的范畴中，不间断出现又转而消失的"此时"与"此地"变成了内涵丰富的片段。

这条街道上有一个繁忙的十字路口。这是一个"当代性"的展示空间。人群、车流、物质在这里汇集，然后四处分流。红绿灯机制提供了一种关于汇集与分流的公平模式，无论什么人、无论什么类型的汽车（救护车和执行任务的警车除外），无论车上运了什么东西，都要接受这种机制的管理。在接近十字路口的地方，地上的虚线变成实线。这意味着车辆不能变换车道，即使通向一个错误的方向，驾驶者也要将错就错，沿着错误的路线行驶下去，寻找纠正的机会。每个车道上方都安装了监视器和照相机，每辆违规变道的汽车都会被捕捉下来，然后进入交通处罚机制。一个星期之内，驾驶者的手机里会收到一条他不愿意收到的信息：

> 您的小型汽车（车牌号××××××）于 2020 年 12 月 10 日在 × 街道与 × 路被交通技术监控设备记录了"违反禁止标线"的违法行为（记 3 分），请于收到本告知之日起 30 日内接受处理。

　　这种公平制度在日常节奏中一般处于稳定、可预期的状态。但在公共事务或政治活动等应急情况下，灯光变换机制会被打乱。这条街道有时会承担意义重大的通行功能，例如政治人物到访，或其他重大突发事件的处理等。交通警察会根据车辆情况控制红绿灯的节奏，确保承担通行功能的车道畅通无阻。

　　在现代社会中，平等是被最多数人接受、认可的状态。但这个世界上没有绝对意义的平等，只有相对意义的平等，即日常生活意义的平等。当交通警察开始控制红绿灯节奏的时候，这是关于平等的真实状态。在被限流的车道上，驾驶者们几乎都明白这个道理，他们看到了警察的手势，所以没有鸣笛。总之，绝对意义的平等是一个自古以来就存在的理想，美好却无法实践，相对意义的平等才有日常实践的可能。

　　除此之外，在宏观历史意义上，这个十字路口一直在展示着一种重叠与交错的时间性。十字路口的西北侧是日本殖民时期的电业局原址，在现代中国主权的映照下，这个建筑的殖民主义因素已被瓦解，转而成为一个普通的、实用性的城市景观，红墙绿瓦，作为一个宏观时间性的标志物。

　　十字路口东北侧和东南侧是一栋简易的三层砖楼建筑。为了统一城市景观，市政部门仿照电业局的风格为之统一加装了绿瓦屋顶，又将外墙涂成深红色，用一种人工制造的方式改变了这个建筑的时间性。在实证意义上，这种方式不会受到认同，因为这是在制造历史性。但在日常视觉的意义上，十字路口的景观至少在表面上有了统一的风格。这是一种纯粹表象的对称。

　　十字路口西南侧有一栋曾经远近闻名的百货大楼。二十年前，借助丰富的物资供应体系，在中国现代消费主义的开端，它有巨大的影响力。在网络购物时代，像其他实物陈列式商店一样，百货大楼面临越来越多的经营压力。但对于这个十字路口的时间性而言，它却有不可取代的价值。自改革开放到 21 世纪初，它始终是商品经济和个体消费主义的实践空间。即使如今已经处在待业—重生的状态，它仍然是一种时间性的象征。

十字路口东北侧有一个地铁站，不远处还有一栋三十层的商务楼。这是一种最新的时间性，而且具备反向艺术的特点。一个规则的、高大的长方体矗立在大地上，外侧镶着淡蓝色的钢化玻璃，风格简洁。夜色中，楼体的装饰灯照亮了这个空间。而它也由此成为一个标志性的现代建筑。在这个城市里，无论在哪里乘坐出租车，这个建筑都有精准定位的功能。只要说出它的名字，司机一般都会知道怎么走。

在工作日，这栋大楼前的停车场里挤满了豪华汽车。停车场入口处还有三辆汽车，停在收费闸前，等待着空位。这里是一个金融中心，在这里工作的人经历了一次人类学意义的重大变革，也就是古典身体秩序的解体，以及现代身体秩序的奠基。

在古典时代以及冷兵器时代，身体状态（身高、体重、动作灵活性等）决定了一个人的命运，同时也塑造了古典文本的修辞风格：身长九尺，髯长二尺，面如重枣，唇若涂脂，相貌堂堂，威风凛凛……但在工业化时代早期，这种状况逐渐消失。一个人能否获得现世的功名、能否主导历史记忆，相比强健的身体，思维技巧更加重要。所以，一个人即使没有强壮的身体，也能获得功名利禄。而那些身强力壮者，或是被工业制度掠夺了体力的优势，或是被诱惑到体力娱乐场（足球场、篮球场等），从事体力展览的行业。

　　在电脑信息时代，这个反差更加有矛盾性。那些沉郁、喜欢独处，但头脑灵活的人获得了历史趋势的眷顾。从大楼正门走出来一个男人，五十岁左右，身高一米六，体形柔弱，尽管穿着高档，但仪态散漫，面容庸俗。在古典审美体系中，他很难进入由身材与体力所主导的权力秩序，但在电脑信息时代，他获得了出人头地的机会。他撇着八字步，行为松散地走向一辆配备后轮转向系统的黑色加长款豪华汽车。

　　我静静地站在路边，以反向艺术的视野观察这个具有历史人类学内涵的场景，突然想起那个为我搬家的中年男人。他身高一米八，体形优美，动作矫健，独自扛着 100 斤的箱子，从一楼走到七楼。在狭窄的楼梯上，他一次次转换行走的方向，调整箱子的角度。到了七楼后，他缓缓地将之放在地板上，然后微笑看着我说："年轻人住得高一点，对身体好啊！对我们这种老体格就不行了，哈哈哈。"这是一种历史性的不公平。在体力被驱逐的时代，这种不公平最终变成了无可非议的常识。

　　我打断了这种散漫的思考，继续向前走。我的脚踏在平整的、淡灰色大理石铺成的人行道上。这是现代人的独特感受，脚底总是能充分地与地面接触，没有小石头，也没有落叶阻挡这种接触。在一个岔路口，我停下脚步，等待右转的汽车驶过，然后跨越黑色沥青路上的白色人行横道，再次踏上大理石地面。

　　一辆送外卖食物的电动车飞速驶过。骑手一边骑一边大声通话："我差不多五分钟就到了。"在高速行驶的状态中，这句简单的话获得了独特的声音效果，其中的"我"和"了"很模糊，"差不多"和"就到"要清晰一些，而"五分钟"最清晰，几乎是从那个人的嘴里直接进入我的耳朵。在日常景观意义上，他们是在城市的街道上奔跑，为了满足一个相距不远的感觉，然后从这种满足中获得生存的条件。但在抽象意义上，他们是在一个虚拟的程序里奔跑，就像电子游戏中的一个小角色，从起点到终点都要符合程序的规定。

日复一日的固定行为模式将这些人变成了符号。他们仍旧有丰富的内心世界，想着自己的孩子和父母，想着在这个高度竞争的时代，如何获取更多的生存资源。但开启工作状态之后，他们就变成了一个个维持社会正常运行的符号。他们还在说话，但使用的是一套简单、高效、重复性极高的词汇结构。这些词汇不但排斥个体情感，甚至能控制人的面部表情和身体动作。他们有时会用个体化的闲谈去化解这种程序性的控制，但很快又被卷入其中。

财富和职业对现代人分门别类，而词汇和语法结构是这种分类的结果。在现代性批判中，这是一种关于人类存在的不良状态，例如"人的异化""官僚主义""工具人"等，现代人格的独立性受到了削弱，日常生活最终也滑向了这种不受欢迎的状态。

无论对于人类生活还是自然状态，存在的东西都有合理性。现代分工制度的确弱化了人的独立性，也造成了人的工具化。但不容置疑的是，在流动、陌生的生活中，这些工作维持了日常生活的稳定性和连续性，所以被多数人接受。为了进入现代分工制度，有些人甚至要动用最丰富的关系网络。而那些致力于批判这种状态的思想家也处在分工制度里，享受着其中的稳定与连续。这是一个有讽刺意义的现象。

2021年冬天，大雪纷飞，我再次走在人民大街上，在这个城市的景观灵魂中一步一步移动着身体。在这个白色的世界里，我要用反向艺术的方式从平凡中发现深刻，从无言中发现思想。

  我拿出手机，右手食指按在手机背面的指纹识别处，手机屏幕瞬间开启。我点开音乐播放程序，在搜索栏中输入"Sophie Zelmani"，然后点击其中的一首歌 *Breeze*。手机开启播放模式，我将耳机戴好。架子鼓与电贝斯一同开启了一个四四拍的旋律。钢琴在第二拍时进入这个节奏，停顿片刻，然后与架子鼓共同表现第四拍的节奏。吉他随后也进入其中，以一系列流畅的扫弦塑造整体性的背景。泽勒玛尼开始歌唱，像一个诗人一样，孤独与平静，还有一种让人无法忽视的深刻：

    My heart is leaving you，

    （我的心正在离开你）

    It says goodbye，

    （它说再见）

    Disappering from you tonight.

    （今夜就离开）

    Not a breeze is gonna，

    （消失得没有声息）

    Pass you by.

    （离开你）

  这是一个来自瑞典的声音。那里的冬天与这个城市一样寒冷多雪，一样白茫茫。而寒冷会塑造一种思想意义上的风格，源自孤寂，突破抑郁。热烈的情感在迸发的那个时刻，被包上了一层厚厚的冷静与落寞，本来的热烈无法完全舒展，最后变成一种无以言表的深沉。四周安静到让人无聊或恐慌，只有坚强的主体性才能对抗这种状态，所以在绘画领域中出现了北方风格，在音乐领域中也出现了北方风格。

在这个时刻，耳机里的声音就像飘下的雪，将我包围。与此同时，将我包围的还有反向艺术感觉。周围的一切成了虚拟的艺术景观：落光叶子的杨树、枯萎的草丛、车道中被反复碾轧的雪……它们都是独一无二的，无论是对于这个城市，还是对于这个处在气候危机中的世界。

在当下时刻，这些东西的表象状态都消失了，剩下的只有形状与颜色。我以一个发现者或创造者的角色，在这个形状与颜色所构成的虚拟景观中行走。每个人也都在这条反向艺术的大街上匆匆而行，他们穿着温暖的衣服，双脚有节奏地落在雪地上，然后留下一串脚印，"唰……唰……唰……"由于鞋底样式、身体重量和落地方式的不同，这些脚印也各不相同。它们在这个时刻出现，作为行走的标志，但很快会被清扫车上那个飞速转动的轮子清理干净。然而，正是由于存在的短暂性，它们成为一个反向艺术景观。

通过随处可用的无线网络，手机系统不断接收着一个远方资源库的音乐信号，然后将它们转换成电流。这些电流沿着一根细长的导线进入耳机磁场线圈，线圈在电流驱动下让振膜发声。瑞典气候所塑造的独特声音和节奏感源源不断地进入我的听觉机制，与我的行走节奏合而为一。这是现代技术所创造的奇妙现象。在听觉、视觉和触觉共同塑造的行走过程中，反向艺术景观变得越来越抽象，越来越深刻：

I've blown the candle out

（我吹灭蜡烛）

That you forgot.

（你忘记的那盏蜡烛）

I've made sure that

（我确信）

The door is shut,

（那扇门已关闭）

I don't think you're ever

（我不觉得）

Coming back.

（你会回来）

　　这个声音，还有这个反向艺术空间不但改变了我的感觉也改变了我的心理。它们为我创造了一个独自存在的机会。这种存在并不是对外的隔绝，而是在我与这个世界之间出现了另一种关系。这个关系的本质是抽象：我在变得抽象，这个世界也在变得抽象。迎面而来的人、不断后退的树、加速而过的汽车、纷纷降落的雪，还有被雪分散的灯光……这一切包围着一个独自行走的精神，又在显示着这个精神，使之超脱于具体的真实。

　　一种独特的个体心理出现了。我在这个远方的城市生活，经历了很多刻意的冷落、夸张的表扬，还有无目的的相遇……这些日常生活的异常状态都被化解。因为在反向艺术领域中，它们都会向相反的方向转化：刻意的冷落让我更加深刻，夸张的表扬让我认识到陌生人社会的边界，而无目的的相遇让我更加自由……这些奇异的变化最终塑造了一种适合现代城市文明的心理状态：拥抱孤独，走向深刻。

大雪为这条街道创造了一种日常生活的新秩序。道路摩擦力降低，对于鞋底、轮胎都是如此，汽车与身体的移动速度也随之降低。我稳定地向前走，鞋底一次次落在柔软的雪里，"唰……唰……唰……"在一个下坡处，我的手机响了，一个陌生人打来电话，音乐自动中断。我点击接听符号，那是一个温暖、甜美的声音："先生您好，这里是购房平台，请问您想买房子吗？"反向艺术所制造的抽象状态被打破了，我瞬间回归现实。对于神经机制而言，这一个需要转换的过程。

在这个句子结束后，我在想着如何以陌生人之间的礼貌予以拒绝。她一定不会无缘无故地给我打电话，一定是希望生活得更好，或在可预见的生存压力下，一次次开启与陌生人之间的商业对话。她一定喜欢安静地生活，但又迫不得已拨通陌生人的号码：

　　——通过我们的渠道购房，可以享受开发商的内部价，基本是原价
　　　　的9折，部分房源85折就可以，当然位置会差一点。
　　——你们是怎么知道我的电话的？
　　——啊……我们是根据号段打的，也不知道是给谁打。

这个真诚的说法让我开怀大笑，我愿意在陌生人的友好中回答她所有的问题，但随之而来的身体动作彻底终结了这个愿望。在我的身体结构服从于这个笑的动作时，我的鞋踩到一个交通标志线上。油漆填满了沥青地面的空隙，落下的雪又填满了油漆标志线上的小空隙，

鞋与地面接触的摩擦力几乎完全消失。我摔倒在地。在倒下去的瞬间，我的脸仍旧保持着笑的状态，右脚突然向前滑，神经系统来不及做出反应。我的左腿异常弯曲，身体向右倾斜，然后以扭曲的状态向右后方倒下。在落地的一刻，右手臂做了一个支撑性的动作，分散了身体落地时的冲击力。左手也想去缓解这个冲击力，但它显然无能为力。

我的神经系统在这个时刻是混乱的，已经无法应对一系列的异常。我的左手握着手机，出于本能反应，它向下甩去。在身体倒地的那一刻，手机也摔到沥青地面上。我坐在雪地里，手机听筒里仍旧有对话的愿望，"喂……喂……"我按下结束通话的按键，我的思维处在混乱中，身体也处在紧张的状态。右手肘部在疼痛，左手掌小拇指一侧也在疼，因为这只手直接甩向了地面。

肥大的雪花不断地从天上飘下，穿过树枝，在黄色的灯光里下落。一个人从我身边经过，"没事吧，哥们"，然后像一个符号一样消失。陌生人之间的温情驱逐了混乱中的孤独。这句话即刻将我带入重启的状态。我从雪地里站起来，作为一个在现代城市的大街上失足滑倒的幽默片段，首先恢复正常的身体行为，然后再试图回归之前的反向艺术状态。

就像这个世界的其他低纬度地带一样，冬天四点，这个城市已经异常昏黑，云层又加深了自然意义上的昏黑。路灯已经开启，整个街道被淡黄色的光照亮，也被来往的车灯照亮。我拿起手机，擦去上面的雪，然后启动屏幕，在音乐搜索栏中输入另一个曲子：《黑夜中》。梁博在这个城市里获得了用音乐表达自我的技艺，他曾经就读的学校就在附近。他一定在这条大街上走过，在陌生的人群中也可能体验过那种符号化人格的孤独感。

一段电子琴的绵长独奏开启了这个声音的序列，然后是鼓棒的节奏引领，"梆……梆……梆……梆……"很快，绵长的沉静变为平稳的动感。鼓棒与鼓刷同时落在鼓面上，低沉中有一点轻盈。这是一种受过压制的热情。而当它获得自我阐释的机会后，也就具有了穿透性的力量。梁博身上挂着一把吉他，他简单地弹了一个旋律，然后对着话筒放声歌唱：

> 黑夜暗自无声，
>
> 天空也透明。
>
> 身后那片河水，
>
> 有没有结冰。
>
> 我想还会有谁，
>
> 会在那儿经停，
>
> 随后和我一样，
>
> 抛弃了黎明。
>
> …………

这种声音同样阐释着寒冷地域的空旷与深沉。沉静的节奏始终无法走向彻底的高亢，偶尔会狂野一些，但瞬间又变节制。他自己写歌，自己谱曲，自己搭配乐器。他喜欢延迟的技巧，多次重复，像一个原始人一样有节制地喊叫。这是一种刻意制造出来的空旷与深沉，就像是一个人站在漫天大雪里，以抽象的状态行走一样。

这是梁博的风格，一种极为独特的北方风格。他在变成一个歌唱家的同时，还在变成一个诗人。这个过程很隐秘，在日复一日对于理想生活的想象与难以克服的挫折感中，他自己都不知道自己成了一个诗人，一个北方风格的诗人。

他来自一个小镇，离这个城市 40 公里。每次回家，他都要坐车穿过一座山岭，还有一片森林。他应该对这段反复走过的路印象深刻，因为他的音乐里有汽车的节奏感，敏捷、快速、缺乏起伏，以及现代技术所塑造的稳定性。在进入商业演出领域之前，他在这个城市生活了一段时间，除了学习基本技能之外，还在现代陌生人社会里磨炼了自己的风格。他在这个城市的日常景观中穿行，感受着现代文明的基本状态，然后在热闹、孤独与冷静中发现自我，回归自我。

《黑夜中》在持续播放，现在是一个 8 小节的间奏。架子鼓、吉他、贝斯、电子琴等技术化的声音占据了整个音域。梁博应该是弹了几个和弦。这个间奏很快又将我带回那种抽象的反向艺术状态。我与周围的一切具有了一种同时性，但在空间意义上却出现了分层，我漂浮在这个空间的上层。作为一个抽象的符号，我站在被雪覆盖的斑马线前，左侧一辆辆汽车减速、刹车、让行，右侧的汽车也在减速、刹车、让行。在汽车灯光的照射下，我安全地穿过马路：

> 弹落身上的水，
> 吹凉爽的风。
> 千万片的云层，
> 隐藏着繁星。
> 那是一闪一烁，
> 天空的眼睛。
> 看透你的心灵，

和我的宿命。

那一点点的痛，

消失在黑夜中。

…………

　　在小时候，梁博并没有获得一流的音乐教育。对于音乐的纯粹热爱激励着他一路向前，并在十八岁时进入这条大街西侧的音乐学院学习。在这个城市的日常逻辑中，这个学院有时会被置于道德批判空间，尤其是周末学校旁边停满豪华汽车的时刻。但他没有受到这种负面道德风俗的影响，相反，他成了反向艺术的实践者，从平凡中发现深刻，从枯燥中寻找新奇。

　　从这个学校毕业后，他进入了现代汉语音乐世界，瞬间成为一个让人期待的符号。确切地说，他是一个来自北方的符号，源于严寒的符号。他喜欢用低沉、连续的电子声音与节奏将狂野的情感包裹起来，但又不是隐而不现。这是一个人在边缘地理空间里的顿悟，他最终克服了经济地理学意义上的歧视，以一种反向艺术的方式构建自我，然后进入现代音乐世界，作为北方风格的代表。

三、音乐与双层景观制造

　　像这个世界上多数普通城市一样，这个城市与音乐有一种直接却微弱的联系。关于音乐的各种景观浮荡在日常生活中，实践着一个目的或作为一种行为的延续，例如房地产商雇用一支摇滚乐队，在商业目的中制造奇迹；一个十九岁的女孩取到外卖午餐，然后转身走过音乐学院的大门，她的手指在钢琴节奏的控制下有规律地活动；还有那个在架子鼓辅导班学习的七岁小孩，他的身体动作向外传达着一种幼稚、不连贯的狂野……

我在这个城市商业区的路上行走，推开一扇五毫米厚的钢化玻璃门，进入一家琴行。一楼墙上密密麻麻挂满了各式各样的吉他，包括木吉他、电吉他、四弦尤克里里。二楼摆满了各类鼓，包括架子鼓、非洲鼓，以及贝斯、手风琴、电钢琴。在普通人眼里，这是一个存在于当下的阐释一类特殊知识的物质空间。但对我而言，除了知识因素之外，这个景观有激活个体记忆的能力。

当我进入这扇门之后，一段二十年前的记忆就出现了。那是一段关于温暖、优美与坚持的记忆。自从形成之后，它就一直存在着，作为个体的经历不断延续。那时候，我跟随这个琴行的老板学习吉他。第一节课是个人演奏会，他坐在讲台旁边，抱着一把极为普通的吉他，右手有节奏地拨动着琴弦，左手快速地变换各种姿势，舒缓或密集的声音从音箱里传来。他将这把吉他变成了一个声音魔法器，时高时低，时缓时急，动人心魄。

经过半年学习，我们对于这种乐器已经具备了初步演奏技巧。在最后一节课上，他的乐队出现了，要给我们免费举办一场音乐会。在严寒中，五个男人在讲台上调音。遗憾的是，这里的音响效果极为不好。他们站在那里，失落、无奈，不知所措。琴行老板做了一个决定：租用两辆大型客车，将我们运到他们经营的滚石酒吧。

在这个酒吧里，他们握着自己熟悉的乐器，就像孤独的人找到了情感归属。第一首歌曲是老鹰乐队的《加州旅馆》，鼓点响起，阐释着异域的节奏，"哒……哒……哒……哒"，然后是两把吉他的扫弦与独

奏。声音的速度越来越快，又在突然间变舒缓，四周一片安静。非洲
鼓有节奏地响起来："咚……咚咚……咚……咚……咚咚……咚……"
他们的音乐技术无与伦比，身体在节奏中摇晃、起伏，然后在声音中
自我陶醉。主唱留着长发，束在后面。相比于老鹰乐队的主唱，他的
声音中仅仅少了一点点沙哑：

> On a dark desert highway cool wind in my hair，
>
> （在黑暗沙漠的高速公路，凉风吹散了头发）
>
> Warm smell of colitas rising up through the air.
>
> （烤烟的温暖气味在空中升腾）

　　我闭上眼睛，就像到了老鹰乐队的现场，看到加州旅馆门前的那
个女人在向我招手，她的脸上有温暖的笑容。在一种隐秘期望的引导
下，我进入了旅馆。一群人在跳舞，她们是那么年轻美丽，又有些迷
惑性的扭曲。这里人头攒动，在烛光、镜子与香槟中纵情狂欢、堕落，
有人可能会在一瞬间悔恨，却无法逃离。这个场景不再是一个纯粹的
想象，我已坠入其中。在完全迷失之前，我想赶快离开这个欲望之地。
在这个虚幻又真实的时刻，主唱的声音从高亢变得舒缓，为这个人性
的寓言收尾：

> Relax，said the night-man，We are programmed to receive，
>
> （别紧张，看门人说，我们受到命运驱使）
>
> You can checkout any time you like，
>
> （你可以随时结账）

but you can never leave.

（但你永远无法离开）

十年前，当我再次寻找这个酒吧时，它已经不存在。这些乐手曾经熟悉地演奏老鹰乐队的歌曲，但这仅仅是一种复制的技术。他们可以准确地阐释这首歌的内涵，甚至在技巧方面有所改良，却无法代表老鹰乐队的精神。所以，这支乐队最终解体，而老鹰乐队依旧存在，因为他们是这种精神的创造者，也是这种精神无可取代的阐释者。

近些年，老鹰乐队的成员逐渐老去，但告别演出总是没有尽头，一次次在欢呼声中重新登上舞台，又在更高的欢呼声中一次次返场。2016 年，吉他手格伦·弗雷（Glenn Frey）去世后，老鹰乐队陷入低谷，并一度处于解体的边缘。之后，弗雷的儿子迪肯·弗雷（Deacon Frey）加入其中。他抱着吉他，站在他父亲曾经站过的位置，歌唱他父亲曾经歌唱的曲子。七十多岁的唐·亨利（Don Henley）的头发已经灰白，他卖力地敲着鼓，为迪肯伴奏。吉他手乔·沃尔什（Joe Walsh）老得鼻子快要塌下来了，他的手指在琴板上行云流水，偶尔流露出一点俏皮的神情，以此掩盖老态龙钟。

1977 年，唐·亨利在接受采访时说自己在这个行业不会长久，"因为音乐不会做一辈子"。但他没有想到这个乐队变成了 20 世纪的音乐符号。他们分裂过，为了个体的目的而相互谩骂，但总有一种无形的力量让他们从分裂走向复合，从退隐回归舞台。只有创造的精神能为之赋予与时间同行的力量。

音乐需要一种让人躁动，甚至迷失自我的肤浅与繁华。尽管在最终意义上，音乐可能会成为肤浅与繁华的批判者，但这些迷惑性的肤浅与繁华更容易打破创作者的道德界限，使之完成迷幻、动荡，又让人着迷的声音计划。

然而，这是一个日常节奏平缓的城市，一切都在缓慢地流动，没有奇异的景观，也没有让人迷失的肤浅与繁华，所以音乐在这个城市是稀薄的。毫无疑问，音乐在这里是存在的，但并不深刻，总是被日常秩序所笼罩。尽管如此，作为一种日常性之外的声音机制，音乐为这个城市中创造了两种吸引人的景观：

第一种是视觉意义的具体景观，尽管微小易逝，但在城市总体景观中清晰可见，制造着短暂的惊奇。春夏之际，这个城市繁华商业区的十字路口偶尔会出现一些吉他歌手。作为一种稀缺的景观，街头文艺有时会在流动的人群中塑造出共情心理，所以有人会在歌手前面的吉他袋里放下纸币或钢镚。但在手机支付时代，行人口袋里不再有零用钱，街头音乐景观还会出现，但表达共情心理的零用钱消失了。这是一个我们无法视而不见的现象，这类音乐景观既高尚又稀缺，但它仅仅属于零用钱的领域。

第二种是具有衍生性的抽象景观。一个深刻的音乐景观往往是声音与情感共同创造的奇迹，它会在一个时刻出现，但不会长期驻留。但与之相关的那些东西，包括曾经的现场、象征性的雕塑等，经过抽象意义的组合后，一种虚拟的或回忆性的景观就会出现。即使这个景观不具备直接观看的功能，但仍旧会对着那些愿意想象的人开放。我们可以将这个现象称作"景观考古学"，也就是利用一个已经消失的音乐景观的遗迹，回溯这个景观存在时的声音状态。

在中国现代城市文明中，酒吧在道德意义上仍旧没有独立的身份，至少并不名正言顺。一个人进入了酒吧，这个行为所具有的音乐特征有时会被一种关于恶的想象所遮掩。实际上，酒吧的存在，也的确被不确定的道德因素所干扰。一群骑着大功率摩托车的人，在一个酒吧门前停下来。他们摘掉了黑色的头盔、墨绿色眼镜，挽起袖子，露出青色文身，然后进入这个酒吧。他们让这个酒吧热闹起来，也让它变成一个被日常道德排斥的空间。

这个城市中心地带有一个已经停业的酒吧——"光阴的故事"，深绿色的招牌，黄色字体写着"那些年，那些事，那些歌"。一把铁链子锁住门，四年多无人进出。我希望进入这个怀旧的音乐空间，但去了三次都没有发现开门迎客的迹象。清洁工在门前扫地，长把扫帚挥来挥去，撩起一片尘土。门前右侧的沥青路被刨起一条一米深的沟，市政要修补漏水的管道。刨出来的土散了一地，在炽热的午后被一阵大风吹走。酒吧窗玻璃上的灰尘越来越多，透过玻璃隐约看到里面散落的凳子。

在这个城市，这个酒吧还有一个演出点。为了追寻这个时代的怀旧气氛，我循迹而去。在一栋二层老建筑的地下空间，我推开了一扇木门，里面传来响亮的歌声。[1] 进门处的墙上贴着旧城改造的拆迁通知：

- 1 我独自走过你身旁，并没有话要对你讲，
  我不敢抬头看着你的，噢……脸庞。
  你问我要去向何方，我指着大海的方向。
  你的惊奇像是给我，噢……赞扬。
  你带我走进你的花房，我无法逃脱花的迷香，
  我不知不觉忘记了，噢……方向，
  你说我世上最坚强，我说你世上最善良，
  我不知不觉已和花儿，噢……一样。
  你要我留在这地方，你要我和它们一样，
  我看着你默默地说，噢……不能这样，
  我想要回到老地方，我想要走在老路上，
  这时我才知我离不开你，噢……姑娘。
  我就要回到老地方，我就要走在老路上，
  我明知我已离不开你，噢……姑娘。

这栋楼要在半年之后推倒重建，民政部门已经停止户口登记，并禁止居民乱搭乱建。

我在入口处的桌子边坐下。一个二十多岁的男青年拿着菜单过来，花生米、瓜子、玉米花等零食各 10 元一盘。另有饮料、果汁和啤酒。啤酒有国产啤酒和进口啤酒（来自西班牙、德国、意大利、俄罗斯）。我点了一瓶德国教士小瓶啤酒，25 元。

——你们有最低消费规定吗？

——没有，但一瓶有些少，两口就没了。

——那就来两瓶。

——好的，马上到位。

——你们这里要拆迁吗？

——拆迁？我不知道。

——门前不是贴着通知吗？

——我没看到。我平时都是晚上来这里工作，其他事都不知道。

服务员收了钱，然后取来啤酒。四个歌手坐在台前，其中一个人手里有吉他，其他三人负责唱歌或配音。拿吉他的人偶尔拨一拨，装个样子。听众里有一家人、四对恋人，另一个桌子上坐着两女一男。歌声有些震耳，四对恋人不再聊天，各自看手机。两女一男中的男人有些沮丧，因为两个女人将他丢在一边，互相拍照，然后发朋友圈。

这个城市西南的大学区里有另一家怀旧酒吧。20 世纪 80 年代，老板在大学学习法律，毕业后就近租了一个 75 平方米的房子，经营酒吧。他的生活从此处在音乐的节奏中："在短短三个月里，从无到有，又从有到无，朋友间的争执，男女间的情感恩怨，现在想起来是可笑的，也是可爱的，一个个不眠的夜晚，还有摆在门口写着每个人名字的杯子……"

音乐有时能让人脱离日常生活节奏，但最终还是要回到这个节奏中。之后，他结婚生子，去北京谋生，2009 年又回到这个城市，经营怀旧风格的酒吧。每逢周末，他去旧货市场，购买以前的日常用品，拼凑了一个过去的空间。有媒体要采访他，但要 40000 元宣传费，他委婉地回绝："我坚持自我，我知道这有些跋扈专断，但我依旧坚持……如同一个人在夜里走路。"

这是一个音乐个体化的时代，而他已经不属于这个时代。我启动电脑，打开互联网搜索模式，输入"音乐频道""演唱会"，或任何一个歌手的名字，一系列免费音乐或现场演出就会在私人空间内开启。我可以选择各种声音模式，超重低音、模拟现场、纯净人声，也可以选择无损品质、超级品质或流畅品质。在音乐个体化的时代，现场模式有了被取代的可能。那些用音乐表达理想的人是值得同情的，但谁也无法扭转技术变化所创造的历史趋势。

2017 年，丁武来了。作为 20 世纪 90 年代的音乐符号，他以一种历史性的状态来到这个城市。晚上七点，一辆燃油汽车停在体育场看台下的酒吧门前。他从里面出来，然后飞快地走进排演室。这个过程发生得很突然，结束得也很快。他没有与任何人交谈，也没有迎接任何人的目光。他在回避演出状态之外的人群。我看着他的身影一晃而过，年近六十岁，依然是长头发。相比于唐朝乐队时期，他的仪态中有一些对于放浪的约束。

他的乐队成员都是年轻人。鼓手、吉他手、贝斯手在为他制造出场的声音环境。他们的每个动作都有一种青春的狂放。鼓手在节奏密集处摇晃着头，吐出舌头；贝斯手在节奏缓和时将散落的长发甩起来。

在灯光与声音的变幻中，丁武出场了。这个空间立刻变得安静。他走到舞台中间，熟练地调琴。突然，一个男人高喊："武哥，你还是那么帅！"一个站在前排的女人挥舞着手："我小学五年级就超级喜欢你！"丁武经历过人世间的情感起伏，所以用优雅的客套抚平了这些有可能失控的赞美与依恋：

> 我们今天的主题是"一念"，没有"梦回"。我们要向前看，对不对？今天，在这里，我要跟所有的朋友一起嗨，一起玩。我们更加贴近，目光对目光，感情对感情，你看得见我，我也看得见你。

舞台灯光转为暗红色。丁武，还有他的乐队成员，都变成了黑色的影子。丁武低着头，手指撩动着琴弦，一阵低沉的金属音向四处扩散。在接下来的时刻，他一定不希望在弹奏时出现手指抢空的情况。鼓棒有节奏地敲在架子鼓的吊镲上，"嚓……嚓……嚓……嚓……"灯光在声音的引导下无限变幻，旋转的红色、摇摆的黄色、直射的绿色。

话筒传来一阵啸叫，"嘤嘤嘤……"丁武赶紧向后退了一步，离话筒远一些。音乐节奏突然加快，舞台灯光变成闪烁机制。他们的身体也转变了节奏，起伏、旋转、摇头……这些动作在20世纪90年代具有激荡情感、制造新奇的功能。但在这个时刻，由于现代行为的自由度，这些动作仅仅是舞台上的通行状态。

丁武再次走近话筒，发出一阵模糊、低沉、魔幻的声音："浪费的时间，低沉看瞬间，清晨在挑逗，你慵懒从前……"这种低沉与日常

声音状态没有本质的差别。丁武的声音变得有些苍老，而且出奇的平
淡，但仍旧有一如既往的历史理性和批判风格："清醒者们感到无奈，
愚昧者们感到澎湃，尘埃石骨千变万化，情理包容真理退败……"

　　在变化无常的日常生活中，丁武可能感受到了其中的不确定。年
轻时，他喜欢这种变化，但在这个时刻，他要与之拉开距离。这是一
种与鲍勃·迪伦相似的感觉：

　　　　在一阵轻飘的小雪中，我看见他向我走来，如霜一般沉默。就
　　好像是风把他朝我这里吹来。我想跟他说话，却缺少了什么。我
　　只是看着他走过，看见他眼中的闪光。那只是一瞬，而我让它流
　　走了。[1]

　　由于身体状态的变化，丁武在歌唱时基本放弃了高音区。自从女
儿出生后，他的日常性慢慢压倒了摇滚性，一个艺术家的晚期风格出
现了。他用平缓与低沉的风格表现魔幻、矛盾与变化，歌唱变成了一
种深奥的思想形式，既高于摇滚，也高于文学：

　　　　乌云密布，
　　　　空气中弥漫着惆怅的味道。
　　　　…………
　　　　预言之刃，
　　　　寻找着传说中隐喻的风暴。

－1［美］鲍勃·迪伦：《编年史》，徐振锋、吴宏凯译，开封：河南大学出版社，2015年，
第16页。

来吧来吧，两个自我。

亦真亦假，有善有恶。

有时约束，有时放火。

唤醒意志，约束狂魔。

在演出的间歇期，舞台的灯光完全变亮，彩色的光线不再抖动或摇摆。丁武站在话筒前，开始叙事：

刚才一首歌是"七个影子"。我们每个人生活在这片土地上，并不是独立的，当你回头看的时候，可能在你的背后有七个影子，有你家人的、导师的、好朋友的……

在这个叙事中，丁武展示了自己的日常生活。实际上，他现在已经脱离了声音与灯光主导的舞台，回归这个具体与真实的领域，重新开启青年时代的绘画事业。对于他而言，这次演出具有追溯和回忆的功能。他不能再飙高音，也没有稳定的乐队成员。相反，日常生活对于他才是一个最稳定的领域。在这个黑色墙壁构成的、几乎封闭的空间中，他继续陈述着自己的平静生活：

人的生命中总会有一个或两个改变，这种转变与年龄无关……没有小孩感觉不是那么深，有了小孩就不同了，我的女儿喜欢画画，喜欢唱歌，我很开心，她可以随意玩。我的童年很残酷，在东北大山里，没学上，整天和蚂蚱一起玩……

　　《梦回唐朝》的节奏最终没有响起，这场音乐会的最后一曲是《国际歌》。架子鼓、贝斯、吉他在电子音响系统中混合，形成了一种有感染力而不区分的轰鸣，掩盖了不准确的演奏。空气在震动，甚至要压缩人的存在感。对于这群怀旧的听众，外在压缩制造了一个反向的膨胀。他们跳动着，高举的手臂晃动着，重新激活一段已经变得安静的音乐记忆。

　　舞台灯光在激烈地变幻，不断闪烁、静止、滚动，白、蓝、绿、红……贝斯手的头发在彩色的光线中飞扬。鼓手摇着头，吐着舌头，怪异的斜视穿过声音与灯光，阐释着自己的沉浸与傲慢。这是音乐对于这个人的消融。他很喜欢这种消融，因为这是在音乐里的自我实现，他的动作也越来越夸张。

　　丁武用低沉的声音（可能是 C 调）唱完了第一句："起来，饥寒交迫的奴隶；起来，全世界受苦的人。"然后，他将话筒转向台下身体摇晃或正在蹦跳着的人。作为一个有历史内涵的音乐符号，他有力量创造一个共同的声音现象。这群人兴奋地张开了嘴："满腔的热血已经沸腾，要为真理而斗争……"

　　演出结束后，丁武出现在舞台的侧方。那是一个沙发、屏风所构成的隐蔽空间。他在卖签名画册。听众排起长队，逐次进入这个空间。丁武首先跟他们简单交谈，微笑、握手、道别。一个奔放的艺术符号最终回归了真实的日常生活。丁武和他的乐队需要物质的回馈，那些即将离开这个空间的人需要在个体记忆中树立一个标志物。丁武的画册完美地连接了两个需求。他手中的笔在重复着一个动作系列，"唰唰……唰唰……"，在热闹后的寂静里清晰地出现，然后永久性地消失。

丁武的摇滚状态变成了一种思想形式，然后进入了日常生活的记忆空间。作为一个声音，它与汽车鸣笛、鸟的叫声、街头收废品的喇叭声音一样，从出现到消失，无论这个过程多么壮烈，都不会进入文字制度。尽管对于阐释时代精神而言，这个声音有丰厚的力量，能越过文字制度，塑造一群人的心理，但在现代功利主义所主导的日常生活中，在关于狂野的想象力萎缩的时代，这个声音所触及的范围越来越小，这种思想形式也就成了一个边缘的角色。

我在这个即时性的声音空间里到处走动，穿越陌生与诱惑。手机开启录像功能，从后向前、从前向后、从左到右、从右到左，全方位捕捉这个空间的状态。我知道这个时刻、这个空间里的声音、灯光与身体行为都会在我离开的时候彻底消失，也就失去了证明、复现和追溯的可能。在这个时刻，丁武的确在这里制造了一个声音景观，这群人也被淹没在这个景观里。但等他们离开，那扇木头门关上之后，一切就结束了，就像什么都没有发生一样。

我拒绝这种有意义的日常景观最终变成不存在的结果，我也不满足于文字制度被惊奇、宏大与异常所垄断的状态。所以，我用现代技术去避免这个本体论的矛盾。我的摄像头对准了这个空间的每个角落、每个表情、每个动作，因为我还希望避免另一个矛盾，即源于观察角度的叙事缺陷：看到意味着存在，存在受制于视觉，这种叙事也就只能从部分意义上阐释一个空间的状态。

一切结束后，我坐在电脑前，打开WPS文本写作程序，与此同时播放手机录像。这是一个声音—图像的再现模式，我不需要依靠个体记忆能力，就能将丁武创造的声音空间变成文字。这个声音—图像再现模式以直接的方式展示那个已经消失的场景，排除了个体记忆的传统功能。我反复地观看现场录像，然后发掘那些已经消失的场景的内涵。我的手指在电脑键盘的拼音格上飞快移动、敲击不同的字母键，"哒哒……哒……哒哒哒……哒哒……哒……"在电脑程序的主导下，拼音不断被转变成汉字，一个接一个出现在屏幕上，按照既定的语法规则表达不同的内涵。

如果没有现场经历，没有感受过被重低音轰击的空气，没有被高频率闪烁的彩色光线照射眼睛，只依靠这个声音—图像再现的电子模式，我仍然可以用文字制度描述这场音乐会，但相关的叙事会缺少现场感，现场感的缺失又会降低叙事的实证性。

丁武在一个微小的空间里制造了一个稀缺的景观，因为具有历史内涵的音乐符号很少在这个城市里出现，这种稀缺性也就让人充满期待。这是一个生活舒适、文艺风格稀疏的城市，多数人处在日常生活节奏和现代分工秩序的交错状态。对于他们而言，时间以一种稳定、均匀的状态主导着这个城市的物质、语言与景观状态，基本不会因为惊奇、深刻或异常而起伏、扭曲、重叠或停滞。

这是一种思想稀疏的状态，也是一种让普通人深陷其中并变得越来越平凡的舒适感。这种舒适感不是文艺创作的理想环境，因为文艺创作需要艰苦、漂泊、无常，甚至绝望。这些状态让人对于人性和社会有更深刻的认识。

然而，这是一个矛盾。在庞大的城市里谋求生活，对于那些即将成为艺术家的人而言，并不容易，甚至是极为困难的。没有边界的日常性和求之不得的愿望消耗了本来用于创造的身体力量，不稳定的生活削弱了深入思考的可能。但这里仍旧有吸引他们的语言、思想和情感，所以他们舍弃了单调而富足的舒适感，来到这些充满竞争性的陌生之地。他们在这里生活得很艰苦，在拥挤、繁华、兴奋与苦闷中看着理想光芒一点点熄灭。但出人意料的是，在理想的光芒即将消失的时刻，他从灰烬中获得了与众不同的思想和品位。对于创造者而言，绝望与困苦是一条通向深刻与安宁的必由之路。这个城市不具备这种矛盾性。安逸、富足是让人珍惜的状态，但在思想意义上会走向平庸与肤浅。

音乐，就像文学一样，是一种古老的个体心理表达方式，足以抵消现代科层制度下的压抑感与无用感。所以，音乐与文学创造了一种人性意义上的平等。一个人只要有写字的技艺，这种技艺就会以原始的、不可描述的方式与深奥的心理相联结，他就能创造一个让人充满好奇却无法预测的虚拟世界。同样，一个人只要有唱歌的能力，而且与生俱来的声音有俘获情感的力量，他也能进入无限广阔的世界。以前受过的屈辱或奖赏，用生命获得的教训或荣耀，都将成为他歌唱的力量。

二十年前，一个年轻人在这个城市的核心区游荡。在音乐领域，他有独立表达的愿望，也有表达的技巧。为了实践这个愿望，他需要独立的空间。在租房时，他一定做过调查，也考虑过自己的经济状态。最终，他住进了一个房租便宜的地方。

但在现代陌生人社会中，一个满腹理想的人仍旧是孤独的。这种孤独感源于未来的不确定性，以及当下的生活对于这些理想的冲击。在这种孤独的笼罩下，他每天背着吉他，经过一条街道去学音乐，观察来往的车辆、行人、声音和建筑。这些场景在不知不觉中进入他的意识，变成了现代个体情感的起源。

现在，他已经是中国音乐领域的一个映射性的符号。他走在街头，陌生人会注视他，冲着他微笑，或是希望与他合影。他想用更好的作品维持这个公共身份，但文艺编曲与思想创造一样艰难，而他就像是一个出生于改革开放之后的思想者，没有经历过天翻地覆的历史变革，所以有时候难以进入人类情感的悲剧领域，或具有深刻历史性的喜剧领域。但他有这一代人所具有的独立人格，重视自己的感受。从前，他在这个城市里实践理想时的见闻，无论是他珍惜的还是厌恶的，几乎都成为创作的背景，这条普通的街道由此被赋予了温暖的音乐内涵。

我走在这条街上，拿出手机，戴上耳机，在音乐库中搜索《平泉路》，民谣风格，吉他弹唱，旋律简洁，其价值在于对于一条街道的情感化描述。微小的叙事视野是一个人最容易把握的领域，虽然缺少深刻的冲击力，但仍旧能激活人的共情心理：

> 二〇〇二年的年初，我租了一个小屋；
> 屋子不大不小，刚好够住，也很舒服；
> 门前有棵柳树，春天柳絮飞舞；
> 我背着吉他上班，走路五百多步。

在这个城市中，这条街道处在一个几乎静止的地带。两边的房子已建成三十多年，或更久，墙壁加装了暗红的保温层，居住区的宣传栏里出现了与时俱进的宣传标语："老旧改造暖万家，物业共建靠大家，你的家，我的家，共享美好幸福。"路边的柳树因选种不良，长势并不茂盛。树干弯曲，枝叶缺少自然意义的秩序感。所以，这些树不能为这条路赋予绵延的时间性。相反，它们像是被时间拖着往前走。

我走在这条路上，左边是普通居民区，临街一楼都是商业店铺：

彩票、麻辣烫、理发店、小笼包、超市、药房、参茸特产、早餐、米线、拉面、馄饨、麻辣烫、牛肉汤、烟酒糖茶、超市、汽车补胎、出租车盒饭……

在街道中段，北侧树荫里有一个风格高雅的咖啡馆，位于一栋六层楼的一、二层，白色主调，深褐色包边，配以钢化玻璃门窗，前面是一个整洁的小院子。然而，在新冠病毒疫情的冲击下，门前冷落。从表象判断，这个咖啡馆已经处于歇业状态。这是一个孤独的咖啡馆，优雅的景观不再有商业吸引力。但在客观意义上，它装饰了被日常实用主义控制的街道，即使没有人为此感谢它。

这是一个功利主义的时代。一个景观只有具备实用性，才会获得存在的资格。在这个小酒馆的西侧，一个森林特产商店的门口放置了一个音箱，不间断地播放广告：

年产六千吨，公司员工 140 人，技术人员 10 人，主营泡菜、辣椒酱等 120 多种特色美食。经过近几年的快速发展，本公司目前已经成为全国最大的朝鲜族风味泡菜产品生产厂家，产品深受消费者欢迎，进入各大型超市，并出口韩国、日本、俄罗斯等国家。公司打造的专营店、直营店已达四百多家……

一辆公交车在旁边的换乘点停车。发动机噪音暂时掩盖了这个商业化的声音。公交车后门被液压助力系统开启，一个人下车，摘掉口罩，深呼了一口气，然后低头大步向前走。公交车厢上喷涂了巨大的珠宝广告："给天下幸福的女人。"公交车前门贴着乘坐须知："空调车票价 2 元；严禁携带易燃、易爆、化学腐蚀品乘车。"公交车中间部位的窗户上贴着公共标语：

　　保持高压态势，铁腕扫黑除恶。

　　全力打击电信诈骗犯罪，维护人民群众经济利益和正常经济

　　秩序。

　　积极参与扫黑除恶专项斗争，净化公交行业运营环境。

　　这个小酒馆的东侧有一块处于等待状态的空地。市政府在旁边张贴了建筑规划告示，说明这块地的用途：取消停车功能，改为供电功能。"公示期间如有问题或意见，请以书面形式提交或提出书面听证申请，或在规划和自然资源局网站留言。"

　　二十年前，当这个潜在的艺术家在这里生活的时候，这条路上的车流一定要少，汽车还没有多到控制城市街道景观的程度。他在这条路上往复地行走，有足够的思考空间。而在这个时刻，我，作为一个音乐景观的考古者，走在这里的时候，汽车已经无所不在，就像现代城市的其他街道一样，一辆接着一辆，在加速中，在减速中，在拥堵中，在交错中。路边也停满了各类汽车，在法定停车区，或在法定之外的空地上：

　　本田 CRV～现代瑞纳～哈飞面包～福特福克斯～一汽奔腾

　　B70～大众速腾～吉普指南者～标致 408～东风菱智～大众迈

　　腾～大众宝来～福特金牛座～日产蓝鸟～雪佛兰赛欧～奥迪 A6～本

田雅阁～吉利帝豪～大众迈腾～江淮瑞风～奔驰 Smart ～标致
307 ～现代伊兰特～大众途安～铃木北斗星～别克昂科威～别克
GL8 ～大众 CC……

在充满了迷茫与希望的青春年代，他有了自己的女朋友，他的才
华吸引了这个陌生人。他们在这里共同生活，一起吃雪糕，一起吃煮
熟的甜玉米。对于人类的爱情而言，当日常生活的负担还未真正到来
的时候，一切都是虚拟的，也是美好的。当他回来晚了，在这条街上
匆匆而行，走到楼下，会看到一个明亮的窗户，窗户里闪动着一个熟
悉的身影。他的音乐技艺日有所进，不断创作出新作品：

某年某月的下午，我忽然乱了脚步；
有个长发姑娘，轻轻一笑，那么脱俗；
我们打了个招呼，往后越来越熟；
我口袋塞着情书，说话吞吞吐吐……

他们最初获得的是让人愉悦、充满希望的情感，但很快就陷入烦
琐无比、缺少因果关系的日常秩序。他们要买锅碗瓢盆酱油醋。尽管
在购买的一刻，他们仍旧怀着对于新生活的向往，但这些物质或工具
本身是无限劳动的暗示。在纯真情感的安抚下，他们适应了这种日常
状态，然后一起享受着人生中极为美好、又不可复制的时光。

2005 年，他们离开了这里，去北京音乐界闯荡。他获得了一个
足以展现自己价值的工作：为人编写五首曲子。完成后，他本来能获
得 5000 元酬劳，却被人骗了，分文未得。在日常生活的重担下，他

们抱头痛哭。

对于一个有才华的人，困难从来不是创造力的终点，而是具有无限可能的起点。他无法进入主流，但还有荒凉的边缘；他无法回到过去，但还有通向未来的当下；他没有富裕的条件，但他隐约地意识到贫乏与思想之间的距离更近。远离人群之后，在无限的沉默中，一个隐秘的独立人格出现了，就像一个精灵一样漂浮在实用主义之上……他开始变化，回归自我，拥抱当下。

对于现代个人主义而言，流行音乐曾经是一个开拓性的角色，在公共领域中塑造了纯粹的个体感受。同样，日常生活，包括衣饰与吃喝习惯等，也都承担了这种功能。现代思想也应该承担起这种功能，但在西方理论的冲击下，中国思想界并未勇敢地实践，因其习惯于用外来概念解释当下的问题，方枘圆凿，不得要领。然而，流行音乐在塑造现代个人主义时有一个特点，或者说是弊端：由于过度沉迷于孤独的情感，有时会放弃更深刻、更普遍的时代精神。

《平泉路》以简单的方式阐释了低微者的生活。然而，因其对于日常生活景观的忽视，其中的时间性和空间性并不明确。如果换成另一条街，这首歌的时空逻辑丝毫不受影响。这可能是因为那个青年艺术家并不想阐释这条街道的景观，以及其中的时代性。他要做的是为那个时刻的个体心理寻找一个确定的背景。对于他而言，这个背景是清晰的。但在现代思想空间里，这个背景却因为时间和空间的模糊而无法获得明确的时代性。

这是现代城市街道的普遍存在状态。它们可能会进入音乐领域，作为阐释个体情感的独特景观。但在个体情感进展的过程中，这个景观的具体性会消失，即使还存在着，但也变得无法区分。这是城市街道在音乐中的存在状态，也是在文学中的存在状态。

个体感觉写作或日常景观叙事要改变这种状态。我们在现代城市中生活，日复一日，无限流转，我们的理想是高贵的，我们的情感是值得珍惜的，而日常生活是这些理想与情感进入现代叙事的空间基础。经过平静缓和的低音区之后，《平泉路》进入了具有浓厚怀旧风格的亢奋状态，反复循环，温暖的伴唱女声以装饰性的角色增加了声音的厚度：

> 落满尘土，散落在青春的平泉路。
> 雪糕，长春饭店雪糕；
> 雪糕，小奶油雪糕。
> …………

歌词中隐藏了一个微小的、断裂性的景观。长春饭店本来是在这个城市的繁华地带，但六年前搬到了这条冷清的街道边。对于这首歌曲，这是一种几乎没有意义的偶然性和相关性。这个饭店并不是因为这首歌才搬到这里，这首歌也没有将之塑造成内涵丰富的景观。这个饭店出现在这里，是因为这个商业形态本身的没落，然后被迫从中心转移到边缘。楼顶上空安装了电子招牌，夜里闪烁发亮。2017 年春，一家南方口味的饭店取而代之。新换招牌的那个晚上，四个字晶莹透亮，红色饰灯，穿透朦胧的空气，作为一个微弱的味觉象征。

关于停业的原因，员工说经营方不发工资。经营方说房东违反合同，提前一个月收走了房子。房东说不是强行转租，而是部分装修，但经营方没钱，所以自己来帮忙。三方都有合理的愿望，这些愿望碰到一起，却没有复活这个具有历史内涵的味觉空间。

2020年春，长春饭店再次回归，借助于历史身份勉力维持。根据公开资料，长春饭店前身为1934年伪满时期的"满西饭店"，后更名为"中央饭店"，1950年收归国有后更名为"长春国营食堂"，1960年代定名为"长春饭店"。在计划经济时代，这个饭店的厨师地位很高，他们也有创造的精神，敢于推陈出新，研制了多种招牌菜，包括香酥鸡、熘肝尖、熘肉段、雪衣豆沙、锅包肉等。他们还有一种关于味道的历史意识，不间断地出版特色菜谱，流传后世，包括《二百样菜的做法》《公共食堂适用菜谱》《烹饪技术常识》《烹饪技术》《菜谱集锦》《节日菜谱》《春节小菜谱》。这是一种思想意义的实践，也就是将味道纳入叙事制度。

20世纪70年代后期，鉴于专业人才的断层，长春饭店采取以师带徒、技术培训、现场练兵等多种办法培养人才，塑造这个城市的味觉，"日经营宴席六百多桌，1984年前十个月利润56万余元，比上年同期增长59.5%。"[1]在经济体制改革时代，长春饭店希望解放思想，改变过去以鲁系菜为主，兼营川苏菜系，并派烹饪技师到上海、北京、扬州学习，发掘中国十大菜系的长处，同时从各地采购原料，包括鳜鱼、鲤鱼、干贝、燕窝、鱼翅、熊掌等山珍海味，先后创制了四川干烧岩鲤、广东蒜泥干贝、山东清蒸鸡等。[2]

除此之外，长春饭店推行多种特色服务，希望将之建设成中国有名的饭店。例如在社会主义精神文明建设的引领下，饭店采取便民措

－1《长春饭店适应消费结构和消费水平新变化，培养名厨师经营名菜肴》，《长春日报》1984年11月15日。
－2《长春饭店增添百种名菜》，《长春日报》1984年9月1日。

施，设置七个顾客接待处，五个顾客饮水处，两个顾客休息处。这些空间备有茶杯、洗手盆等，顾客休息区还有画报、针线盒，身穿米色套装的服务员端茶送水。[1] 饭店内部普及文明礼貌用语，根据迎客、让座、选菜、询问和道别等具体场景确定用语的类型。最初，有的职工难以开口，他们就举办业务知识培训班，鼓励职工见面时相互问候，"您好"取代了"干啥去"，总之要实现"服务用语标准化，服务方式规范化"。[2] 在财贸系统青年杯竞赛期间，饭店团员青年做了 620 件好事：用业余时间收空酒瓶、废纸和骨头，在班前班后打扫饭店厨房、餐厅和修理桌椅等，收到了来自各界的表扬信 13000 封。[3]

20 世纪 90 年代，中国商业能力和技术能力普遍提升。对于普通人而言，经营饭店不再是艰难的事业。在饱和的竞争中，长春饭店停业整顿，2013 年搬到了平泉路，在艰难中寻找希望，聘用原先的国家特级厨师为督导，希望传承饭店的特色。在饭店入门处，一面棕色的墙上印着一个历史性的标识："一个城市的新老味道。"

夏天，卖雪糕的三轮车在这个城市的街道上穿梭，车上有一个不断播放声音的小喇叭。在这个饭店正常经营时，小喇叭里呼喊的是"长春饭店小奶油雪糕……长春饭店小奶油雪糕……"几经辗转，长春饭店不再生产雪糕，这个声音里缺少了行为主体，保温箱里的雪糕也就失去了身份："雪糕……雪糕……小奶油雪糕……还有冰糖雪梨味呐。"长春饭店搬到了平泉路，以直接的方式为这首歌提供了空间性的内涵，但这种内涵已经不同于以往。

– 1《长春日报》1984 年 3 月 20 日。
– 2《城市时报》1985 年 5 月 7 日。
– 3《长春饭店青年一个月做好事几百件》，《长春日报》1983 年 2 月 7 日。

四、立体空间策略

对于城市文明而言，立体是一个永恒的扩张策略，从古至今主导着城市形态的变化，无论是空间还是景观都具有无限的想象力。在现代城市中，这个策略表现为两种类别：一是目的空间策略，二是过程空间策略。

目的空间策略扩大了城市的生活空间与工作空间，一个地域容纳的人口也就越来越多。在现代城市中，生活空间与工作空间往往会有一段距离。由于通行障碍，这段距离会在时间性上不可预测，所以过程空间策略由此出现。

在本质上，过程空间策略是通过建筑学方式在身体、物质和信息之间构建无障碍和可预期的连接，例如快速路机制和地铁机制。石头、水泥、钢铁构成的立体景观创造了可预期的时间性和空间性，以及不受阻碍的连续性。确定性和连续性是现代城市意识形态的核心要素，所以尽管过程空间策略的实践成本极高，但仍旧被广泛采纳。

这是一种以空间秩序改变时间秩序的策略。在目的空间策略中，人类虽然掌握着绝对的空间支配力，但对于拥挤所导致的时间变慢或停滞却一筹莫展，所以现代城市中总会出现时间与空间分裂的情况。过程空间策略为现代城市创造了新的空间连接，并在一定程度上解决了时空分裂的问题。对于现代城市文明的连续性而言，这种改变有无可取代的价值。

（一）电梯

为了增加城市空间，建筑师不断提升建筑的高度，既包括地上空间，也包括地下空间。一栋大楼立在城市核心区，地上三十层，但地下往往还隐藏着三层或更多的空间。这栋楼已经立在那里，而制造这些空间的过程完全消失，包括复杂的物质搭配、混乱的建筑环境、被生存目的主导的建筑工人，及其所运用的技术语言和日常生活语言……这些都不见了，只剩下一个已经完成的、不断重复的目的。所以，这是一个目的空间策略。

对于这个策略而言，楼梯是必备的机械结构，因其承担着空间转换功能。这是一种有限度的转换能力，长期以来限制了建筑的高度。但在电力与技术的推动下，这个结构出现了一个变种，即电梯。这是一个上下移动的平面，一次次连接着两个具有差异化的固定平面。但这不是一个同时性的过程，即三个平面在同一的时间和空间中变成一个平面，相反，这是一个交替连接的过程。移动平面首先与第一个固定平面连接，承接它的目的，然后将这个目的传递到第二个固定平面。两个平面实现了一种异时性的连接，以间接方式完成物质运输、情感交流，或其他类别的目的。

由于电梯充分实践了立体城市对于平面空间的想象，现代城市建筑高度不断突破，高层居住类或办公类建筑改变了城市的空中景观。电梯与楼梯有不同的工作原理，但都附属于目的空间策略。相比而言，电梯对于这个策略的实践更彻底，因其在立体与平面之间创造了最高效的转换模式，垂直移动也就不再需要超负荷的体力。

在西方现代化早期，伦敦和巴黎是最先进的城市。18世纪，两个城市的人口有六十万左右，各类建筑基本上是两层或三层，最高不过五层。但在平面策略时代，城市的空间是有限的，所以立体空间策略承担起了扩展现代文明的功能。19世纪中期，蒸汽机、液压系统、钢

缆等共同促成了电梯的出现。19 世纪后期，电动机为电梯提供了更加
灵活、高效的运行机制，钢制柔性牵引绳无数次环绕、拉伸，电梯厢
上去、下来。立体空间策略由此具备了稳定的技术—机械基础。

　　20 世纪以来，电梯的功能越来越完善，安全性也越来越高，所以
楼房也建得越来越高，城市的天际线始终在变化。在现代化之前的中
国，这是一个让人不可思议的问题。1896 年 8 月底 9 月初，李鸿章
出访美国，其间接受美国记者采访，他谈到了电梯与高层建筑的关系。
对他而言，这是一种奇异的关系，难以理解，但又无法忽视：

　　　　最让我惊讶的是二十层或更高的楼。我在清国和欧洲都未见过。
　　这些楼看起来很坚固，能抗任何狂风吧？但大清国不能建这么高的
　　楼房，因为台风很快会将之吹倒，而且高层建筑没有你们这样好的
　　电梯也很不方便。[1]

　　一百多年后，在现代技术的推动下，中国城市的高度、线条和颜
色已经无限丰富，并进入了审美层次，不断启发着人的想象。居民住
宅楼可达到三十层或五十层，商业楼或办公楼可以达到一百层。如果
城市规划允许，建筑师完全可以增加设计高度，利用水泥、钢筋和玻
璃展示人类对于空间的改造力。这个过程就是城市的立体生长。

　　我进入了一栋崭新的居民楼，将物业统一发放的磁卡放在入户识
别系统前。我的信息被这个系统发射的电磁波所识别，电子门锁自动
打开，"咔哒"，然后配备机械收缩器的门又自动关闭。我经过一个 5

－1《李鸿章接受美国记者采访录》，郑曦原编：《帝国的回忆：〈纽约时报〉晚清观察记》，李
方惠、胡书源、郑曦原译，北京：当代中国出版社，2018 年，第 295 页。

米高的大厅，走向电梯入口，在这个过程中，感应灯自动开启。我站在一个垂直升降电梯门前。在电梯旁边的显示仪上，数字有节奏地变化：16……14……10……7……4……2……1。"叮"，电梯门从中间向两侧开放，两个人从电梯里走出来。我跟着人群进入电梯厢，按动控制区一个标记数字 10 的圆形键，这个数字随即被内置灯光照亮。其他人各自按下自己的楼层，八层、九层、十六层。电梯门自动关闭，电梯井顶端的电机开始转动，它的力量传递到钢缆上，钢缆拉着电梯厢以加速度上升，然后进入匀速状态，每秒上升 3 米。

一个安全保护程序随之开启。电梯厢在导轨中运行的同时，一个对重系统反向运行。其重量等同于电梯厢及其载重总量，电机运行负荷被最大程度地降低。与此同时，限速器启动，一根限速钢缆连接了电梯厢和离心力限速器。限速器将钢缆的直线运动状态转变为圆形运动状态，从中获取离心力，并以此判断电梯厢升降速度是否异常。如果电梯降落过快，例如每秒 5 米或更快，自动抱闸刹停装置就会启动。这是一个断绳保护和超速运行的主动保护系统。

电梯厢在匀速上升。在视觉意义上，这是一个封闭空间，周围是不透明的钢板。尽管顶部的照明系统提供了充足的光线，这仍旧是一个视觉意义的封闭空间。每个人都知道自己身边还有三个人，相互视而不见。但在空气流通的意义上，这是一个局部开放的空间。厢顶的换气系统在稳定地工作，凉风不断进入，挤走旧空气。在信息传输的意义上，这也不是封闭的空间。电梯控制区有一个对讲按钮，按动后就可以连接这栋楼的管理系统，例如电梯出现事故，乘客无法离开时，属于这个系统的高光时刻就会出现。除此之外，小区物业又在电梯厢的控制区安装了备用电话，预防对讲系统的功能故障。

　　到达第三层时，电梯厢减速、停止。"叮"，电梯门开启，两个物业工作人员依次进入。他们按动了数字 7，然后又按关门键。电梯厢加速启动，又匀速上升，在七层、八层、九层停止。我安静地等待着，想象着自己的身体在一个电力技术体系中垂直上升。由于经常乘坐电梯，我已经习惯了加速上升时身体的超重状态，以及同时出现的眩晕感。电梯厢在十层停止时，我也习惯了短暂出现的身体失重状态。电梯门缓慢打开，我离开电梯厢，电梯门自动关闭，然后再次上升。

　　这是一栋楼的第十层。电梯逆转了年龄与居住高度的关系，年龄大的人也可以住在二十层或三十层的房子里。由于身体功能的衰减，体重会成为老年人的负担。在一个没有电梯的老式住宅楼里，一个七十岁的老人住在五楼，白胡子，眼神和悦，每天下楼散步。他在平地上健步如飞，每当上楼梯时，却要多次停留，喘着粗气，等待体力的恢复。我从他身边经过，他微笑看着我说："岁月不饶人哪，年轻真好。"我与他在楼梯里接触了一年，他就搬到了一个配备电梯的房子。电力垂直移动技术弥补了老年人的体力衰减，同时也增加了他们在现代城市中的活动范围。

　　电梯改变了现代人对于高度的认知，因其将高度问题转变成了平面问题。在日常生活意义上，三十层楼几乎是人类体力的禁区。但电梯出现后，住在三十层的人与住在十层或二十层的人几乎没有区别。他的身体从建筑平面进入技术平面，然后又进入另一个建筑平面。在电梯运行时，他的身体不断上升，最后在 90 米的空中停止，但他可能会有总是处在平面状态的错觉。

　　平面与立体之间的转换策略为现代城市提供了无限的空间可能。十年前，这个城市的南部区域还是一片农田。政府确定了高层建筑策略之后，地产商以竞标的方式参与土地开发，建造的几乎都是二十层以上的住宅。每个小区都是一个地下互联的钢筋混凝土综合体，部分空间被设计成收费停车场。汽车经过地下通道进入地下一层，在专属车位停车，住在这里的人经由垂直升降电梯制造的平面与立体转换方式回到自己的家。在这个过程中，高度是一个可以忽略的问题。

同样，在现代城市商业综合体里，以 30 度或 35 度倾斜角安装的自动扶梯也有将立体空间转变为平面空间的力量。尽管第一层的空间，相比于第五层的空间更有商业价值，但在二层、三层和四层连续性的商业诱惑中，五层空间也变成了一个具有部分必然性的目的地，因为最高的六层空间是餐饮区和电影院。这是与人直接相关的味觉诱惑和视觉需要，并就此成为二到五层空间的触发机制。

我的脚踏上了斜式电动扶梯。根据预设程序，如果一分钟内无人乘坐，这个扶梯就会处于缓速运行的节电模式，每秒上升 0.1 米。当自动感应系统确定有人乘坐后，扶梯踏板加速到正常状态，每秒上升 0.5 米。扶梯顶部装备了 100 马力的静音电机，稳定地驱动着传动齿轮，带动一条无限循环的链条。我的手握着与踏板同步运行的黑色橡胶扶手，身体缓慢上升。

斜式电动扶梯创造了一个完全开放的视觉机制。人的眼睛面向开阔的巨大空间，空间顶部覆盖着钢化透明玻璃。将要达到第二层时，扶梯踏板开始平面运行，一个与踏板完全连接的钢板承接了脚底的力量，即使没有跨步离开踏板，也不会出现身体不稳的状况。我站在这个商业综合体的第二层，旁边是导购指南：钟表、首饰、快餐、饰品、高档男装。环绕半圈，我又站在通往第三层的电动扶梯踏板上。

由于六组自动扶梯的介入，这个六层的立体商业空间变成一个连续性的平面。在网络购物时代，这类商业景观的营业状况愈发艰难，但自动扶梯所具有的空间改造能力是无法否认的。这是一种创造新空间的技术实践。覆盖、拉伸或折叠并不能增加新空间，而现代技术采取了一种连接的方式，从而实现了空间的延伸。所以，现代城市的立体空间策略是一个技术性的后果。由于技术不断更新，这个后果始终处在可预期的变化中，未来的城市空间也就是一个可以想象的问题。

（二）快速路

2020 年春，下午四点，我在电脑屏幕上填写了课程纲要表，说明主要知识点、讲授方法、思考问题和参考书目。在现代分工制度中，这种表格经常出现，而且会反复出现，以可预期的方式或不可预期的方式。填写结束后，我将鼠标指针挪到汉字输入法的显示框，点击右键查看打字统计，"今日共输入 4298 个字"，下面出现了一个人机交互用语，"字数很惊人，看上去好厉害的样子"。我又查看了累计打字量，1330232，"超越全国 99% 的朋友，一不小心就凑够了一部《战争与和平》"。

在我为机智的程序而喜悦的时刻，手机闹铃开启。我划开手机屏幕，上面出现了一个提示：下午六点去机场接人。一星期前，我设定了这个闹铃提示，因为一个朋友乘坐飞机来这里讲学。我迅速保存电子文档资料，关掉电脑，离开办公室，走到汽车旁边，按照预设程序发动汽车。在这个时刻，为了避免即将开始的车辆晚高峰，我只能选择快速路系统。这条路要比普通路线多 15 公里，但可以避开红绿灯系统，行驶时间可控。

出发地点离快速路入口两公里远。前 1 公里交通顺畅，后 1 公里我被堵在了路上。汽车在一挡和二挡之间变换，我的左脚放在离合器上，右脚放在油门和刹车踏板上，踩下、抬起、踩下、抬起……两辆公交车在换乘点等待乘客下车，道路更加拥挤。右前方一辆汽车打开左转向灯，做出变道提示，我停车让行。快速路入口只有 50 米远，但前方的红绿灯处积累了大量汽车，我只能安静地等待着。为避免汽车尾气进入驾驶室，我将室外空气交换模式转变为内循环模式。大约三分钟后，车流开始缓慢向前。离快速路入口 10 米远时，我打开左转向灯，快速路最右边车道的汽车减速让行，我看准时机加速进入，二挡—三挡—四挡—五挡，离合器和油门密切配合，车速很快提高到每小时 80 公里。一个确定的驾驶过程开始了，个体心理中的时间瘀滞感立刻消失。汽车行驶在红绿灯制度之上，我感觉到日常性的时间在平缓流动。

在现代城市中，快速路是实践过程空间策略的方式。在交通密集的街道上方修建红绿灯管辖之外的空中通行系统，逃避红绿灯节奏所制造的断裂，维持汽车驾驶的连续性。在思想意义上，缓解压迫是一个具有政治内涵的行为。无论哪个领域，例如宏观意义的生产、交换、分配、消费，或微观意义的行走、观看、饮食、睡眠等，只要其中存在压迫的因素，那么就会激发变革、逃避或反抗的愿望。而在城市通行中，立体空间策略缓解了平面空间策略所导致的空间断裂和时间凝固，所以也就具备了政治性的内涵。所以，这是一种关于通行的政治学。

在现代化进程中，这个城市在立体空间和平面空间领域都有不断扩展的愿望。对于平面空间的利用是一种古老的策略，简单易行。然而，越来越多的人进入城市，改变了原有的社会身份，也改变了传统时代的生活方式。他们放弃了土地所主导的生活节奏，不断适应机器、电力、分工、科层制度所主导的间接与抽象的生活节奏。

为了接纳这些人口，城市边界不断向外扩展。在现代机械的辅助下，人的活动范围和移动效率基本上能满足平面扩张的要求。在理论意义上，公交车、出租车、私家车等使这些人口处在短时间内可连接的状态。所以，很多人在城市郊区以相对便宜的价格购房，再用剩余的钱买一辆汽车。然而，这种理论意义的连续性经常出现断裂，例如雨雪天气导致的通行效率降低、汽车碰撞事故导致的交通堵塞，或是由于公共事件而出现的道路临时封闭等。

在不可预测的通行状态中，愿望与现实一次次分离。他们最初所构想的完美生活计划经常被打乱。每天早上七点到八点，每天下午五点到六点之间，这个城市的多数街道被汽车占领，交通规则也经常失效。在这个状态中，谁都没有错，但最终的结果却为城市空间意识赋予了很多负面内涵。

每当这个时刻，大量交通警察出现在这个城市的十字路口，负责疏解拥堵，弥补汽车数量激增所导致的通行规则失效。他们身穿绿色的荧光服，戴着防尘口罩。即使他们安静地站在道路中间，没有任何动作，但仍旧具有制度的功能。他们的身体已经成为制度的象征。但在没有过错方的时刻，这种高频率出现的制度象征仍旧无法解决拥堵问题。

所以，纯粹的平面空间策略并不是现代城市文明扩张的理想方式。平面空间策略几乎被用尽了，即使更换高效快捷的公交车、在道路上划分公交专用路线、利用公共电台播报交通状态、在拥堵路段大量安置协调人员等，这些方法仍旧难以化解平面距离所导致的时间损耗和秩序错乱。

　　为了改善这种状况，过程空间策略应运而生，例如城市上空的快速路，也就是在主要街道上方搭建另一层路面，取消红绿灯，用出口和入口的形式与地面街道相连。这是一种被迫的、高成本的空间生产。改造期间，整条道路封闭，进而变成机械施工现场。挖掘机、砼罐车、砼泵车、吊车、电焊机、钢筋弯曲机、钢筋切断机、钢筋调直机、振捣泵、沥青加热拌和机、钢轮压路机密集地出现在这里，在各类工作的要求下旋转、提升、打孔、灌注……各类工人轮班工作，以最快的速度推动空间生产的进程。直径一米或两米的钢筋混凝土墩撑起预制钢筋混凝土桥梁，形成空中通行空间，最后再覆盖上沥青混凝土。

　　这个弥补性的立体结构冲击了平面空间景观。在平面空间策略中，红绿灯制造了拥堵，但也降低了车速，所以汽车噪音处于可控、可忍耐的状态。路边建筑在设计和选择时已充分考虑到路面噪音状况，一种接纳噪音的集体心理随之形成。但新出现的空中道路打破了这种心理的平衡。轮胎在沥青路上日夜不停地滚动，还有飞扬的灰尘，临街的窗户被迫关闭。政府信访系统很快接到大量关于噪音、粉尘的投诉。一个公共空间修补程序随之启动，也就是用隔音墙封闭居住区域内的快速路系统。

　　所以，快速路建筑成本很高，不但耗费大量水泥、钢筋、沥青、电力、柴油和汽油，还要整体封闭道路长达六个月，甚至更长时间。然而，当平面空间的延伸在时间、速度与效率等方面无法维持日常生活的连续性时，立体空间策略就是一种合理的方式。

　　这个城市已经构建了一个快速路环线，跨域核心区的主要街道。我驾驶汽车驶入这个立体空间，时速60公里，作为众多匀速行驶汽

车中的一辆。前方有一辆厢式垃圾清扫车，时速 10 公里，占据左侧
车道，快速路的三车道被压缩为两车道。在这个异常路段，正常通行
速度减缓至每小时 20 公里。经过这个地带后，车速迅速增加到每小时
80 公里，然后进入快速路南向西变换机制：驶离出口，沿着一条圆弧
形空中道路转弯，进入西向快速路。前方是一个地下路段，车速降至
每小时 40 公里，地面虚线行车道变为实线行车道。地道里有密集的照
明系统和通风系统。两公里后汽车驶出地下空间，迎面的太阳照射在
眼睛上，金灿灿一片。之后，快速路又切换到空中模式，在居住密集
区的路段，进入一段隔音墙空间。

这是一种浏览城市景观的空中驾驶模式。我从窗外望向远处，建
筑物形成的天际线不断变化，玻璃幕墙建筑依次而过。汽车时速 80 公
里，发动机稳定地输出动力，经变速箱传递到车轮。橡胶轮胎在沥青
路上高速滚动，一次次经过梳齿板伸缩缝装置，"咕咚……咕咚……"。
在没有中断的速度中，现代城市的力量瞬间恢复。

在十字路口，快速路完美地展示了这个立体空间策略。南北或东
西直行的车辆畅通无阻。在路边交通标志的提示下，左转车辆经过一
个从主路分出来的双车道匝道，在半空中绕过 90 度的圆弧，越过下方
直行主路，然后汇入左转主路。右转车辆直接向右，经过空中匝道直
接进入主路。

这是一个水泥和钢筋制造的自由通行模式。每个转向都是独立的，
一辆汽车经过左转匝道转入一条垂直方向的主路，不会影响其他车辆，
也不会被其他车辆影响。在这个过程中，行人不会出现，红绿灯也消
失了。我在这个快速路环线上行驶一圈，耗时四十分钟，自始至终都
沉浸在这种保护连续性的立体空间策略中。路边的交通指示牌不间断

地阐释着下一出口的距离，"500 米……200 米……100 米……"，我可以在这个出口离开，也可以从任何一个入口驶入。这是一种空间意义的自由。在无限拥堵的地面背景的映照下，这种自由就像触手可及的幻觉。

我再次驾驶汽车进入这个环形路线，这一次我选择了地面通行方式。由于快速路的出现，地面红绿灯的时间策略随之调整：在十字路口处，与快速路同向街道的红灯时间加长，绿灯时间缩短。车流密集，刹车灯不间断地亮起，在汽车尾气中闪烁。通行的连续性被打碎，汽车变速箱从快速路上的四挡或五挡转变成一挡、二挡、三挡，刹车和离合器频繁使用，油耗从每一百公里5升提高到7升。在由北向东转向的路口，一辆自行车进入行车道，制造了一个意外。一辆汽车从西向东高速驶过，我急忙刹车减速。那辆汽车在急速离开的瞬间鸣笛，以声音机制表达路权受干扰后的不满，但也可能是在感谢我的刹车行为。前方是一个红绿灯密集区，我停车等待，1公里之外还会出现一个。

这是一个地面通行模式。行人、自行车、电动车不规律地进入机动车道，驾驶者的注意力消耗要远远高于快速路状态，驾驶心理也会出现波动。我压制着这种心理，使之不会失控。在一个没有红绿灯的人行横道上，三个人在等待时机过路。我减速刹车，挥动手臂，示意他们安全通过，然后再次加速，时速40公里，但很快又被红绿灯打断。同样的路线，地面通行模式耗时两小时十分钟。在这个过程中，立体驾驶感觉被平面驾驶感觉所取代，疲惫、烦躁、不可预期，但又不得不接受，因为相比于政治领域，道路是一个更加平等的空间。

在理论意义上，快速路有避免堵车的功能，但在实践意义上并不能完全避免，尤其是在家庭用车数量不断增加的时代。在工作日，每天上午七点半到八点半，下午四点半到五点半，这个城市的快速路也会出现拥堵，与地面通行模式一样不可预测。

我被堵在快速路上，而拥堵的源头是交通事故。一旦有车辆碰撞，快速路上极易出现车辆滞留。但更多的拥堵来自某一辆车的低速行驶，它在缓慢移动，三车道被压缩为两车道。低速行驶并非是违法行为，在整体通行状态下，却是通行伦理的问题。法律无法干预未引起实际后果的负面道德类型，所以这种行为引起的交通拥堵也就无法避免。

相比于红绿灯所导致的地面空间拥堵，快速路仍旧让人有一种乐观的期待。在拥堵的时刻，由于没有红绿灯所制造的空间区分状态，车速会很慢，但不会完全停止，至少不会长时间停止。这是对于驾驶连续性的拥护，而连续性是汽车驾驶的意识形态，因其符合车轮和发动机的本性。

快速路是一个汽车驾驶所主导的空间。这个空间里出现的一切，包括视觉状态、路面状态、交通符号状态等都要服从于汽车驾驶。一旦行人进入快速路系统，将会面临难以摆脱的困境。在这个城市的东部快速路上，一个人本想跨越护栏，直接穿越快速路，结果被困在双向车道中间的隔离带上。实际上，附近 200 米处有一个空中走廊，他本来可以从那里过去，却梦想着在快速路上猎取投机性的时间收益。他的左侧是高速行驶的汽车，一辆接着一辆，右侧同样如此。没有汽车停下来为他让路。因为停止不是博爱，而是对于不合法行为的不合法处理方式。他只能站在隔离带上，等待一个偶然的机会。

一只流浪狗闯入了快速路系统，而且进入了一个装配隔音板的半封闭空间。这里只有机动车道，没有人行道、自行车道，也没有盲人专用道。我驾驶汽车以每小时 70 公里行驶，从远处看到它被高速行驶的汽车逼迫到路边。它一定有丰富的流浪经验，因为面对高速行驶的汽车，它没有任何慌乱。我希望帮助它离开快速路，其他驾驶者也有这样的愿望，因为很多车辆都轻微左转，为它留下一个安全空间。

在高速行驶中，挂念是一种仅存的美德。我改变了行驶路线，从下一个出口离开，然后从地面路线折回，再次进入快速路。我想知道它能否安全离开这个机械化的空间，然后重新获得生存的机会。爱莫能助，所以只能实践一种视觉意义的同情。我没有发现它，路边没有，行车道上也没有，它已经安全地离开。

在现代城市的快速路上，流浪的猫与狗，还有来不及躲闪的麻雀、喜鹊经常被汽车撞死，它们的遗体又被车轮一次次碾过。这只流浪狗逃脱了这个结局。尽管在人类中心主义主导的城市文明中，它可能最终难以逃脱渴死、饿死、冻死，或在其他地方被轮胎压过的命运，但在这个时刻，它至少推迟了最终命运的降临。而延缓就意味着希望，只有在当下活下来，才有可能长期活下去，也才有可能在流浪中偶遇那种超越人类中心主义的善意。

对于那些殒命于快速路上的动物，如果它们有灵魂，在身体受到严重撞击之后，它们的灵魂会离开身体，在这个无名空间里飞升、消散。然而如果它们没有灵魂，这就是一个从有生命到无生命，从自由移动到绝对静止的变化。这种变化处在人类法律之外，也处在人类道德之外，作为一种没有意义的死亡现象。

各种标号的水泥、隐藏在水泥中的钢筋、被切割成各种形状的石头，还有按照固定尺寸出现的玻璃共同构建了现代城市的物质轮廓。这是一个纯粹的、人类化的空间，对于动物具有明显的排斥性。这种

城市中的快速路

排斥性不仅仅是一个虚拟的道德问题，也是对于人类之外的生命形式的拒绝。

在空间改造的意义上，现代城市是人类文明的巅峰，各类物质相互连接，充分展示了人性，也满足了人性。一个人在这个空间里获得自己的所需，既不需要空间意义的长途奔波，也不需要时间意义的漫长等待。但对于动物和植物而言，这种空间是无法选择的困境，它们要完全服从人类的目的。猫和狗还能在这种困境中流浪，尽管流浪的结局是死亡，但至少还有在快速路上流浪的自由。猪和牛甚至都无法享受这种短暂的自由，它们以分割的形式出现在商店里，除了运输之外，几乎不会以完整的状态出现在现代城市的快速路上。

（三）地铁

在人类历史上，语言与存在之间有时会出现复式叠加或循环交错的现象。一个存在类型在出现之前会有语言意义的准备，有人会用语言描述这种尚未出现的存在。这个存在类型出现之后，又会有语言意义的总结。而这种存在并不总是语言的对象，它可能会创造一个新的语言类型。由于语言具有覆盖性的信息传递能力，这个语言类型最终会掌握优先权，决定或定义存在的状态，让它变得抽象、高贵或低贱。

但现实中也有很多例外，例如地铁与语言的关系过于简单。在地铁修建之前，一个庞大的技术语言类型已经出现，在一百多年的时间里，各类技术书籍越来越多。但地铁建成后，文字制度基本上没有将之看作是一种有价值的思考对象，新的语言类型也没有出现。语言与存在的复式叠加或循环交错现象消失了，或者从始至终就没有启动。这是文字制度的失职，现代思想家刻意忽视了物质的存在状态。有人可能会用现代分工制度为之辩解，也就是说现代思想家关注的是深刻与抽象，没有必要去了解具体的地铁技术。但这仍旧无法证明现代思想家就是对的，因其无法应对语言与存在之间的分裂。

在现代日常生活中，地铁阐释了一种可计算的时间性。在家庭汽车普及之前，公交车曾经阐释着这种时间性，作为现代城市文明的忠实拥护者。然而，不可预期的平面交通拥堵逐渐打乱了公交车的时间性，尤其是在交通高峰时段。拥堵越来越频繁，时间越来越不可预期，现代城市文明关于连续性的希望只能寄托在地铁上。

每天城市交通流量庞大的时刻，平面交通状况几乎陷入停滞，公交车丧失了通行时间的可计算状态，出租车也无法自由移动。而这正是地铁阐释自身力量的时刻。斜挂式电梯和垂直升降电梯安静、有序、高效地输送着人类的身体；在识别人的出行目的之后，无人售票系统以极快的速度完成收费和出票程序；安全人员确保每个人在物理或化学意义上对于公共秩序的无害性；地铁里的声音系统不断重复着往来地铁的次序，车厢开门、人群进出，然后关门，驶向下一站……

这是一个由现代机械节奏所主导的满足各种目的的通行方式。这个过程不会制造出惊奇，甚至在长途乘坐时会出现让人感到难以缓解的无聊。然而，这是一种准确的可计算状态所导致的个体稳定心理的变种，也是一种惊奇感的末端状态。在乘坐地铁时，现代人实际上被一种无与伦比的惊奇笼罩，因为地铁本身就是一种惊奇。

在地下二十米或更深处挖掘一条通道。圆筒形混凝土结构确保这个空间的稳定性，防水材料确保这个空间的干燥性，空气交换和温度控制设备确保人的生命的持续性，电力设备确保这个空间的可视性，线条和色彩确保这个空间的艺术性，并驱逐这个空间本来的黑暗与阴郁。在此基础上，地上铁路理念被引入地下，包括铁轨、车厢、电力驱动系统，塑造一种缩微型的铁路，车厢在多个短距离片段上往复移动。对于机械功能而言，这是一个损耗性极大的移动状态。驱动电机刚刚全速运行，刹车系统已经介入。然而，这又是一种塑造城市文明连续性的必要消耗。

2011年9月，在人民大街的地下，地铁开工建设。一个长9米、直径6.14米、重500吨的盾构机挖掘了一个圆形地下通道。各类支持性的物质（水泥、钢筋、防水层）将这个通道变成一个坚固的结构，然后安装照明、审美、指示和计算系统，最后安放地铁车厢。在这个城市的地下空间里，这些现象都是第一次上演，在地面空间几乎不可见。视觉意义的不可见会导致文字制度的远离。

2017年6月，地铁线正式开通。这不仅是应对平面交通拥堵的方式，同样也是在创造一种可计算的时间，维护城市文明的吸引力。现代城市的地面交通每天都处在拥堵与通畅的节奏中，但地铁的时间性丝毫不受影响。

我站在地铁的入口处，旁边的墙上贴着一个临时性的出行提示："由于设备维护，一个站台的进出功能失效。"另一侧也贴着一张临时性的提示："疫情防控期间，乘坐轨道交通时，请您主动出示健康码；不能提供的乘客，请您出示本人身份证或身份证照片进行实名登记。无法提供上述资料的乘客，不能进站乘车。"地铁入口的玻璃门上有一个长时间有效的提示："本站为安检车站，为了您的安全，请配合检查。"

通过玻璃门后，我进入了地铁系统的地上空间。一个不锈钢标识牌挂在一个角落，包括工程名称、建设单位、勘察单位、设计单位、监理单位、施工单位、开工和竣工日期，以及各项工程责任人的姓名。这些人在不同的时刻，以不同的身份进入地铁施工进程，也在长时段的意义上进入现代城市文明的记忆系统。这个空间的对面角落有一个公共安全提示："严禁携带易燃易爆等危险品进

地铁内的重复策略宣传图

站。"旁边是疫情防控提示，以重复的方式、变化的字体、错乱的结构传递一个简单却重要的信息，即佩戴口罩。

这个地上空间的玻璃窗上有一幅艺术性的宣传画："礼让斑马线，排队不加塞，说话有礼貌。"这些幼儿园的行为规范进入了日常通行空间，以公共视觉机制塑造成年人的身体、语言与行为习惯。这个现象隐含了年龄与行为之间的错位，以及个体行为与公共道德之间的错位。双重错位导致了这个类型的语言需要以跨空间、跨时间的状态出现。所以，这是一个出现在商业空间里的公共道德景观。在个体行为的现代化进程中，地铁也在承担着公共教化的功能。

一排步行楼梯以及两部对向运行的斜挂式电梯出现在这个地上空间，将人的身体导向地下通行模式或地面通行模式。高功率的电机在稳定地转动，带动踩踏板和扶手带同步运行。一个红底白字的提示出现在电梯入口处："请握扶手，注意安全。"提示下方有一个紧急状态干预按钮："急停。"

这是一个斜向机械通道，一侧空间被一个远郊的房地产广告占用：

"低密高端墅区，现房热销，叠拼洋房 12000 元 /m² 起售，欢迎品鉴。"斜向通道底部的墙上贴着灭火器图示使用说明："一只手拿出灭火器，另一只手打开安全开关，控制喷射方向。"旁边是 119 火警电话。另一侧墙上镶嵌了一块灰色金属板：《乘客乘梯须知》。[1] 文字下面有四个配备英文说明的图示：

靠右站立（Stand on right）

照顾儿童（Mind Children）

小心夹脚（Mind your Foot）

勿运货物（Not for Cargo）

进入地下空间后，大理石地面上不间断地出现通行提示："欢迎乘车"，一个黄色的箭头为之赋予了方向性。在这个符号的引导下，我到达了购票区。一个 1.8 米高、1.2 米宽的无人售货机立在旁边，有偿提供各种饮料（纯净水、果汁、凉茶、牛奶）。每个种类旁边标识了价格，3 元或 5 元。根据售货机上的文字提示，我可以用手机支付，也可以用纸币或钢币。售货机下方是取货口，上面有简易图示，以及文字说明："请抬起挡板，取走商品。"

无人售货机旁边是一个同等尺寸的自动口罩售卖机："医用外科口

- 1 1 乘梯时，请您面向扶梯运行方向右侧顺序站立，左侧通行，并扶好扶手带。
  2 儿童乘梯时需有成年人带领。
  3 老弱病残及行动不便者乘梯时需有人陪同。
  4 乘梯时禁止拥挤打闹及反方向乘梯。
  5 扶梯故障时，禁止作为步梯使用。
  6 禁止使用折叠车等工具拖拉物品乘梯。
  7 禁止站立在扶梯边缘处，禁止触摸扶梯间隙处。
  8 请您注意乘梯安全，自觉遵守乘梯须知。

罩8.8元10个，KN95口罩8.8元5个，满15元立减1.5元，满25元立减3元，满35元立减5元。"三类口罩放在一个螺旋器中，当购买者付款后，螺旋器会开启旋转模式，将口罩推向前，落入下方的取货口。两部机器中间的空隙处挂着一张红底白字的标语："严打黑恶犯罪，弘扬社会正气。"上方有一个电子屏幕，持续通报地铁运行情况，包括首班车时间、末班车时间、正在到达的地铁。这块电子屏幕上的最大空间属于疫情防控宣传："戴口罩、勤洗手……齐心协力抗击新冠。"

地下空间的换气系统在高效地运行，凉爽的空气从顶棚出风口喷出来。我站在一个自动售票机前面，屏幕上显示优惠购票信息："绑定62开头的银联卡扫码乘车，每日可享受一次5折（2元封顶）优惠。"屏幕下方是传统购票流程：选择车站—选择购票数量—投入硬币或纸币—收取车票和零钱。我用手指轻触屏幕，选择手机支付。屏幕信息转换为乘车区间选择，之后出现了一个即时性的付款码，以及线路图和费用告知。我用手机付款程序扫描二维码，支付完成后，出票口弹出一张淡蓝色的票。

在安全检查区，我启动手机，显示安全通行码。工作人员用手机扫描，确认没有异常行程。经过电子安检门时，我的身体状态变成了一张毫米波全息图。如果电子程序发现金属、陶瓷、液体、毒品、爆炸物等违禁品，自动报警系统就会启动。这已经是这个时代的常识，没有人会去关心身体透视的合理性或合法性。安检门旁边有一个X光射线行李检测机。随行箱子或包裹在滚动的传送带上，经过一个通道，X光照射，电子屏幕上显示三种颜色：有机物为橙色，无机物为蓝色，混合物为绿色。在这个机制运行的同时，安全员拿着便携式金属探测器，不间断地确认这些流动身体的状态。

通过四类身份安全识别后，我将车票放在通行闸的刷卡区。"嘀"，闸门向两侧开启。我可以迅速通过，但即使站在通行闸里不走，它也不会强行关闭。这是一种技术化的人文主义，不管人的行为是否正确，它都会为之服务。正前方是一个步行楼梯和斜挂式扶梯，通向了最深层的地铁乘车区。即将到站的地铁车轮在铁轨上开启了减速模式，金属质地的呼啸音从昏暗的地下通道传来，"吱嘤嘤……"。与此同时，候车区的音箱开始播报列车即将到站的注意事项：

> 乘客您好，开往北环城路方向的列车即将到站。为了您和他人的安全，请您站在安全线以外，按地面标识候车；待列车进站停稳后，先下后上，不要拥挤，留意列车与站台之间的缝隙；当车门开启、关闭时，请不要强行上下车，以免发生危险；车辆启动后，不得拉门、扒门；严禁将物品塞入门缝中，以防受伤。对于您的支持深表感谢。

要上车的人站在规划线所设定的安全区域，包括左侧候车区和右侧候车区，而中间的下客区空置。在视力所及之处有专门提示："此处客流拥挤，请前往两端移步候车"。地铁车厢停稳，"嘀……嘀……嘀……"，外侧玻璃门开启，车厢金属门随之开启。到达目的地的人走出来，奔向目的地的人走进去。"嘀……嘀……嘀……"，双重车门依次关闭。车门内侧上方贴着提示语："警示灯闪烁，请勿抢下。"中间的门框贴着四个告知：请勿倚靠、禁止吸烟、小心站台间隙、当心夹手。车门最下方有一张大型商场店庆广告，"157辆汽车大抽奖"。在这个时刻，车厢的视觉空间基本上被这个店庆广告占领，深红的底色，黑色字体，"电器一件 8 折，两件 5 折，服装 1.5 折起"。

地铁再次启动，车轮在钢轨上滚动，由慢变快，车厢内部的声音系统开启了提醒模式。这是一个电子化的声音，而不是现场播报：

> 本次列车开往北环城路方向，前方到站解放大路，The next stop is Jiefang Roadway，该站可换乘 2 号线，请注意首末班车的换车时间……（一个英语提示被列车加速的声音掩盖，之后是广告）买好钻石，就到………送给幸福的你……矫正近视，找……（之后是防疫提示）请您佩戴口罩……解放大路到了，下车请注意安全，本站可换乘 2 号线，请注意换乘列车的首末班车时间。

地铁车厢减速，要下车的人在门前聚集，等待开门的声音。从上一站到这一站，直线距离 2 公里，通行时间 2 分钟。对于日常通行而言，在地铁上乘坐一个区间的目的并不合理。因为进入地铁乘车区之前，要经过一系列通道，这个过程比乘坐地铁用时更长。所以，多于两个区间的移动目的更有合理性。地铁车厢的内部结构充分考虑了这个目的，两侧有固定座椅，而没有座椅的地方设置了辅助站立的塑料扶手，确保在地铁加速、减速或转变方向时，人的身体是可控的。

这是一个不间断移动与静止的地下通行机制。每个景观、每种设备都是为了保护乘坐的人。车厢移动速度要符合他们的时间预测；空间规划要符合人体结构，没有过高的台阶、没有阻挡视线的多余景观；视觉、听觉受到最好的保护，尽管广告以专断的方式出现，但在整体意义上是可以忍受的。

这还是一个电子技术化的空间。我从车头走到车尾，经过一个又一个人，他们的眼睛几乎都看着手机屏幕，以娱乐为主要目的，实际上是消耗通行中的时间。在现代日常生活中，手机就像是一个奇异的力量，能代替爱情，驱赶无聊，或短暂地满足饥饿感。在地铁车厢的沉默中，手机承担着消解孤独与落寞的功能。那些手指在 5.8 英寸、6.3 英寸，或其他大小的屏幕上滑动着，那些眼睛注视着飞快变化的图像和文字。他们的心理有时会被这些转瞬而逝的东西包围，然后处在应激与反应状态。在这个时刻，一个人可能不再孤单，也不再落寞，但不是因为温暖与深刻取代了孤单与落寞，而是因为他不再有孤独与落寞的时间。那些耳朵在高效地捕捉公共声音里的信息，但即使一个人错过了站台，他也可以在下一站换乘相反方向的地铁。

在地铁安检区域、在换乘区域、在出入口，人来人往，腿和脚支撑着身体，在大理石地面上快速移动。每个人都是沉默的、专注的，表情和语言能力处于悬置状态。他们可能是商人、官员、学生，或是处于待业状态、经济身份不确定的人。但在这个身体移动机制中，他们都处于平等的状态，在等待着移动，或在移动的过程中想象着关于当下或未来的无限可能。

地铁是现代文明的奇迹。这个奇迹又创造了一系列附属性的奇迹，例如每个移动的身体都是一个奇迹。一个人只要花费 2 元、3 元或 5 元，他就能在空气充足、温度合适的状态中，用十分钟完成 10 公里或 15 公里的地下空间穿越，生命安全、时间可控。所以，无数的身体在地铁中穿行，也就是现代城市文明所创造的奇迹。

但在日常生活中，这种奇迹的数量太多了，而且出现的次数过于频繁，不再有让人惊奇的力量。实质性的奇迹不一定能制造出表象意义的奇迹，所以我们不能根据表象去否定奇迹本身。日常意义的感觉

地铁车厢

疲劳可能会忽视地铁的内涵，却无法让这种内涵消失，因为奇迹本身是一种无与伦比的深奥，它可能会让人惊奇，但没有让人惊奇的职责。

在人与城市的关系上，这个奇迹的力量不断地显现。无论平面交通多么拥堵，或天气状况多么恶劣，例如暴风雪瓦解了道路的摩擦力，轮胎转动与车身方向几乎失去了控制。拥堵变成滞留，现代城市文明随之陷入临时性的悬停。然而，地铁丝毫不受这种状态的影响。在平面交通瘫痪的时刻，它作为一个奇迹出现，在部分意义上维持着城市文明的时间秩序。

另一方面，地铁创造了连续、可预测的身体移动性。这种移动性出其不意地证实了城市空间结构的合理性，甚至能将不合理的规划扭转成合理的规划。客观而言，现代城市的空间结构有很多不合理状态，主要是家庭、学校或工作空间的分离。家庭离学校 10 公里，离工作地 10 公里，在地面交通拥堵的时刻，这段距离是令人难以忍受的，城市生活让人紧张、焦虑。但地铁所创造的时间秩序缓解了这些不合理状态对于现代城市声誉的损害。

五、城市文明生长

现代城市文明是人类中心主义的顶峰，充足的物质、无限的选择、可预期的个人前途……但长时间生活在其中，人的心理会受到一种隐秘的塑造，然后变成工具人或技术理性人，而不是心理状态平衡的自然人。技术理性人具有特定的生活空间，以及特定的行为、思维与语言模式。几乎所有的人都想保持生命的本色，不想变成技术理性人。对于一些人，这个愿望是很难实现的。但对于另一些人，实现这个愿望又极为容易，也就是在技术理性的蔓延中，他们只要在一个方面保持独立判断，例如在空间意义或时间意义上，就有可能化解技术理性对于个体心理的彻底改变。

与几乎所有的独立者一样，我也想突破现代技术理性的塑造力，然后身处城市文明的边缘，用局外人的眼睛观察它。这个"边缘"是一个具体的空间概念，同时也是一个反思性的抽象概念。我进入汽车驾驶室，启动发动机，系好安全带，踩下离合器，挂入一挡，轻踩油门，发动机转速每分钟 1000 转，油门与离合器相互配合，车速不断增加。相比于严寒季节，车轮转向变轻，在驾驶室里几乎听不到发动机的声音。

这辆汽车一路向南，我在寻找这个城市的边界。轮胎在沥青道路上滚动，经过一个又一个红绿灯，刹车、提速、匀速。在一条双向八车道的大街上，车辆开始拥堵，走走停停，时速不超过十公里。对向车道同样处在拥堵状态，一辆又一辆停驶的车依次进入行车记录仪的视野，缓慢而清晰：

吉利帝豪～丰田汉兰达～奔驰 GLK250 ～一汽奔腾 B70 ～大众高尔夫 7 ～宝马 X3 ～丰田威驰～现代索纳塔～大众速腾～铃木雨燕～丰田荣放～比亚迪 F3 ～长城哈弗 H6 ～本田杰德～一汽奔腾 X80 ～大众捷达～大众迈腾～奇瑞 QQ ～东风景逸 X3 ～福特福克斯～现代伊兰特～铃木吉姆尼～奥迪 A4L ～别克昂科威～大众宝来～雪铁龙爱丽舍～三菱劲炫～长安 CS75 ～斯巴鲁森林人～大众朗逸～……

汽车进入一条弯曲的滨河沥青路。这条路之所以不是笔直的，是为了尊重河流的空间状态。在长时段的、具有考古学意义的时间性里，这条河变成了现在的形状，弯弯曲曲。河道里的自然植被还没有被现代城市文明改造，但河边景观已被彻底改造：树种统一，高低相似，整齐有序。沥青路与河水之间是一个平整的斜坡，斜坡上种植了景观树和细叶草，与现代城市内部的其他河堤没有任何区别。

同质性而非区别化的景观策略是现代城市采纳的通用模式，看起来整齐干净，错落有致。然而，一个关于城市景观的矛盾随之出现：塑造这种景观需要很高的人力和机械成本，目的是提升城市文明的吸引力，但现代人在其中行走，为什么总是缺少观赏的兴趣？表面上，这是现代城市文明对于荒野的胜利，实际上却是单调与秩序对于自然状态的驱逐。现代城市文明以彻底和全面的方式创造视觉景观，但这种方式对于心理的抚慰力远不如那些自然生长的荒草丛或野树林。

行驶 20 公里后，我来到了这个城市与自然秩序的交界处，一方面是生长，另一方面是消失。滨河沥青路左侧是一片建筑工地，路边堆积着地下排水用的水泥管道，高功率的挖掘机在高效地工作。远处是五排正在建造的高层住宅，已经完成五层。外围是一圈确保施工安全的淡蓝色铁皮围挡，可升降的塔吊在缓缓转动，将建筑材料从地面提升到空中，然后调整力臂长度，降落在需要的地方。一辆装满混凝土的重型工程车从沥青路转入建筑工地，高功率的灰浆输送泵将混凝土从运输罐里抽出来，通过机械加压后，输送到高处的施工空间。一辆运送渣土的翻斗工程车从工地深处缓慢开出来，驶入滨河沥青路。整个景观被内燃机、电动机、机械摩擦的声音统治着，"嗡嗡嗡……当当当……哧哧哧哧……"里面到处都是人，但听不到他们的声音。

在边缘地带的更深处，三十栋钢筋混凝土的塔楼主体结构已经完工，四周仍旧是荒野，所以它们的出现是突兀的。这不是中立的建筑

结构，而是一个有明确倾向性的建筑结构。具体而言，这是现代城市
文明的象征，一种具有充分覆盖力的象征。在一个确定目的的引导下，
现代城市文明动用了充足的物理能力、化学能力、经济能力，以及审
美能力，有秩序地改造着这片土地，本来的自然状态逐渐被现代城市
文明所覆盖。

　　在抽象意义上，这种覆盖甚至不是一个逐渐实现的过程，而是在
一瞬间发生。在这片塔楼结构的第一层完成后，自然秩序对于这片土
地的控制力彻底消失。实际上，根据现代中国在建筑领域中的实践力
量，我们甚至可以将这个覆盖的结果提前到建筑工地周边立起围挡的
时刻。因为在可预期的情况下，这个围挡的背后一定会出现一片整齐
的塔楼建筑，包括规则的线条、优美的颜色，以及符合日常生活方式
的空间设计。

　　在现代社会中，生存权所引发的革命事件几乎消失不见，因为现
代文明提供了很多缓解革命的途径，塔楼就是其中之一。这种建筑所
创造的居住条件实现了空间意义的平等，并在日益拥挤的城市文明中
不断消解着有可能导向革命心理的紧张感。但另一方面，这种高密度
的居住方式实际上也是一种同质性的现象，以及对于个性的压缩。所
以，这是一个驱散了崇高的实用结构，或一个平等重于自由的居住
空间。

　　高密度的空间状态是现代城市文明存在或扩张的前提，因为高密
度能够创造出低成本的视觉连接、声音连接和情感连接，个体生存境
遇有无限多的可能，陌生人之间的交往也充满了无限多的可能。所以，
现代城市文明需要高密度，它也在努力制造着让人难以忍受、却充满
了吸引力的高密度。这是城市文明的力量所在，因为作为高密度的对

立面，稀疏的状态令人向往，但它会降低各种连接的效率。

中午时分，一群工人从建筑空间里走出来，也就是从高密度的制造机制中走出来。他们统一佩戴着黄色的安全帽，但身上的衣服各式各样。这是一个能同时满足人身安全、成本控制与个体衣着习惯的日常妥协策略。牛仔裤、西裤、军绿裤……紧身夹克、破旧的西装、印着广告的工作装……他们沿着沥青大路往前走，经过一排水泥管道、一辆辆高功率的运输车，然后在一个十字路口停下。

这是一个流动的日常生活供应集市。这群建筑工人要在这里获取身体的力量，然后重新回归高密度的制造机制。电动三轮车被改造成烹饪空间，打卤面、卤鸡蛋、肉夹馍、烤面饼、卷火腿、煮玉米……备餐简单、食用便捷。一个年轻工人买了一碗打卤面："加四个鸡蛋……吃不饱啊。"卖面的女人低着头，动作敏捷："给你多来点面，要什么卤子？"他端着一大碗面，坐在街边的石头上，就像其他工人一样狼吞虎咽。他的旁边有一辆改装成临时商店的大型客车。入门处有一块白色的木板，上面印着两个红色的字：商店。这是一个专业的商店，里面摆满了各类工作装、安全帽、手电筒、建筑用手套、低档香烟、打火机、面包、方便面、小包咸菜……一切为了满足建筑工人的需要。

水泥、钢筋、橡胶、玻璃、油漆、防水涂料、塑钢门窗，还有这群突然间出现的建筑工人，是现代城市文明边界扩展的物质和人力先锋。他们走在一条新建的六车道大路上，衣服沾满了泥浆、油污和尘土。这是一群处在短暂休整状态的技术工人，但在这个时刻，他们展示了一种时间性的功能，也就是让未来提前出现，而且是以具体可见的方式出现。他们越忙碌，关于未来的想象也就越有实现的可能。

城市文明边界上的建筑工人

等待入住的新房

　　但在城市文明生长的过程中，这种想象力有时会中断。一群人在房地产广告的诱导下，以预付款的方式购买了高层住宅区里的一个微小空间，两室一厅一卫或三室两厅两卫。两年后，他们拿到了钥匙，成为这个空间的所有者。对于其中的一些人，这仅仅是一种法律意义的所有权。因为在日常生活的意义上，这个空间的物质结构是有缺陷的，例如卫生间漏水、电梯意外滑落、室内甲醛污染……之前，他们对这个空间充满了希望，但在这个时刻却陷入了失望。表面上，这是一种建筑学意义的失望，实质上是对于商业伦理的失望。这种心理状态往往不可预期，所以出现之后会让人避之不及，由此导致关于城市文明想象力的中断，或者说未来以残缺的状态来到当下。

　　在一个新房交付现场，被意外与愤怒情绪控制的购房者们在等待这个未来的出现。这个希望可能会遥遥无期，或彻底消失，但也可能会完整或超乎预期地出现。周围的树枝上挂满了红灯笼，对面的墙上贴着喜庆的入住宣传画："一期住宅盛大交付，科技生活、自然生活、优雅生活。"然而，那个希望落空了，这些象征性的景观变成了深刻的讽刺。房地产商关上了办公处的大门，拒绝协商。购房者们拨打了报警电话，两辆警车很快出现，即刻改变了这个商业空间的状态：

　　——你们的心情我们也都理解，谁都不容易。我们就一起等一等，
　　　　他们正在想办法解决，最后一定让你们满意。
　　——我们都等了一上午了，早上八点来的。
　　——是，这不是小事，我们会依法处理。
　　——你们可不能向着企业……我们老百姓买房子，用的是全部身家，
　　　　对不对，要不我们能在这里等？

——我们领导正在给你们沟通这件事，就是为了帮你们解决这件事。
谁也不袒护谁。开发商违法，我们会依法处理，我们一起等
一等。

这是现代城市文明生长进程中的意外。而在生长的过程中，一个
可预见的现象是消失，即农村日常景观的消失。这片开阔的农田本来
位于城市文明之外，甚至不属于城乡交界地带。三年前，这里到处是
单层砖瓦房，一个 200 平方米的大院子，里面种着茄子、黄瓜、豆
角，还有在菜地里游荡的鸡、鸭、鹅。住在这里的人有自己的土地，
农忙时节耕地、播种、施肥、收获，农闲时节就进城打工。

但在现代城市文明的生长过程中，这个农业空间原有的日常秩序
消失了，首先是耕地的消失，然后是房屋的消失，最后是人口的迁移。
这群农民变成了城市人，但他们还不适应这个突然到来的身份。失去
了土地，失去了过往的生活秩序，他们在现代城市文明与分工制度中
充满了迷惑。至少在一段时间内，他们漂浮着，漂浮在城市文明中，
作为一群不得不融入的局外人。

生长与消失的双重机制创造了一种微弱的乡村怀旧情感。这种情
感会随着他们在城市文明中的生活状态而发生各种转向，既会转向欢
腾的喜悦，也会转向无尽的哀愁。有些人被城市文明归化后，仍旧处
在城市文明的边缘，也处在文字制度的边缘，所以他们的心理变化几
乎不会进入现代思想，更不会成为其中的重要类别。实际上，现代思
想是城市文明的附属，往往会忽视城市文明的边界状况，甚至也会忽
视城市文明内部的底层状况。

在这片土地的种植功能消失之前，一个临时性的征收—拆迁程序

启动。在土地国有的宏观政策下，这几乎是一个单向、高效、改造力巨大的程序。地方政府成立了专门工作小组，确立工作目标后，发布人员招聘公告。[1] 获得应聘后，在正式工作之前，这些临时人员要学习一系列规章制度和道德规范：

> 充分认识征收办工作使命光荣，责任重大；
>
> 正确定位岗位角色，认真履行工作职责；
>
> 努力加强队伍建设，提升自身素质水平；
>
> 切实做到廉洁自律，坚持秉公办事原则。

　　他们来自各行各业，现在要进入城市文明的扩张进程。他们要借用人类固有的生命力量，包括视觉和听觉功能，以及情感和记忆力，应对各种异常状况。这是一群临时性的社会学家，他们知道一个道理，即一个事件可能会因为一句话而进入冲突状态，也可能会因为另一句话而成就一个温暖的结局。

　　在大规模征迁开始前，原有的乡村治理体系召开村民大会。村主任坐在一张覆盖着深红色绒布的桌子前，从宏观意义上说明城市发展

－1 征收工作人员，招聘人数 10 人。
　　工作内容：集体土地及地上附着物征收、房屋征收、入户踏查、鉴别材料及其他辅助性工作。
　　本次招聘的考试形式为面试，根据总成绩由高到低的顺序，按 1：1 的比例确定拟聘用人员。
　　体检、政审合格人员名单，在政府网站公示，公示期为 5 个工作日。
　　此次招聘的征收工作人员为聘用制工作人员，被聘人员与人力资源服务公司签订为期一年的劳动合同，聘用人员试用期 1 个月，试用期间不符合用人单位岗位要求的予以解聘。
　　聘用人员在合同期内，工资待遇基本工资 2050 元／月＋600 元／月项目费＋300 元／月交通补贴，缴纳五险一金。

的重要性，从理性意义上说明个体符合历史趋势的必要性，从道德意义上说明个体在城市现代化进程中的义务，从法律意义上说明拆迁过程中可能会出现的违法问题，以及处理方法，从实利角度奖励那些在规定时间内腾退房屋的人，最后从实事求是的角度分析拆迁过程中出现的独特问题，专人负责，专事专办。

他沉静地坐在一个改变声音状态的话筒前。在这个时刻，他是一个象征性的符号。他的眼睛看着讲稿，上面的文字逻辑清晰，有理有据。公共身份要求他理性、准确。而作为一个有生命的人，内心深处的情感也可能在翻滚，要将他拖入关于个体存在的日常领域。所以，他不时会脱离这个预先设定的语言程序，抚今追昔，声情并茂，在临别之际看着这群朝夕相处的人。然而，这终究是一个目的明确的话语空间，也就是想尽办法主导这群人的行为与思维，使之符合现代城市文明生长的需要。

一年后，这片砖瓦房彻底消失，取而代之的是一个现代化的售楼处，水泥混凝土结构，辅以巨大的玻璃幕墙。在这个展示性的商业空间里，穿着职业装的年轻男女来来往往，熟练地使用商业化的优雅笑容和启示性的话语，为潜在的购房人描绘充满希望的未来。

房地产商在售楼处周围种植了大量的白桦树、松树、桂树。一个漂亮的售楼员站在玻璃幕墙里面，指着这片突兀的人造景观："以后这里就是一个公园，这些树都会被保留下来。"这是一个纯粹商业化的植被景观。如果成活率高，它就是长久的；如果成活率低，它就是暂时的。这个漂亮的女人不久就会离开，她的承诺是清晰的，却不一定能通向未来。

那群本来在平面空间中生活的农民获得了符合预期的安置费，然后进入立体的高层住宅。他们的审美风格没有改变，穿着既往的衣服，从这个现代居住景观的大门出来，从北向南，沿着一条水泥路缓步而行。旁边是他们以前耕种的土地，现在已经变成高层建筑的地基。一辆满载的大功率渣土车从南向北开过来，激起路上的尘土，但他们丝毫不在意，穿越尘土，一路前行。

在人类学意义上，这是一个覆盖机制，是想象对于具体的覆盖，也就是说，不确定的视觉景观覆盖了之前的砖瓦房和耕地，同时也覆盖了一群人的记忆。但对于这种覆盖，一些东西是拒绝的。一张全新的城市文明之网落在这片土地上，但在一个角落，几棵坚硬的树撑起了这个网，从网格中间钻出来，看起来突兀，干扰了城市文明的扩张节奏。在拆迁工作快速进行时，一个居民由于房屋补偿问题向政府写信求助：

> 尊敬的领导您好，作为一名土生土长的 ×× 村村民，我被通知不符合拆迁赔偿标准，原因是我结婚晚了。征收土地目的不就是改善民生么？……我们不想讹诈政府，只想得到公平公正的待遇，希望领导能够帮忙解决。
>
> （附言：该留言中含有个人信息或其他不便公开展示的内容，仅办理机构可见）

收到这个农民的反馈后，相关部门调查、核实，然后公开回复，有理有据地维护城市文明的扩张进程：

> 您好！收到您的留言后，市政府高度重视，责成区政府核实情

况，回复结果如下：经查，您的房屋为无证照房屋，且是在征收公告下发之日后登记结婚，不符合《土地及房屋等附着物征收补偿安置方案》中第四款第三项第一条无证照住宅房屋的认定条件。您可以到房屋征收办公室查看征收公告及补偿方案。

感谢您的留言，欢迎继续对我们的工作予以监督和支持。

这个覆盖机制是一个充满了语言学挑战的过程。为了彻底改变物质景观，语言高频率地出现，而且用多重性的阐释策略，将实质性的矛盾转变成可以避免的误会。在生长与消失的逻辑中，局部的地理—空间景观被彻底改变，地域性的记忆也失去了建筑、街道等物质性的基础，长久存在的故土情结被压缩为一种非文字化的、不可追溯的个体心理。但在现代城市文明的吸引、鼓励和催促下，这个过程始终是一个流畅的逻辑，一旦开始就会以实证性的方式到达最终的预期：

> 由于征收工作时间紧、任务重、难度大，征收管理办公室自成立之日起，全员迅速进入角色，采用"5+2""白＋黑"的战斗模式，24 小时把征收任务放在心上、扛在肩上……切实把工作压力转化为工作动力，把凝聚力转化为战斗 力，营造全员奋战、热火朝天、你追我赶的干事氛围。

这类公文以高效的方式开拓着现代城市文明的边界。对于被覆盖的空间而言，未来是否会像预期的一样美好，这并非一个在覆盖发生的时刻就会有答案的问题。20 世纪中期，在公共道路建设以及汽车普及的背景下，美国城市有过类似的扩张过程。考虑到廉价劳动力的问

题，现代工业制度热爱郊区和偏远小镇。相关产业在这些地区生根发
芽，带动着零售业、服务业、教育的发展。一个个新城也就有力量吸
引城市中心区的人口，他们在这里买了自己的房子，汽车和道路系统
使之与城市文明的距离可以在短时间内跨越，所以他们习惯了郊区化
的生活。美国城市由此开始了大规模的平面扩张。

四十年后，这些边缘地带并没有形成真正的城市精神，却导致了
一系列问题。首先是城市文明吸引力的降低。尽管这些新城提供了日
常生活的基本需要，但建筑风格单一。到处是千篇一律的、连锁商店
式的建筑、尺度失调的办公园区、单调的住宅小区，郊区居民感到的
是荒凉、挫败和漂泊感。其次是城市日常生活状态的混乱。现代人对
于城市生活的要求不仅仅是生命的维持，还有精神意义的归属感。功
能简单的新城无法满足这些需要，更严重的问题随之出现：

> 孤独、交通拥堵、犯罪猖獗、环境污染和其他难以承受的代
> 价——这些代价最终是要纳税人、企业和环境来承担。城市边缘地
> 带这种无序蔓延的增长模式，现在只会妨碍而不是改善日常生活。
> 与此同时，城市中心却因为经济活力被吸引到郊区而衰落了。[1]

平面化的扩张策略最初活跃了城市文明的生命力，也不断制造着
新边界。这个新边界会不断向外，这个新地带就此变成城市文明的核
心区，但也可能会败落，因为城市文明的力量无法在这个新区域充分
地实践。针对这个问题，美国学者彼得·卡尔索普否定了平面化蔓延

－1［美］彼得·卡尔索普：《区域》，［美］彼得·卡茨编：《新城市主义》，万美文译，北京：
华夏出版社，2019年，第6—7页。

或扩张的意义，即"蔓延在任何一种增长策略中都是具有破坏性的"。[1]

但中西历史的差异性说明：西方城市文明进程并不能完全用于中国问题分析。为了让这个新生的边界具有持久的想象力，区域政府采用了一个行之有效的心理学策略。在这片宽阔、荒凉的土地上，一个混凝土结构的轻轨已经立了起来，电视、报纸、新房广告上反复申明：这条交通线将在三年后正式运营。由于这种不受限制的通行能力，郊区与城市之间的空间感不再被间歇性的通行障碍所困扰。与此同时，一个大型商业综合体的规划对外公布，包括购物中心、运动中心、文化体验中心。这个综合体的旁边将会建一个五星级高档酒店，为附近的文化产业机构提供优良的居住体验。

在这些规划还未正式开启之前，一所九年制学校（小学六年，初中三年）已经提前两年建成，深红色的外墙，庄严肃穆，立在这片土地的中央。根据现有的学区房制度，在这所学校附近买房者的孩子都可以在这里上学。相比于商业策略和交通策略，教育策略是一个极有成效的心理学策略。所有父母都希望自己的孩子受到良好教育，并为此不惜代价，包括经济代价、空间代价、时间代价。

一个城市要加快发展哪个区域，如果一个重点学校在这里出现，新建的房子就会以最快的速度卖完。在可预期的状态下，人口快速在这里聚集，城市文明的高密度状态随之出现，人来人往，商业繁荣，车流不息，交通拥堵，白天的时间几乎完全被现代分工制度占领，夜晚也不再是黑暗的。

现代城市文明彻底占领了这个区域。这个区域的时间状态、空间

─ 1 [美]彼得·卡尔索普：《区域》，[美]彼得·卡茨编：《新城市主义》，万美文译，北京：华夏出版社，2019年，第10页。

状态，以及不可见的心理状态也会随之变化，符合现代城市文明的秩
序感。一个高档住宅区正式入住后，居民自发组织了一个交流群，凡
是加入者必须提供相关的身份证明。这个群的规模超过三百人之后，
主导者发布了一个公告。尽管出现在一个微小的虚拟空间里，但这是
一个具有现代精神的公告，准确阐释了这个微小公共空间的基本规则，
并获得全体居民的支持：

> 为保障邻居们的共同利益，制定群规如下：
> 邻居们请把群名片里楼栋及房间号加上，不定期清理未更名者；
> 进群的所有人需验名真实业主身份，经发现假冒者连并推荐人
> 一同移出群；
> 禁止发一切孩子活动投票、旧货转让及各类以便民服务为借口
> 的套路营销群二维码或无关链接，一经发现立即移出群；
> 如邻居自营需发广告提前在群说明，并最少发 50 人红包 1 个，
> 每个红包总价不低于 30 元作为邻居们的收看广告费；
> 如有被误删或违规移出者请联系群主或管理员，根据情况加回
> 或延期加回违规者；
> 上述内容希望大家理解与支持，共同维护群环境！

对于这个城市而言，这是一个正在生长与消失的边缘地带。在建
筑规划公布的那一刻，这个地带原来的乡村与农业状态就消解了，然
后在城市文明中变成了一个制造想象力的空间，但也是一个等待被评
判的空间。一个大型公园已经在附近建成，这个区域的内部也会分布
四个微小的公园，而且每个建筑体的周围规划了绿化用地。然而，这

些空间是否能真正地实践现代城市精神，而不会变成景观悬置、公共交往稀少的空旷地带？六车道或八车道的街道提供了充裕的通行力，但对于步行而言，穿越这类空间是否会成为体力的过度负担，从而导致公共规划压制了公共性本身？对于这个正在生长的空间而言，这些问题都需要一种未来的视野。

六、静止的空间

这个城市的景观始终在变化，一方面是生长，另一方面是消失。生长与消失往往有密切的关系，有的时候是生长制造了消失，有的时候是消失引诱了生长。一片农田被征收，农民随之搬入高层住宅，瞬间成为表象意义的城市人。与此同时，一个农业空间也消失了。三年或五年后，一群高层商务楼或住宅楼在这片农田里出现。表面上，这是视觉景观的变化。但在社会心理意义上，这群人，还有这个空间，已经被现代城市文明覆盖。事实上，并不是所有的人都会排斥或反对这种覆盖，相反，很多人在盼望着被城市文明覆盖。

在生长—消失机制之外，现代城市文明中还有一个景观类型：静止。在视觉意义上，我们有时会称之为衰落或破败。这是一种普遍的看法，但不是公平的看法，在物质—空间平等的意义上，这是一个源于现代功利主义的偏见。如果没有人类意识的干预，物质总是平等的，空间也总是平等的。但在这个世界上，尤其是在现代城市里，人类意识总是在干预物质与空间的存在状态。

一个空间只要表现出景观陈旧、商业萧条或人口流失的迹象，就会受到现代城市文明的冷落。这种冷落不只是源于道德或审美的表象判断，相反，它有强大的改造力，足以影响人群的空间分布，以及他们的心理状态。住在这里的人有时会有自卑感，而且这种感觉往往有放眼所及的实证基础，所以他们希望尽快离开。

但在景观写作的意义上，对于静止的认识不会受制于现代文明所主导的空间观念。相反，景观写作能够从静止的状态中发现一些等同于，甚至高于现代文明的内涵。静止本身就是一种难以模拟、也无法复制的历史性。生长的模式可以趋同，消失的模式可以趋同，但静止的模式无法趋同。因为静止源于过去，属于过去，而非当下。尽管它要在当下展示，当下也可以改变它，但这是对静止状态中当下部分的改变。对于这种局部意义的改变，我们一般称之为篡改。

在经济意义上，静止是一种无用感或拖拽感。但对于城市文明的历史性而言，静止却有不可取代的内涵。静止本身就是一种历史性的开端，或者说，静止是对于一种历史性的完整状态的展示。在未来的一个时刻，那些属于当下的优美景观也会具有这种历史性，以及对于历史性的展示能力，但在当下这个时刻，它们却不具备。

即使我们通过装饰表象的方式，例如仿古、熏制或喷涂等，试图在人类历史之外制造出历史性，但这样做往往会威胁到这些景观的"当下性"，使之脱离正常的时间秩序，成为一种时间性缺失的伪造景观。对于这些景观而言，它们会遭遇双重意义的消失，即当下身份的消失和未来身份的消失。

这个城市北部的一片区域处于静止状态。原来的生产形式已经落后于这个时代的要求，年轻人随之搬离，高密度的状态很少出现，各类建筑失去了固有的功能，又无法开启新的功能，逐渐变成一种缺乏时间性的空间状态。现代城市文明也就有充分的理由去忽视它，冷

电视剧《人世间》的取景地

落它。

在持续的衰落中，这片静止地区的历史性开始向外展示。一部电视剧将这里作为取景地，一个英俊的男人骑着 20 世纪 80 年代遍布街道的弯把大梁自行车，缓缓前行，经过一扇破旧的木门、一扇装着铁楞的老式窗户、一扇玻璃模糊陈旧的窗户、一张实木旧桌子、一扇包着铁皮的木门、一扇玻璃破碎的窗户，还有一排包着黑色保温层的暖气管道……他们希望用那个时代留下的景观映衬出已经模糊甚至消失的历史性。

这是制造历史性的影像方式，其中有一个无法克服的矛盾：在这个故事正在发生的时刻，这些景观是崭新的，而不是像现在一样陈旧，甚至其中一些还处在生长的过程中，没有出现完整的状态。在双重时间性的景观中实践历史意识的穿越，这是一个难以完成的目的。

这部电视剧需要历史性的映衬，突破当下状态对于想象力的限制，制造出符合现代历史意识的奇异感，所以他们选择了这片被城市文明遗忘的静止。但在现代影像中，这个静止空间的历史性仍旧是虚拟的。骑自行车的英俊男人经过的那片景观，也就是八十年代留下的水泥墙和简陋房屋，完全处在当下的状态，其中既隐藏着一个关于时间与空间的矛盾，也隐藏着一个时间内部的矛盾，即过去与当下之间的互相证伪。

这是现代影像在阐释历史性的过程中难以克服的矛盾。影像制作者们可能想用当下的物质去重塑历史性的景观，例如用水泥、红砖、玻璃复原这些景观的崭新状态，从而避免关于时间与空间的矛盾。但他们可能会进入另一个矛盾，即这些源于当下的物质制造的是一些时间性缺失的景观。它们应该属于过去，却是伪造的；它们的确存在于当下，却是例外的；在物质平等的意义上，它们也会通行未来，但可能性很小。

一条沥青路穿过这片不断沉落的静止。路面是新铺的，路边石也是新铺的，路北的景观却是静止的，缺少日常性的紧张与繁华。但在景观写作的意义上，这是一个珍稀之物，因其是 20 世纪 80 年代历史性的开端。作为一个日常叙事类型的实践者，我进入了这个静止的景观，然后在历史性的静止中行走。这条沥青路上不断驶过被当下的目的所控制的汽车，还有正在飘扬的尘土。沥青路南侧是一排新建的高层居民区。面对这片深奥的静止，生长机制制造了一种功利主义的压迫感。

在这个时间差异巨大的空间中，我在当下性与历史性的边界上行走。这是一种复杂的感觉。路北侧那片静止的建筑无法抛开无限蔓延的当下性，它们甚至都不会有这样的要求，因为路南侧的当下性才是现代城市文明的象征。这片静止的建筑是附属的、多余的、失语的，它们立在这里，作为工业时代的遗迹，表现着这个城市的历史性，同时也无法逃脱对于当下性的映照。所以，这是一种被当下所改造的历史性，甚至是用自我贬低的方式去成就当下的历史性。这是一个不公平的逻辑，也是一个有强大改造力的逻辑。它制造了功利性的歧视，承受着这种歧视，并以这种矛盾的方式展示城市文明的内涵。

城市景观叙事是对这种逻辑的批评，但目的不是要消灭这种逻辑，而是要在它之外创造一种公平的展示机会，不能让崭新等同于深刻，也不能让深刻被误解为肤浅。尽管受到当下性的包围与压迫，这片处在衰落中的静止要比无限蔓延的当下与崭新的内涵更加深刻。不断进入这片静止状态的涡轮增压汽车、电力驱动汽车，以及远处的那片新建的高层楼房，它们展示的是单调和不确定的当下性。在未来，这些东西很多都会彻底消失，甚至无法获得展示历史性的资格。

这片破旧的建筑经过了生成阶段、实用阶段，曾经让人充满希望，现在处于静止状态。这是一个严肃、深沉的状态，一方面对抗着时间性和空间性的修改意图，另一方面牢牢把握着阐释那个时代日常精神的权力。作为一个表象与内涵的统一体，这个景观本身就是其意义的全部，也就是说，表象即内涵，内涵即表象。当这个具有双重时间性的景观在现代城市的生长节奏中消失，取而代之的是一片全新的建筑，我们可以说这是现代城市文明的胜利，但对于这个城市的历史性而言，却是一种无法复原的消失。

而在这个时刻，它依旧存在，与周围的新式建筑构成了一个时间性交错的景观博物学空间，一方面阐释着这个城市的历史性，另一方面阐释着中国现代化的进程。我走在这条沥青路上，东侧的桥上一列高速列车缓缓驶过，钢轮与钢轨在紧密接触时产生了独特的频率。在这座桥垂直跨越的大路上，这个频率与汽车轮胎碾轧在沥青路上的声音共同创造了一个现代声音的类型。这条大路旁边的人行道上铺满了崭新的、粉红色的水泥方砖，一条均匀切割的大理石装饰带立在人行道与绿化带之间，承担现代移动性的汽车不间断地出现又消失：

福特福克斯～大众速腾～比亚迪 F0～大众捷达～北汽幻速～大众高尔夫 7～哈飞面包～吉利自由舰～丰田荣放～马自达阿特兹～本田思域～上汽宝骏 730～长城哈弗 H2～日产阳光～现代

伊兰特～奥迪 Q5 ～丰田普拉多～大众途安～雷诺科雷嘉～奥迪
A6L ～现代途胜～丰田荣放……

　　这片破旧的建筑群本来是这个城市的中心，而现在属于现代城市
文明的边缘地带。谁都不能否认这些建筑曾经处在实用阶段时所具有
的重要功能，也不能否认它们的历史性在当下这个时刻所具有的思想
力量。

　　除此之外，这个城市的内部还有一种静止类型。这是一种处在变
化开端的静止类型，它本来已经属于边缘地带，但即将被现代城市文
明改造，然后以历史与当下交错的状态重新进入现代文明，作为一个
奇异的景观。

　　1958 年，一个拖拉机厂在这个城市的东北部建成，很快成为中
国最大的轮式拖拉机生产基地。在之后的半个世纪，这个工厂生产了
85 万多台拖拉机。这些机器在社会主义初期的道路和农田里移动，为
中国现代化提供了稳定的动力。与此同时，这个制造空间变成了一
个机械现代化的符号。钢铁、玻璃、油漆、橡胶、柴油、机油、煤
炭……以期待性的状态进入这个空间，经过一个预设的动作系列，最
后以健全机器的状态离开。在这个过程中，文字和语法在各个办公室
和会议室里重新组合。这是一类有明确传播限度的文字。作为一种指
令、提示或想象，进入生产部门和服务部门。

　　这个巨大的空间不但能改变钢铁的形状和功能，也改变了一群人
的话语和行为。一夜睡眠之后，在这里工作的人离开住宿区，进入工
厂大门，经过一个个工业风格的标语，"坚持严细快实工作作风，提高
工作质量""提高办事效率，为经济建设服务"。他们在高大的厂房之

间穿行，根据个体知识类别进入其中的一个空间，例如锻造车间、调试车间、涂装车间，或职工食堂、医院，也就进入了现代分工制度。

这是个体生命符号化的过程。在日常生活中，当这种符号化具有稀缺性的时候，这个符号化的过程会为这些人赋予集体生产的荣耀感。他们喜欢聚在一起吃饭、工作，喜欢穿着展示身份的工作服，在大路上群起而歌，或在夜晚的酒馆里放声吹牛。尽管机械制造所塑造的群居状态会导致现代人主体性的弱化，但在日用品供应欠缺的时代，他们每天吃得饱、穿得暖，按时领取工资，也就不会排斥这种在现代化后期将会变成负面心理状态的倾向。

他们甚至热爱被固定规则主导的工作模式，也热爱这些规则所塑造的工业身份。在现代城市文明的时间—空间秩序尚未成形，身体与行为还可以自由支配的时代，这种工作模式变成了身份高贵的象征：“吃喝不愁，福利待遇好，生孩子才99元钱，在产院生的，单位还给报销。单位也有医院，花1毛钱挂号，可以随便开药，当然每一次都会有限量。”[1] 这是一种以物质充裕与身体自由为前提的心理状态，现代技术还没有充分的控制力，分工与效率也没有变成具备监视和行为控制能力的词汇。

在工业乐观主义时代，这个工厂具有让未来提前显示的能力。在关于未来的美好想象中，一群人在这里安家立业，他们的孩子在这里出生成长，生产技术所主导的家庭知识类型也在这个空间里出现、完成，不断丰富。这群人的日常生活持续地被工厂节奏、物质生产和声音机制改变着。工厂周围的区域很快成为一个辅助性的日常生活空间，

- 1 陈锐：《长春拖拉机厂“原住民”简史》，《幸福都市》2015年8月号，第118页。

包括医院、学校、商店、饭店、居住区、理发铺、服装店等分布在住宅区或街道边。

2006 年，拖拉机厂停业破产，曾经无限蔓延的工业乐观主义消失不见了。在新生产秩序中没有用处的设备被低价变卖，包括机床、锅炉，也包括办公桌、门窗。四个 200 米长、100 米宽、红砖—钢筋生产空间转而成为机械工业时代的遗产。工人全部下岗，然后怀抱着柴油机时代的知识体系进入电气时代的就业市场。那个能制造想象和集体认同的话语空间也消失了，取而代之的是惋惜、迷惑，甚至愤怒所主导的回忆性的话语空间。

这是一个用简单的逻辑就能阐释清楚的过程，五百字足以描述，一百字也可以。但对于曾经在这里工作的人而言，这个过程出现得既缓慢又突然，但应对起来却无比艰难，并在长时段意义上影响着个体的命运。有的人改头换面，重启生命；有的人就此消沉，无声无息。他们的确是为了个体的生存才在这里工作，但当他们将私人用品装进袋子，背在肩上，在这个空间成为工业遗迹前的最后时刻，作为一个产业类型结束的象征符号，漫无目的走出来的时候，这不是一个值得怀念的结束，而是一个不确定的开始。之前，他们所熟悉的技术语言、交往行为都消失了。他们还会见面，但不再是作为有共同理智和情感的个体，而是作为散落在日常生活各个领域、没有现实关联的个体。

一个静止的空间随之出现。裂开的路面、破碎的玻璃不会得到修理，阐释生产要求的标语也不再有更新的必要。生产时代的秩序、紧张与繁华被荒芜、神秘与无用所取代。在未来的一段时间里，城市管理机构专注于这群人的心理疏导与利益分配，这个物质空间已被完全放弃，因为人的问题才是最重要的问题。

　　这个空间逐渐远离了现代城市文明的视觉机制。这是一个绝对的存在，却像不存在一样。周围的路上人来人往，但没有人进入这个空间，甚至不知道它是什么。在现代城市文明中，这个野草蔓延、没有门窗的巨大空间制造了无限多的神秘，虽然没有危险，却让人止步。入口处的墙上还有一个从前的标语：严禁烟火。周围的时间已经彻底更新，这个标语却陷入了无限变旧的状态。这条对着大门的主路曾经被无数的脚踩过，被无数的轮胎碾过，现在已经被草与树占领。红砖建筑之间的草地和树荫中散布着数不清的废弃塑料袋。这些塑料袋不是被人丢在这里的，在这个神秘的空间里，没有人会这样做。实际上，这是大风吹袭所制造的、关于人类活动的假象。

　　一个工业空间废弃后，一种具有破败感的神秘会衍生出来。废弃的时间越久，废弃的程度越深，这种神秘感就越浓厚。在现代城市文明中，这种神秘感不只是一个视觉问题，而且会变成一个制造负面想象力的景观。日常性的身体节奏、语言状态、感觉类型会在这个空间的边界中断。

　　这种神秘感就像是一种具有道德隐喻的排斥。那些不怕失去，或者已经没有什么不能失去的人将这个空间当成自由的流浪地。因为不怕失去是一种有可能走向破坏的心理状态，其中隐藏着很多可以想象、可以预见的危险。这种危险即使不会付诸实践，也无法摆脱作为一种负面道德状况所具有的隐喻功能，因为它本身已经成了各种危险的源头。

　　2020 年盛夏时节，我进入这个曾经无限繁华的生产空间，走在破碎的水泥路上，杂草从破碎的墙缝里长出来，作为阐释这种破碎性的植物学方式。当我走进这个空间的深处，破败感越来越浓密，还有一种无法缓解的神秘。我的神经系统变得警觉起来，完全不同于在繁华的路上行走的状态。一个失去了门的巨大生产空间对外开放着，就像一种幽深的注视。我站在那里，一动不动，保持着冷静。我们在互相观看：这个庞大的、具有历史性的废弃空间在看着我，而一个来自当下的、被神秘感笼罩的个体生命也在被迫看着它。在这个时刻，只有在连续性的观看中，我才觉得安全。任何中断都会衍生出没有边际的想象。

双向观看制造了一个矛盾，一个关于当下与过去、庞大与渺小、存在与虚无的矛盾。一只喜鹊突然落在旁边的大树上，它的脚还没抓紧树枝，就对着我大叫："嘎——嘎——"。这个废弃的空间被现代城市文明抛弃后，已经回归自然秩序，所以一个来自现代城市的文明人出现在这里的时候，这只喜鹊要维护生存空间的独立性。

我沿着这个幽深的注视往前走，进入一个巨大的生产空间，也就进入了神秘。实际上，这个空间并不能自己制造神秘，所有的神秘都是现代城市文明制造的，或者说是城市人制造的，然后强加在这个空间里。在地域性的话语中，它成了一个具有排斥性的神秘象征。我站在这个空间的一端，前面一片空旷，水泥地面破碎不堪，屋顶不再能防水，所以水泥梁上长满了青苔，墙壁铁窗的玻璃脱落过半，锋利的玻璃反射着耀眼的光。这个源自中国现代化初期的机器生产空间只具有工业考古的内涵。

旁边的另一个空间已经被改造为汽车修理厂，当下的行为—话语完全冲淡了固有的神秘。与那片进入现代影像的破旧建筑群一样，这个空间里的历史性也被当下性所改造。这是一个工业景观的历史遗存，但源于当下的经济利益，与之相关的话语—行为以实用主义策略不断改变着这种历史性。一条军绿色的棉被悬挂起来，临时性地承担了门的功能。一个洪亮的声音响起："扳手在哪里……扔过来……"一个2斤多重的扳手穿过空气，不规则地旋转着，然后落在这片具有工业考古意义的水泥地上，"砰"，在地面上敲出了一个坑。

汽车修理对于这个空间的改造具有选择性，高度2米以下的空间（地面、墙体）焕然一新，而顶棚、高处的墙体和窗户却没有进入改造的类别。一个简易的铁皮—泡沫墙立在这个空间的中部，墙体一侧安装了一扇铝合金—玻璃门。这个具有当下性的墙体与原来的红砖墙形成了一个直角空间，一堆废弃的汽车轮子杂乱地堆在这里。铝合金—玻璃门的另一侧有一排盛满废旧机油的蓝色铁桶。对面的地上同样杂乱地堆满了修理汽车用的材料，橡胶条、防护板、油箱、转向灯……

二十年前，在拖拉机工厂宣布破产后不久，这个阐释静止内涵的庞大景观就出现了。对于这个城市而言，这是一个前所未有的工业废弃空间。它让人充满想象，又让人无可奈何，所以只能接受，既包括对于现状的接受，也包括破产后果对于未来景观的改变。

对于拖拉机工厂附近的日常空间，已经消失的生产程序不再有能力主导其中的话语状态，取而代之的是缅怀性或批判性的回忆。这个空间的话语出现了一个双层结构：一个层次属于令人追忆的过去，另一个层次属于失望与希望交错的当下。在人类的时间意识中，当下总是处在一个引领或控制的地位，它能决定过去以什么样的状态再现，也会影响到未来以什么样的方式展开。相比而言，当下对于未来的影响要小于对于过去的改造。因为当下与过去之间是单向的塑造关系，而当下与未来之间是双向的塑造。未来在出现的那一刻，既是对当下的传承，也可能是对当下的反叛。

静止的景观制造了日常性的失落。这种失落并非抽象的猜测，而是一个可以证明的结论。拖拉机厂对面有一栋简易的住宅楼，作为这种失落的具体象征。根据住宅楼的表象判断，不久之前还有人住在里面，墙体破损，但有的窗户是新的，玻璃明亮，取暖或做饭用的烟道看起来还有一点热度。

但在我出现的时刻，这栋楼外侧已经被一层蓝色的铁皮墙包围，禁止人员出入。围挡上印着红色的字："环境卫生，人人有责，美化环境，人人受益。"这些红色的字不具备法律惩处功能，却对外阐释了一个模糊的希望：这栋楼已经处在新与旧的循环之中，而不是处在一个无限衰落的开端。在不久的将来，这个旧建筑会消失，另一个新建筑会出现。这个新建筑不会完全改变这个区域的静止状态，却能展示通向未来的时间性。

然而，不远处又出现了一个与这些红字反向对称的景观。东侧1公里处是一个大型热电厂，四个混凝土、钢筋建造的圆形冷却塔矗立着，尤其是在冬天，树叶落光后，在这里行走的人可以毫无遮挡地看到腾腾而起的白色蒸汽。在现代城市中，热电厂是一种必要的生活景观，但也是一个排斥性的符号。它在哪里出现，就会强化这个地方的排斥性。现代人需要它，但也都排斥它。所以在现代城市文明中，热电厂的圆形冷却塔是一个孤立的精神。它的确是一个功能强大的高等技术体，但不会获得崇拜。

在现代化早期，城市承担更多的是技术创造和物质生产的功能。

这个拖拉机厂之所以吸引人，是因为能提供关于生存的无限可能。所以在很长的时间里，这个城市的景观都会服从于技术创造和物质生产机制。但在现代化后期，除了生存目的之外，城市具备了审美目的。在时间意义上，这个审美目的有两个层次：一个是关于现在—未来的层次，另一个是关于过去—现在的层次。两个层次并行不悖，有时候会变成一个时间综合体，有时候两个层次会出现对抗状态，并衍生出审美的愿望，既注视着拖拉机厂，也注视着热电厂的圆形冷却塔。

在人民大街上，一个属于第一层次的雕塑出现在两条大路的交汇处：街角的绿化草木中立起了一个 4 米高的镜面手提包雕塑，一个两米高、镜面结构的女人斜靠在手提包上。这是纯粹现代主义风格，在当下的密集视觉中，用失去比例的形态阐释着消费主义对于现代审美的改造力。这个景观以及它的内涵可能会通向未来，也可能不会，但一定与过去无关。这个景观所展示的是当下对于过去的覆盖。

静止的拖拉机厂属于第二个层次。过去的物质—空间残缺不全地来到了现在，作为破败的工业景观，然后又被城市文明塑造成一个关于神秘的象征。在过去—现在的时间结构中，现在是开放的，无限多的当下依次进入，而早已进入的那些当下又被晚一些进入的当下挤压、覆盖，然后变成过去，既缺少实用性的功能，也缺少审美性的功能。

如果无数的当下进入现在的方式都是一样的，那么这个拖拉机厂会越来越破败，也越来越神秘。如果有一种类型的当下想改变进入的方式，不再以纯粹时间的状态，而是携带了景观改造的意图，那么这个过去—现在的结构就有可能通向未来，从而变成一个过去—现在—

未来的时间综合体。

由于这个全新时间结构的出现，破败的拖拉机厂获得了新生。城市规划部门希望为之赋予全新的功能，将商业、景观与审美意图完美地融合，创造一个工业文化空间。这个工厂的四个生产车间被保存下来，其他辅助性的空间变成商业居住用地，共计面积 8 万多平方米，然后以 3632 元／平方米的价格拍卖，部分收入用于相关改造。

这个破败工业遗址的重生是有代价的，局部空间获得了新奇与深刻的当下性，但它不再完整。客观而言，这个空间的当下性一直是存在的，只是被破败感所压制，而现代城市文明不喜欢无用的破败感，所以这个工业遗址受到实用主义的排斥。景观改造的目的是制造一个兼具历史性与当下性的双重空间，赶走破败感，以及依附于其上的神秘，然后将之重新拉入实用领域。

宏观政治意识没有参与这个空间的重生，因为这个空间并不具备民族精神的象征意义。地方商业意识主导着改造的进程，所以一切都要符合实用主义的策略。但在日常生活中，商业意识单独出现的时候，往往会有一种难以掩饰的单调感或诱惑性，所以这个商业意识联合了文化意识。

这个空间的一部分变成住宅区，另一部分变成文化—商业区（文创空间、运动娱乐空间、商旅空间、创意零售空间）。根据改造规划，原来建筑的表层要覆盖最新的建筑材料，使之以全新的线条、颜色和形状进入当下。经过商业与文化的双重改造后，这个空间将不再有排斥性和神秘感：

原本的概念被打破，建筑师在这里想为他们赋予的是无穷无尽的空间，是不断的分割与延展，是在获得静谧的同时又奔放四射。[1]

最初，这个空间中的物质状态是在生产技术的主导下出现的。半个世纪后，这些物质失去了本来的生产—经济功能，所以进入了静止状态。在现代城市文明中，它仍旧支撑着一个追溯性的话语—记忆空间，但这个空间已经失去了相关物质的对应，仅仅是一种没有意义的话语—记忆蔓延。在破产后的二十多年里，这些破旧的红砖墙和水泥地，作为不受欢迎的破败象征，一直被现代城市意识形态所忽视、冷落。但经过改造后，它们获得了新生，表面上进入的是现代景观领域，实质上进入的是涵盖了过去—现在—未来的时间领域。在即将到来的电气化时代，这个工业遗存将会成为一部燃油工业时代的说明书，尽管它的空间已被裁减过半，但仍旧是一个绝无仅有的象征。

对于拖拉机厂附属区域而言，这个改变引发了一次景观革命。长期以来，由于破败工业遗存所制造的神秘性，这个区域处于现代城市文明的边缘，在这里生活的人有时候甚至不愿提及这个具有拖拽感的空间。但改造后，这个空间变成了一种无法复制的视觉景观，而景观的现代性和彻底的开放性使之成为重建存在感的基础，这个区域转而成为工业历史思想的一个光源。

对于工业时代的寻根意识而言，获得新生的拖拉机厂是一个时间性和空间性的起点。对于日常景观塑造而言，它与四周的高层住宅区

－ 1 潘虹如：《老工厂的新旧词汇》，《幸福都市》，2015 年 8 月号，第 125 页。

构成了一个商业—文化—日常生活的完整序列，足以抗衡东侧热电厂冷却塔所散发的驱逐心理。对于这个城市而言，倒闭的拖拉机厂本来是一个悲剧性的物质—空间景观，让人惋惜、让人沉默，让人不愿提及。但在工业实用主义时代向工业景观主义时代转变的过程中，这个景观具有了一种无法复制的时间—技术内涵。它从过去来到当下，作为当下视觉的集中机制，也作为向外散射的思想机制。在一定程度上，这个转变意味着中国城市文明正在从生产主导的实用主义模式转向工业审美模式。除了优美的表象之外，工业审美模式清晰地标识了一段历史的起点。

物
质

我们更愿意分析那些直接进入日常生活的物质。一方面，这些物质维持了现代城市的理性、情感和审美的连续性；另一方面，它们也最大程度地改变了这个城市的日常景观。

一、日常垃圾里的思想

通过地下管道、高速公路、铁路和空运途径，现代城市每天与外界进行着不计其数的物质交换。有些物质自始至终都处在过程之中，因其进入的是一个城市的生产机制，然后作为深度加工品离开这个城市。而另一些物质，在进入这个城市之前，在形态和功能上已经处于完成状态，然后通过消费行为进入日常生活领域。对于人的生命延续和情感满足而言，这些物质是无可取代的，但在文字领域，它们总是处于被忽视的状态。

在人类历史上，最重要的东西总是被忽视，而且不会引起深刻的反思，这是一个值得注意的现象。在这个城市生活的有卓越的思想家，有严谨的技术人员，也有思维敏锐的金融分析员，他们专注于抽象的推理、确定的逻辑或无穷的数据，然后将自己看作是漂浮在日常生活之上的精灵。他们甚至会因为这种状态而有虚拟的优越感，也就有理由忽视生产性或日常性的物质流动。

即使长久沉浸在虚拟世界中，他们也会渴，要端起杯子喝点水，也会饥肠辘辘，在正餐时间之外吃点零食。他们可以选择不同的食物，例如饼干、蛋糕或酸奶，也可以用智能手机点一份热乎乎的外卖。在现代分工制度中，他们远离日常物质供应领域，却无法拒绝一个道理，即物质维持着身体的正常运行。当认识到这个问题的时候，他们就会发现这个被忽视的领域。对于人类而言，精神思考很重要，但在纯粹的物质面前，包括日常性的物质，精神思考仍旧处于从属与被动的地位。即使物质是沉默的，但精神仍旧无法否认这种本原性的存在。

尽管如此，我们仍旧不会关注那些处在生产过程中的物质，因为它们进入的是模糊的生产机制，而不是清晰的日常生活。在这个过程中，它们始终处在对外封闭或不可见的状态，例如汽车零件、药物配料、初级建筑耗材等。所以，我们更愿意分析那些直接进入日常生活的物质。一方面，这些物质维持了现代城市的理性、情感和审美的连续性；另一方面，它们也最大程度地改变了这个城市的日常景观，例如街道商业状态、超市空间规划、城市废物处理等。

这些直接进入日常生活的物质将会经过一系列的改变，包括形状的改变、颜色的改变，以及内在结构的改变等。每一种改变又包括前期的改变、中期的改变，以及最终作为垃圾从日常生活领域中消失。这是消耗性的物质被日常生活改变的全过程，就像是一个关于变形的传奇。

夜里十点，在现代城市向大型汽车开放道路通行权的时段（晚八点到早六点之间），一辆 10 米长的重型冷藏车进入这个城市的环城高速公路，从东部互通立交桥驶离收费站，然后进入城市内部。六缸发动机、柴油动力、460 马力、十二挡位，驾驶舱下有四个轮胎支撑，冷藏箱下有八个轮胎支撑，灯光明亮，一路轰鸣。

司机在一个十字路口缓慢行驶，拒绝停车。因为在车身静止状态下，发动机如果要推动二十多吨的重量，变速箱将会承受极限状态，减损使用期限。所以，冷藏车缓缓前行，5 公里 / 小时。红灯闪烁，绿灯亮起，司机踩下油门踏板，"嗡嗡嗡……嗡嗡……"在喷射压力下，柴油以均匀、稀薄的雾状形态进入燃烧室，然后被火花塞的电花引爆，巨大的冲击力推动着曲轮轴。这种力量通过变速箱传递到轮胎上，同时也推动着发电机，制造稳定的电力，制冷机得以连续运行，维持车厢内的低温状态。里面有十吨左右的海产品，虾、墨鱼、带鱼、小黄鱼，以及处于半加工状态的海产品（鱼丸、蟹棒、墨鱼丸等）。

半小时后，这辆卡车到达海鲜批发市场，一个复杂的经济行为随之开启。三个装卸工扔掉手里的烟，穿上破旧的工作服，打开冷藏箱的门，一阵冰冷的雾气奔涌而出。一个装卸工进入车厢，其他两人推来铁质的独轮车。成箱的海产品不断从冷藏箱搬到独轮车上，然后进入批发市场的冷藏系统。装卸持续了一个多小时，其间冷藏车司机与三个工人没有任何交流。精确的现代分工制度已经塑造了无须言语介入的商业共识。他首先站在一边抽烟，然后到驾驶室拿着交接文件，走进批发市场办公室。出来后，他直接进入驾驶室，独自在里面休息。"咣当"，冷藏箱门关闭。他睁开眼睛，提起精神，启动发动机，再次上路，在持续的轰鸣中离开这个没有任何审美意义的日常空间。

他是一个生活在过程里的人，一个从车轮无限转动的节奏中获取生存资源的现代符号。他不喜欢静止。在辛劳的工作中，他会饥饿，也会疲惫不堪，有时甚至因为交通事故而陷于困境，但他喜欢漂泊。在日常生活的意义上，他是一个用卡车谋生的卑微者。这辆卡车有先进的技术体系，却丝毫不能提高他的社会地位。而在个体行为塑造的意义上，他不仅仅是一个现代流动性的符号，而且是这种流动性本身。在高速公路上，他日夜不停地驾驶，从南到北，从东到西，经常在一天之内经历自然意义的四季。

他开车离开的时候，可能都没有注意到这个过程即将改变这个城市的日常景观，影响着一群人的语言与行为。这批海鲜在批发市场存放四个小时后，一批零售商来了。他们驾驶电动三轮或小型货车，将之运到这个城市的早市、饭店、商场或小型零售处。在这个过程中，每一次连接都会导致价格的上涨，每一次上涨都在塑造一个群体的心理状态和行为模式，有时候使之高兴，有时候使之难过。

与之相关的是，大型超市的内部景观改变了，其中的一个小空间变成了电力冷藏区。很多饭店的菜谱也随之改变。一个小饭店的经理以每斤 10 元购入了 50 斤黄花鱼，然后以每盘（半斤）30 元出售。他要用这部分差价支付电费、工资、租金，以及客流空档期的日常消耗。城市街巷里的早市的物质类别也更加丰富。一个骑电动三轮车的商贩批发了 30 斤带鱼、30 斤小黄鱼，然后用棉被包好，骑行 10 公里，四点半到达早市。接下来的三个小时将是他这一天的核心工作时间。他要保持嗓音温暖，面容和悦，动作协调，用日常性的感染力去推动一个微小的经济交换机制。

这些海产品进入这个城市的日常生活领域，最终以两种方式离开：或是从下水道离开，或是从垃圾箱—垃圾处理程序中离开。并非所有可食用的物质都会以这两种方式离开这个城市的空间，例如米、面、油、肉，它们更多的是以第一种方式离开，因其没有不可食用的部分。而其他的物质类别，例如服装、各类工具等，往往会以第二种方式离开。

垃圾桶是日常物质功能的审判场。它们立在居住区的门前，或在大街旁边，既是具体的存在，也是抽象的存在。垃圾桶是一个处在现代文明边界的符号，作为物质功能的终点。所有被扔在里面的东西，除了被人重新捡回来的塑料和金属之外，都会从日常生活中失去意义，然后进入待处理的无用状态。

现代人每天会丢弃很多东西，这些东西仍旧有未尽的功能。然而，当被扔进垃圾箱后，它们就成了垃圾。这是现代个体理性控制的过程。但对于物质本身而言，这是一个充满了歧视的过程。因为一旦改变使用场景，它们就能甩掉被定义为垃圾的命运，重新进入生产性或功能性的领域，焕然一新。

这是一个道德和法律之外的问题，几乎不受管辖。只要是个人占有的东西，无论合法占有还是非法占有，如果不再符合使用目的或失去了审美能力，他就可以随意扔掉。有时候，这是源于实用主义的判断，有时候却源于纯粹的个体感觉。本来是一双崭新的鞋，那个人不再喜欢它的线条或颜色。在那个时刻，他厌恶这些线条与颜色，但两年后，他可能会再次喜欢。他已经陷入了一个关于新奇与厌烦、占有与丢弃的循环。这是在物质丰富的时代才会广泛出现的现象，我们称之为"奢侈"或"消费主义"。这个现象的出现有两个前提，一是强大的经济—物质能力，二是不受约束的丢弃行为。

现代城市文明希望改变这个现象，但它能做的仅仅是重新塑造垃圾桶的外观和内涵：一是使之符合现代审美力与秩序感；二是改变垃圾桶的形状与功能，以此规范物质进入这个空间时的层次与类别。但在当下这个时刻，在这个城市里，第二个愿望总是被淹没。一方面，那些过度占有的人可以完全忽视垃圾桶的存在；另一方面，行走的人在扔垃圾时有极大的随意性。他的手里有一个装纯净水的空瓶子，他可以扔进垃圾桶的可回收空间，也可以扔进不可回收空间。完全的忽视与随意的投放最终消解了现代城市文明对于垃圾秩序的想象力。

对于这个问题，我们可以改变分析角度，在批判的同时发现这个现象的合理性。在工业时代的消费逻辑中，丢弃意味着人类在行使物质权力，也意味着人类在实践一种根本性的自由。然而，这种自由违背了自然逻辑，却让这个奢侈者感受到了最新的时代精神，至少是用物质满足创造精神满足，再用精神满足去激活关于现代空间与时间的想象力。鉴于此，"丢弃"有时会被人看作是对于时间与空间的、史无前例的发掘：

> 我们依赖于快速行动的能力，所以我们假定自己与咖啡杯、购物袋、各种包装之间最短暂的关系，我们必须快速甩掉这些累赘，以维持可称之为常规的、必不可少的"每日频率"。这种频率与我们的身份相联系，这身份从来没有这么富有可塑性，消费是我们此刻赖以传播、认知和区分阶级、教育、政治觉悟和宗教信仰的机制。[1]

在这个过程中，垃圾桶掌握了物质审判的权力，但它们并不是这种权力的绝对拥有者。它们实际上也处在物质更替的过程中，作为人类物质秩序中一个短暂的类型。2018 年，这个城市街边的垃圾桶被统一更换，老式的被新式的取代。而新式垃圾桶，在承担物质审判功能之外，还被赋予了审美功能。老式垃圾桶进入了废物处理机制，就像那些之前被它审判的物质一样，例如剩饭、纸张或塑料袋，等待着实用主义的审判。

但我们不能用嘲笑独裁者的方式来嘲笑这些垃圾桶。在人类历史上，新独裁者以维护公平的名义推翻了旧独裁者，他们将来还可能被新的独裁者推翻。我们可以从历史理性的角度批评这个独裁者，因其没

－1［美］罗宾·内葛：《捡垃圾的人类学家：纽约清洁工纪实》，史云桐、张弼衍译，上海：华东师范大学出版社，2018 年，第 27 页。

街边的垃圾箱

有实践普遍的正义。我们也可以从个体情感的角度去嘲笑他，好好的日子不过，非得惹是生非，制造混乱，所以罪有应得。但对于垃圾桶，这些批判角度都是不对的。它们仅仅是一种承担着人类目的的功能性结构，不能言语、没有情感。它们在人类目的的主导下出现或消失，作为这些目的的反讽或隐喻。

具有审美功能的垃圾桶立在这个城市街道的两侧，深灰色架构，线条简洁，美观大方。中部顶端是容纳烟头的圆形开口；左侧是存放不可回收垃圾的黄色箱体，箱体中间是红色的"不可回收"标识；右侧是存放可回收垃圾的绿色箱体，箱体中间是白色的"可回收"标识。这是一种区别性的理念，重新塑造垃圾秩序，补充现代实用主义的缺陷。如果严格按照垃圾分类标准，那些本来被定义为垃圾的东西可能会遇见巨大的功能翻转。它们不会被运往垃圾填埋场，而是再次进入物质生产机制，例如塑料包装袋，重新融合后会变成廉价玩具，或其他塑料制品。然而，这些垃圾桶并不能彻底实践区分的目的，因为它们本身无法完全突破实用主义逻辑，相反受到这种逻辑的直接控制，即垃圾桶也会成为垃圾。

在抽象分析的意义上，垃圾桶是一个复杂的结构，它要塑造理想的物质秩序，又无法改变人类中心主义的问题。但在局部意义上，例如在现代城市的街道上，垃圾桶仍旧是能够改变物质状态的日常景观，具有汇集和区分的功能，尽管无法克服关于自我存在的矛盾。2016年11月6日，《工人日报》针对垃圾桶的无效性发表评论：

> 八个城市入选全国第一批垃圾分类处理试点城市，十六年过去了，这些城市有大量分类垃圾桶，可回收物的垃圾与不可回收的垃圾混在一起，有人想要垃圾分类，但不知道怎么界定可回收物和不可回收物，有的昔日垃圾分类试点明星小区，配备的分类指导员已没有踪影。

现代城市文明需要确立全新的物质秩序，并将这个目的赋予了垃圾桶。很多城市都试图实行垃圾分类制度，但困难重重。在理论意义上，垃圾桶是一种关于物质权力的景观，但在具体的日常生活中，垃圾桶对于物质秩序的重构力量是悬空的。

我站在一个垃圾桶旁边，从一个日常意义的路人变成了日常物质形态学家，然后在这个身份的鼓励下翻找垃圾桶，以实证性的态度发掘这个空间内部的物质结构，然后具体地展示物质分类权力处在悬空时的状态。

不可回收的空间里有一个装纯净水的塑料瓶、三个一次性快餐盒、四个一次性口罩，还有散散落落的纸巾、本地生产的冰糕纸和冰糕棍，以及一块棕色糖果包装纸，包装纸背面有配表料："牛奶巧克力（白砂糖）、可可脂、可可液块、脱脂乳粉、乳糖、乳脂肪、精炼食用植物油、乳化剂（大豆磷脂）、植物油、食用盐、鸡蛋蛋白粉、食用香料。"

可回收的空间里有一个透明塑料垃圾袋，袋子里有两个没吃完的包子，已经发霉；还有一叠纸，是一份废弃的房屋买卖合同；另有一个黄色的降暑饮料铝罐，品牌秘方源自清朝道光年间，"采用本草植物材料精制而成，深受广大消费者喜爱"，配料有水、白砂糖、仙草、鸡蛋花、布渣叶、菊花、金银花、夏枯草、甘草。最后是一个黑色的快递纸箱，上面贴着信息单。[1] 最底部有一个廉价烟盒，中间被烟头烧了一个窟窿。这是一个让人想象的结果：一个人从烟盒里取出最后一根烟，一边抽，一边用烟头烫这个烟盒。他是在思考，还是陷入了无聊？

在日常生活意义上，这些被丢弃的物质已经到达存在的终点。但在物质的原始意义上，它们永远不会被垃圾桶的审判权征服，所以这个终点也可以看作是起点。物质的存在可能并没有起点与终点之分，因为它们没有知觉，或始终存在。如果被现代文明之火烧成灰烬，它们只是变换了存在的形态。

对于现代文明而言，垃圾桶是一个多重的矛盾体，既服从又反抗。它能准确地出现在垃圾集中地，对于现代文明的要求也会视而不见。在生产和消费领域，现代文明已经充分实践了对于物质的强大权力。为了维持这种权力的持久性，它又发明了垃圾处理机制，并希望控制物质在这个机制中的存在状态，使之符合实用主义的要求，所谓陈力就列，不能者止。但在实践过程中，现代文明已基本上放弃了这个目

- 1 快递信息单上的具体信息包括：寄件人姓名、始发地、单位名称、寄件地址、联系电话、物品、数量、报价金额、寄件人签名、证件号、收件人姓名、单位名称、收件地址、联系电话、重量、付款方式（现金、协议结算）、资费、包装费、收件人签名、证件号。

的，最后只能用简单填埋的方式勉强维持失败者的尊严。这是一个无法否认也无法回避的问题。现代城市周围分布着垃圾存放地，作为现代城市文明在物质权力领域中失败的具体象征。

在日常物质正式进入废物处理机制之前，一个群体致力于改变它们的存在状态，并在部分意义上缓解了现代城市文明失败的彻底性。在个体生存目的的鼓励下，这个群体将一些物质从垃圾桶里取出来，例如书报、纸壳、金属品等，收集整理后集中出售。在经济意义上，他们是在获取生存资源，但在思想意义上，他们将这些物质从存在的终点重新放在生产秩序的起点。

这是废品收购者所实践的经济功能，也是他们所具有的思想功能。在日常生活中，他们是一群卑微的人，身处一个位于人类中心主义边缘、几乎被遗弃、经常被轻视的生存领域。然而，这也是一个具有原始正义的领域。一个人无论再穷苦或卑微，只要他还有自食其力的愿望，以及基本的语言与行为能力，就能获得足够的生存资源。在这个领域中，出身、学历等现代文明的附属状态已经不再重要。

这个城市的老城区经常出现一对骑着三轮车的母子。母亲身材不高，但很干练，每次带着她的儿子。他比母亲高很多，胖很多。他的头尤其大，一只眼睛无法完全睁开，另一只眼睛有些斜视，整日几乎不笑。之前，他们有一辆人力三轮车，前面两个轮子，后面一个轮子。母亲骑着车，他就在旁边用力推。不久，他们买了电动三轮车，仍然是母亲驾驶，他坐在一边，每当遇上垃圾桶，他负责下车去翻捡。

中午，母子俩在拉面馆吃饭。他吃得很慢，母亲就坐在车上等他。吃完后，他用手抹抹嘴，然后坐在母亲身边。她启动电动车，加速向前。在加速的那一刻，他的脸上露出一种源于日常满足感的快乐笑容。

这是一个卑微却伟大的母亲。她爱自己的孩子，领着他在这个具有原始正义的领域里艰难生活。

在这个日常空间里，像这对母子一样收废品的人还有很多。表面上，他们是在谋生，但在思想意义上，他们重新设定了物质的功能：取消对于被丢弃的物质的最终审判，为之赋予新生，以隐秘的方式避免了现代城市文明的彻底失败。他们骑着人力三轮车或电动三轮车，在每条路上走过。车上有个小喇叭，吆喝声几乎一样："高价回收冰箱、彩电、洗衣机、电风扇、微波炉、电脑……"总之要把日常生活领域中的电器设备呼喊一遍。

一辆三轮车出现在一条路上，不足十分钟又会来一辆。有时候，两辆车迎面而过，各自开着小喇叭，声音交织、冲撞。两个人迎面而过，就像什么都没看见也没听见一样。他们用这个声音展示着重新定义物质的力量。对于他们而言，这是一个没有商业归属权的空间，谁都可以来，卖给谁都可以，所以他们只能提高声音出现的频率。

这是一种源于同时性的、有冲击力的声音。在此时此地，它完全是一个商业目的的延伸，没有审美力，也没有启发性。这个目的之外的人可能并不想听到它，而它会在任意一个时刻到来，出人意料，无法遮蔽。对于当下这个城市而言，这种声音是一种矛盾性的存在，因其承担了一种被人轻视却不可替代的功能。无论对于物质秩序，还是对于人类道德秩序，这种声音都有存在的合理性。

这群人里有一个五十多岁的中年人，圆圆的脸，头顶上的毛发已脱落大半。他三轮车上的小喇叭有一个开关，在日常性稀疏的空间里就关掉声音，在日常性浓密的空间里再打开。他不是本地人，所以小喇叭首先会播放一段不太标准的普通话"高价回收冰箱、彩电、洗衣机"，之后语调转成方言："旧电脑、旧电视、微波炉、旧空调。"在几年时间里，这个风格都没变过，这个声音由此变成了他的存在身份。

他在一个方圆 5 公里的老城区的街道上反复出现。2017 年夏天，他在一条路上碰到一辆卖雪糕的三轮车。那辆车上同样有一个小喇叭："雪糕雪糕，小奶油雪糕、绿豆雪糕、草莓雪糕、山楂雪糕。"两个小喇叭的声音都很大，迎面而过的那一刻，两个声音相撞，但谁都不能干预谁，两个人在职业性的漠视中一闪而过。这是一个具有原始正义的生存领域。

一个中年女人骑着一辆草绿色的电动三轮车，车上没有小喇叭，但她的声音有强大的穿透性："收——破烂——儿。"音调平缓，沙哑中有轻柔，以及一点顽强。我一共积攒了 36 个塑料瓶（3 升装），还有一辆旧自行车，共计两元六角。这辆车本来就是二手车，60 元钱成交，我骑了两年，换过了多数的零件，包括闸线 5 元，后轮轴承 20 元，车蹬子 8 元，前胎 28 元，车座 10 元。但一旦进入废物处理机制，这些东西就瞬间失去了价值。

临走时，她回头看到了沙发上的书："那堆书卖不卖，这个值钱。"在那个学期，我每星期要上七次课（共计十四节，每节 45 分钟），所以带回很多书查阅。工作量大，时间紧张，我每天只能睡四五个小时，像一个高效运转的机器，不能出现一点异常。每次上完课，我会晕头转向，甚至记不清哪一天再上课，也就没有时间整理这些书，所以摆得到处都是。"书报值钱啊，1 元钱 1 斤。"她再次以专业的眼光看待周围的一切。

一个收废品的老人骑着人力三轮车四处奔走，肤色暗黑，脸上布满皱纹。在一年中，除冬天之外，他都穿着老式中山装。他不用小喇叭，也不怎么呼喊，因为他与一些商店有固定的合作关系。在宏观的城市文明中，这种关系微不足道。但对于这种职业而言，这是最高的境界，需要健康的身体、恰当的出现，以及经济意义的信任。

装修期间，我的家里有很多建筑废料（暖气片、包装盒、电线等），我在路上遇见了他。我们边走边聊，作为两个平等的日常人格。20世纪60年代，他们一家从山东来这里谋生，两个儿子也在这里务工。上楼后，他整理了物品：

——给点钱就行。
——你好说话，但咱也不能糊弄你，一码归一码。

另一个小喇叭的呼喊声由远及近，"高价回收冰箱、彩电、洗衣机……"在这个竞争性的声音里，他提着这些物品下楼。在老城区的任何一个角落，我总能碰到这个让物质重生的群体，还有他们的三轮车、小喇叭。那些小喇叭不间断地播放，词汇相似，语法相似，很多时候都无法区别。

我对于这种声音的认识经历了三个阶段：最初将之视为单纯的声音，日复一日、无所不在；之后它变成了一种让人避之不及的噪音，自然意义的安静总是被打乱；最后，我与这种当下的具体状态和解，确切地说，是听觉与心理之间的和解，源于我对于这个群体思想意义的理解。然后，我进入了这个现象的深层结构。当我从物质重生的角度看着他们的时候，一个不同于日常视野的角度出现了，我接受了他们，并尊重他们。他们是勤奋的劳动者，蓬头垢面，风餐露宿，为的是养活一个家。

夏天中午，这群人在一家拉面馆吃饭，每个人一碗拉面、一瓶啤酒，兴高采烈，举杯畅饮。之后，他们聚在树荫下，打扑克是他们交流的主要途径。他们席地而坐，地上铺一张报纸，专注而投入，不时大喊："走了！"一个人一手好牌却输了，懊恼不已，"我怎么这么倒霉？"观看的人同样投入，为赢的人欢呼，或为输的人叫屈。那些不参与也不旁观的就在地上休息，躺在几层纸壳子上呼呼大睡。在这个短暂的时刻，这个地方成了一个临时性的公共空间。他们在这里获得群体认同，也会私下达成价格同盟，各类物品（报纸、书籍、塑料、金属等）基本5分钱一斤，盛5公斤水的瓶子5分钱一个……

这是一群物质功能的重新定义者，弱化了垃圾桶的独裁性，以及现代城市文明的失败感，然后用有偿交换的方式重新定义物质的存在状态。对于这些被排挤出日常生活秩序的物质而言，他们是一群拯救者。所以，他们的功能已经远远超出了物质领域，作为物质状态的改变者，以间接的方式阐释时代精神的变化。一个人并没有能力担负这种功能，但在三十年或更长的时间里，这个群体却有效地实践了这个功能。

20世纪80年代，这个城市的日常空间被一种内涵不同的声音所控制。这是一种源自农业—手工时代的声音，其中所涉及的物质与自然的距离更近，隐藏着关于味觉的诱惑，以及对于个体命运的猜测：

"豆腐……"，前音短促强烈，后因冗长柔弱；

"糖包……馒头……"，前一个词绵长，有一个词急促响亮；

"磨剪子咦……戗菜刀"，声音低沉有力粗犷；

"修理钟表……"，轻快简洁，最后一个字低缓；

"花椒面、胡椒面、芥末面，打好黑油哎……"，开头缓和唱腔，之后有力，最后明快；

"抽帖、抽灵帖、算灵卦、不灵不要钱哪，男算求财望喜，女算月龄高低，出门人算几时归来呵"，伴有竹板声，平铺滑稽；

"哎，脚刺挠、脚烂、长脚气、脚爱出汗，买我一包吧，脚气药哝"；

"麻花儿"；

"枣、蜂蜜枣、枣蜜糕"；

"蓼花膏"；

"烤地瓜，热乎"；

"锯锅呵……锯缸喔……锯碗"；

"弹棉花"，"洋铁壶、换底，砸梁、加盖，捎带安嘴……"；

"卖瓦——盆儿、大盆、二盆、三盆贱卖；卖釉子盆哝，一套套地卖"。[1]

在当下的日常生活中，这类物质不再有稀缺性，或已经完全消失。与之相关的声音体系也就消失了，但它们由此具备了声音考古学的功能。这类考古学只能借助于那些文字化的声音，即变成文字的声音，因为实质性的声音已经永久消失。即使如此，我们对于声音考古学也不能过于乐观。因为在文字制度中，这些声音变成了长久性的存在，却处于被切割的状态，或一种存在与语言之间的分裂，所以它们

- 1 杨子忱：《老长春》，延吉：延边人民出版社，2000年，第1206—1209页。

更多的是一种关于时代精神的局部象征。在一个全新的时代，另一个声音体系会淹没上一个声音体系。这些声音每时每刻跟在这些物质后面，等到它们的功能耗尽，就靠近它们，然后缠在上面。这是一个瞬间的声音现象。在当下这个时刻，这些声音垄断了日常物质的阐释权，但它们最终也会像上一个声音体系那样被淹没。

这些失去特定功能的物质本应该进入现代遗产体系。它们的时间性已经完成，开端状态是明确的，终点状态也是明确的，既不会再延长，也不会再缩短。在本质上，这是历史记忆的存在形式。然而，这些物质最终会进入废物处理机制，而不会成为历史记忆的一个类别。

在审判即将开启的时刻，那群人出现了，骑着人力或电动三轮车，车上有一个小喇叭："高价回收冰箱、彩电、洗衣机……"在这个时刻，这个声音占领了现代城市的日常空间。这是一个具有选择性的声音，也就是选择那些具有重启功能的物质，包括金属类、书报类、塑料类等，所以这群人也就不是全部废物的拯救者。

因其本身所具有的选择性，这种游荡的声音区分了现代城市的日常时间层次。有的人生活在上一层声音中，日渐被当下的物质结构抛在后面；有的人生活在这一层的声音中，他们主导着当下的物质状态；有的人生活在未来一层的声音中，他们是受到家庭保护的未成年人，不是独立的谋生者，在正式进入日常生活秩序之前，他们用未来的视野影响物质的形状与功能。除此之外，还有少数人，他们始终处在这类声音体系之外，就像他们处在现代分工制度之外一样，例如那些因为害怕公共交往而拒绝工作的人。对于他们而言，日常生活是虚拟的，他们无法全面地感受到其中的具体与复杂，所以几乎不会进入这个声音—物质体系的实质层次。

在这群出现在白天的物质拯救者之外，还有另一群在夜间出现的人。日常物质被投入了垃圾桶，在垃圾桶的审判功能启动之前，这群夜行者干预了这个过程。在社会意义上，他们的身份甚至比废品收购者更低微，因其处在经济交换领域之外。作为夜幕里的拾物人，他们要在脏乱的视觉与味觉空间里寻求日常生活的偶然馈赠。

深夜时分，他们背着袋子，在这个城市里游走，经过一个个垃圾存放点，在混乱中寻找塑料瓶、易拉罐、电线……他们打开垃圾桶，撕破垃圾袋，努力翻找，不放过任何一个线索。深冬时节，一个七十多岁的老妇人出现在街头，双膝向外，缓慢地行走着。她戴着藏青色的棉帽子，一身深色衣服，黑色的皮鞋上有一层灰。她经常在日常居住区的垃圾存放处寻找两类东西：纸壳和金属品。她首先踩一踩垃圾袋，只要有希望就将之彻底打开。

她的脸上有疲惫、淡漠、沉静。她应该还会笑，但在独自的游荡中，她关闭了这个功能。她眼神专注，目标明确。这个目标不大，但她能以此为生。在一个自来水道改造工棚的旁边，她找到了一些塑料薄膜，提起来抖了抖雪，塞进袋子。她又上前走了两步，看到一卷没用完的透明胶带。她抬起头看看四周，然后装进上衣口袋。在人生暮年，她选择了一种具体的、实用主义的谋生策略，不乞求，不认输。

三年后，她从这个普通的日常生活空间里消失。一年后，一个六十多岁的女人承担了这个功能。她看起来很瘦，行为干练，每天背着尼龙编织带，在居住状态密集的空间里游走。她同样对纸壳和金属有兴趣。对于每个垃圾袋，她会用一根小棍子戳几下，如果有线索就撕开，将垃圾倒在地上。一个垃圾存放点有五个垃圾袋，经她搜寻后，各类垃圾凌乱一地：玻璃瓶、空盐袋、菜叶子、松子壳……包括所有的家庭垃圾。第二天早上，一个负责卫生清洁的工人骑着电动三轮车，逐一清理。他对此十分不满，但也得耐心地收拾。他指着这堆散落的垃圾，对着一群过路的陌生人高声斥责："昨天刚收拾好，今天就变成这样。"那群陌生人与他迎面而过，他们低下头，希望以此拒绝这个与之无关的声音，但他认为应该表达自己的愤怒。

2020 年夏天，晚上十点，我跟在一个拾物人的身后，以日常物质研究者或日常社会学家的身份，观察她的行为模式。这个拾物人将这种行为提升到了现代职业的层次。她右手握着一根试探用的棍子，左手拉着一辆二轮拖车，身穿蓝色破旧工装，头戴黄色的帽子，脚上有一双干净的运动鞋。她走路很快，动作敏捷，从一个垃圾堆到另一个垃圾堆，不断用棍子试探垃圾袋里的物质结构。对于这根棍子反馈回来的感觉，她有丰富的经验，能够确定里面是食物、塑料、石头，还是金属？

她在居住区里穿行，向左、向右，停驻、俯身，然后又向前、向左……深夜时分，黄彤彤的路灯照亮了她的背影，前面一辆汽车开过来，她的身体在明亮的灯光中形成了清晰的轮廓。在这个时刻，我迅速启动手机拍照功能，对准这个移动的景观，在自动变焦功能根据空间布局调整好之前，拍下了一张照片，有点模糊，但其中有无法拒绝的实证性。在这个时刻，一个现代视觉—思想机制已经开启，而她并不知道自己已进入其中。

我在她的附近活动，若隐若现，在视觉意义上制造一种与之无关的假象。但在思想意义上，她是我的导师。她用亲身实践的方式将我引入一个关于生存与审美的复杂领域。没有人愿意生活在被翻乱的垃圾所占领的空间里，也没有人愿意看到这些在深夜中游走的拾物人饿

深夜里的拾物人

垃圾整理与公共审美

死在路上。在这个城市，在这个时刻，总有一批借此谋生的人。

在日常生活中，纯粹的审美应该向生存需求妥协。这是历史理性的要求，也是个体情感的愿望。他们怀着生存的目的在深夜中游走，是这个时代的日常景观，同时又在这种景观的内部制造了新的景观。所以，这是一种双重的景观。他们的行为对于日常生活秩序是否造成了破坏，这个问题并不重要。因为在当下这个时刻，以及在宏观历史趋势中，这个双重景观并不是例外的，它们就是日常生活本身。

源于日常生活的景观，无论多么混乱，都有美的内涵。这是一种当下之美、日常之美，或同时性的美。这种内涵突破了传统美学的范畴，变成了一种广泛存在却总被忽视的深刻思想。这种美处在现代解释学的开端，展示了一种内涵丰富的日常生活类型。

然而，这群创造日常之美的夜游人却不关心他们所创造的美。他们并非没有美感，而是因为当自己的生存成为一个紧迫的前提时，他们也就放弃了审美的诉求。一个五十岁左右的废品收集者，经常在一个公共区域整理那些从废物处理机制里拯救出来的东西（纸壳、旧书、塑料瓶、铝罐、铁器等）。他将所有东西放在这里，占满了整个空间，首先将之分类，然后根据形状排列、捆扎，最后放在三轮车上。这个过程要耗费一个小时，这个空间最终会变得干干净净。他对于美不但有充分的理解，也有实践的能力。

在审美与生存双重目的的控制下，他的身体不间断地活动。一个微小的目的在他的思维中形成，他的身体状态完整地阐释着实践的过程：站起来，向右转 90 度，蹲下去……他看到一个未经分类的纸盒，要用手将之捡起来，为了实现这个目的，他的身体弯曲，手臂力量得以完全施展，双手抓住纸盒，左手与右手平均用力，身体再次直立，然后反向转身 90 度，将纸盒放在地上，身体下蹲，双手将上面的胶带撕掉，并使之平整……他的神经系统高密度地运转，肌肉系统在符合目的地伸缩着。

在这个过程中，他的心里应该会有一系列隐而不现的反应，包括担忧、愤怒、自卑、无用感。他要用纯粹的个体意志力，或生存阅历所赋予的日常理性，去克服这些心理状态，同时也去理解个体命运的复杂与艰难。他是一个精神丰富的卑微者，每时每刻都在创作一部个体意义的史诗。

他的存在又可有可无。现代文明提供了无限多的可替代性，即使没有他，这个城市的日常秩序也不会有任何重大的欠缺；即使他日复一日地出现，也不会引起多余感。我们很难用文字描述这个问题，而且这部个人的史诗也不会变成文字，就像其他卑微者的史诗一样，神秘地出现，神秘地消失。

在多数情况下，那些从事文字工作的人并不愿意，或不屑于将文字制度投放在卑微的日常物质领域，因为文字制度有附庸风雅的本性。它会利用这种本性变得更加风雅，但也变得更加虚拟、遥远，然后失去了具体的日常性，也就在本质上背离了文字与生活的关系。对于这个现象，文字制度是无辜的，应该承担责任的是那些附庸风雅的人，是他们抛弃了日常性，在文字与生活之间制造了分裂。在人类历史上，这种分裂会衍生出无知与高傲，以及可能会引起社会内部对立的区分制度。

这个卑微的拾物人日夜操劳，为了在城市里活下来，同时也间接地避免了现代城市文明在物质领域中的彻底溃败。但他的无限量动作仍然被来往的人忽视，在文字制度中不可见。在繁重的和不可预期的劳动中，他耗尽了几乎所有的力量，却无法向历史理性证实自己的价值。他坚强地活着，在历史理性中却没有一点踪迹。他身处现代文明，又身处文字制度的荒原。每次离开之后，那个空间会更加干净，他不但没有留下任何垃圾，反而会清理那些与他无关的垃圾。这是一个有公共审美力的卑微者，他对于人的公共性有健全的理解，却并不能因此远离卑微、轻视与艰难。相比于那些现代科层制度里面的人，他在日常生活中遇到困境的概率更大，但那些人并不比他高尚，所以这种美也就具有悲剧性的内涵。

二、桂林胡同步行街

这是一条充分阐释现代消费主义的步行街，在这个城市人口最密集的老城区。原来的机动车通行功能被严格限定，街道两端设置了机动车限行标志，保护视觉和步行节奏的连续性，创造一个充分满足个体感觉，尤其是味觉的食物消费空间。这不是一个纯粹缓解饥饿的空间，而是一个制造味觉新奇感的空间，或者说是一种味觉意义的诱惑。

对于日常秩序而言，这是一个颠覆性的变革。人的身体从具体的工作空间转向抽象的感觉领域，从程序化的生产状态转向非程序化的娱乐状态。在消费主义时代，整个社会从重视生产效率转向鼓励物质消耗。勤劳节俭仍旧很重要，但消费，即使是过度消费，也不再是完全负面的问题。20世纪中期，西方开启了这个进程。近二十年，中国也开启了这个进程。现代消费主义制造了一个独特的语言类别，其中几乎不会出现政治关键词，偶尔出现经济类的关键词，但基本上被限定在个体感觉领域。

2019 年秋末，经过一系列规划、审批和招标程序后，一个专业的景观改造工程队出现在这条街道上。施工工人穿橙色安全服，戴橙色的安全帽。他们首先在各个路口设置围挡，清空街道内部的车辆，然后张贴施工告示：

关于建设桂林胡同步行街封路的通告

根据市委市政府的要求，营造桂林商圈繁荣氛围，拟将桂林胡同打造成步行街，区政府对桂林胡同的建设期间封路事项，通告如下：

封闭时间: 2019 年 10 月 20 日—2020 年 8 月 30 日。

封闭范围: 桂林胡同（同志街—立信街）。

封闭期间，禁止机动车和非机动车通行，行人在人行道上通行。

在这个时刻，他们是街道景观的塑造者。然而，当挖掘机、冲击钻、推土机、运输车进场后，他们转变为辅助角色。在内燃机动力面前，他们的身体行为和话语逻辑处于被动状态。街道原来铺设的沥青路面全部被机械力挖掉，露出天然的黄色土壤。深夜时分，400 马力、载重 15 吨的高功率运输车出现在建筑废料旁边，挖掘机将建筑废料运到车斗里。那个司机扔掉了手里的烟，转动启动钥匙，周围的空气即刻陷入发动机的节奏。这辆运输车将废弃的涂料、水泥、石头运走，然后又将水泥、石块、沙子运来。

对于这种现象，我们不能就此认为是人类的彻底退却。在机器的轰鸣中，这些工人的确处于被动状态，但他们仍旧以象征性的动作主导着整个进程。司机扭转启动钥匙，高功率发动机才会启动，踩下离合器，挂入一挡，叉车才会向前……在这个时刻，他们是街道景观的塑造者，但改造工程结束后，他们的身份就会变化。有些人还可能来这里，但已经变成了单纯的消费主义符号。

封闭施工半年，这条街的功能彻底被改变。当街道入口处大理石牌坊上的红绸子被揭掉之后，这条街道就会开启一种颠倒性的时间—空间秩序。之前放任、混乱的日常商业状态已经消失，取而代之的是兼具诱惑性和审美性的消费主义景观，在现代生产秩序短暂停止的时刻创造着关于视觉、味觉和嗅觉的新奇性。

2020 年春末，晚上十点，一辆黑色的装甲防爆车停在步行街东侧的入口处。红蓝灯光高频率闪烁，发动机处于怠速状态，在 20 米处就能听到低沉的气流交换、喷油燃烧、凸轮轴转动所形成的复合声音体系。防爆车车窗装备了防弹玻璃，车顶上有一个待开启的探照灯，车内配备了催泪瓦斯、声波驱散器，以及足量的枪支、弹药。这是一种强大控制力量的展示。警察不需要站在那里，用声音教导往来的人守法文明。这辆闪着光的防爆装甲车已经塑造了一种驱逐暴力目的的视觉景观，以隐而不宣的方式实践了声音的功能。在这个时刻，它停留在这里，主要目的是保卫消费心理。

在步行街入口处，一个胖姑娘仰在公用座椅上。她刚刚吸了一口烟，从口中吐出含有焦油、尼古丁、一氧化碳、氢氰酸、一氧化氮、二氧化氮、丙酮、乙醛的烟雾。在烟雾四处飘散的时刻，她叹了一口气，"唉——"，然后低下头，注视着手机屏幕上的文字与色彩。这个公用座椅立在切割平整的方块石头路面上，椅子支撑也是切割成形的石头，中间是平整的长木条。它是开放的，没有封闭性，谁都可以坐。

椅子上横放着一瓶 40 度、100 ml 的低度白酒。在这个时刻，她出现在这个公共空间，以含蓄、间接的方式表达自己的困境。她没有启动话语模式，也没有启动四处张望的视觉模式，但她的行为模式已经被酒精改变，然后沉浸在深刻或浅薄的孤独中。

这个状态有很多解释的角度：道德化的、个体主义的或享乐主义的。当这条步行街成为解释的背景时，道德化的批评会弱化。她只是一个在困难中寻求自我宽慰的普通人，借助于改变正常思维的白酒，用自己喜欢也能承受的方式，制造一个微弱的心理断裂：过去的归过去，将要到来的仍旧让人充满希望。

我陷入了这个场景，但没有在那里长时间停留。为了尊重她的隐私权，我也没有拿出手机拍照，像个让人厌烦的窥探者那样。这个场景由此不会突破日常存在的规则，它会在不经意间出现，然后不可避免地消失。等它消失后，我可以无数次地想起来，而当它存在时，却只属于这个人，也就是说，只有她才知道自己为什么半醉半醒地坐在这里。

这条街道前面的不远处立着两个标志性的灯光景观。其中一个景观致力于阐释严肃的公共规则，语法简洁，用词严谨：

要依法经营，不要违法乱纪；要遵守合同，不要失信违约；要照章纳税，不要隐瞒逃漏；要公平竞争，不要欺行霸市；要明码标价，不要哄抬物价；要明示费用，不要强制消费；要货真价实，不要掺杂使假；要履行售后，不要推诿扯皮；要敢于担责，不要转嫁义务。

这些文字印在白色、黄色、蓝色、橙色的塑料方盒子上，但温

步行街全景

步行街精神的语言表达

暖的色彩和艺术化的效果仍然不会消解其中的严肃性。另一个灯光与半透光塑料造型构成的景观立在街道的中央。这是一个关键词的杂乱序列，以直白与调皮的方式告诉来这里消费的人应该具有什么样的姿态：

> 暴富、好运、脱单、健康、吃不胖、高富帅、白富美、瘦成闪电。

每个短语后面装备了照明灯，以预定的程序不断闪烁。这是现代消费主义的文字展示，我们甚至可以认为这个景观就是消费主义本身。街道两侧的文字以具体与直接的方式阐释着消费主义的内涵。

步行街北侧由东向西的经营类别：

黄焖鸡—美容祛痘—麻辣烫—螺蛳粉—理发店—卤肉面—花店—商店—理发店—米酒店—川菜—大碗面—火锅鸡—商店—韩式快餐拌饭—咖啡牛排西餐—商店—火锅—商店—烧烤—快餐—旅店—灯具店—蔬菜店—火锅鸡—热饮店—户外广告—装修材料—户外广告—装修材料—户外广告—装修材料—装修材料—猫店—麻辣烫—奶茶—铁板鸭烤鸡架—冷饮店—理发店—家常菜—拌饭—排骨饭—炸鸡—米线—牛肉面—黄焖鸡—砂锅—海鲜烧烤—扇贝—蒸蟹—烧烤鲜贝—商店—理发店—综合市场—西安肉夹馍—五金店—茶饮—肠粉—烧烤鸡翅—文身—玉器—烟酒店—台湾香肠—甜品店—家电维修—快餐—刺青—快餐—扣肉饼—爆肚—披萨—酸奶麻花—爆炒鱿鱼—眼镜店—炒粉—寿司—奶茶—饰品—牌匾制作—图

文广告—复印照相馆—手机店—银行

步行街南侧由西向东的经营类别：

板栗—新疆肉串—鸡翅烤肠—烤羊腰子—烤实蛋—铁板鱿鱼—
麻辣排骨—油炸臭豆腐—烤猪蹄—铁板鱿鱼—小吃—炒粉—章鱼
烧—烤面筋—烤冷面—火爆鱿鱼—炸里脊—烤豆皮—炒粉—烤串—
海鲜粉—水果拼盘—日韩进口超市—茶饮—小型歌厅—炒酸奶—茶
饮—火锅—鸭血粉丝—油炸臭豆腐—砂锅—茶饮—食品超市—油
炸臭豆腐—炸肉—肉串—火锅—茶饮—甜饮—锅巴土豆—调料店—
冷面—水果茶—快餐—酸辣粉—刺青—西施豆腐—披萨—肉串—茶
叶店—图文广告—烤肉—面筋—火爆鱿鱼—榴莲店—香肠—酸奶水
果—麻辣烫—麻辣烫—食杂店—酱汤馆—麻辣烫—麻辣烫—快餐—
麻辣烫—拌饭—公鸡火锅—火锅鸡—包子—油炸臭豆腐—旅店—烤
肉—螺蛳粉—快餐—瓦罐饭—冷面—凉皮肉夹馍—服装店—旅店—
家常菜—饭包—米粉—旅店—麻辣香锅—牛排面—甜品店—旅店—
理发店—手机维修—麻辣烫—包子馄饨—西安凉皮—粮油蔬菜—超
市—法式鹅肝—洗衣改衣—快餐—快餐—旅店—酒吧—副食品店—
快餐—重庆火锅—牛肉面

这是一个由咀嚼与味觉主导的消费主义空间。在描述这个空间的
语言中，甜、香、麻、辣（麻辣）是关键的形容词，焖、烤与爆炒是
关键的动词。对于流动的人群而言，这些词有一种自动转换为味觉的
能力，而且每个词也都会引起关于味道的想象。在这个空间里，词汇

不再是一个语言学意义的存在，它们成了食物的附属品，或是味觉启动的语言学前奏。它们借助于日常想象力引导着人，控制着人，使之走向味觉意义的狂放。这种狂放有时能超出个体感觉的范畴，作为历史理性的对立面，就像是政治革命为那些不公平的承受者所提供的感觉一样，用释放或发泄创造新的安宁。

所以，这是一种味觉政治学。在味觉政治学中，这些流动的消费者处于人类中心主义的边界之内。那些在烈火中挣扎的章鱼，那些为了这条街道的味觉制造而死去的牛、羊、猪、鸡等生灵的呼叫都被忽视了。四处蔓延的味道里有一种无法回避的残忍，而这些自然生命就是人类味觉的祭品。如果去掉人类中心主义的遮掩，步行街上只剩下一张张移动的嘴，以及作为嘴的前奏的鼻子。它们在消费主义的激励下，不停地开启、咀嚼、闭合。

步行街的另一端终止于一条垂直而过的大路。路北侧是一个银行，银行入口处上方有一个电子显示屏，滚动播放疫情防控提示："勤通风、戴口罩、讲卫生、打喷嚏捂口鼻、勤洗手，不给病毒可乘之机，保护自己，也是对他人的负责。"红色的字体从右向左缓缓移动。之后是银行业务提示："基金定投升级版，打破传统固定金额投资模式，智能调节扣款金额，上涨少投，下跌多投，提供止盈止损提醒服务……"银行外墙覆盖了一块正方形屏幕，持续显示大额存单的利率：

整存整取年利率

三个月 1.35%

半年 1.55%

一年 1.75%

二年 2.25%

三年 2.75%

五年 2.75%

……

在夜色中，两块电子屏幕具有更强大的视觉影响力，从而成为这个味觉景观的空间终点。一个人抱着两只白色的小狗，站在这个终点，被红色的商业灯光照亮。面对着流动的人群，他在重复地说话："买狗啦买狗啦……一百五一个……好养……就长这么大……"两只狗处于纯粹的商业预期中，还没有进入家庭的物质和情感结构。在复杂的技术和声音环境里，它们的眼睛里露出胆怯与不安。谁都不知道它们会有什么样的境遇，包括这个卖狗人。

十三辆大功率摩托车组成了一个夜间飙车队，巨大的轰鸣由远及近，"嗯嗯……嗷嗷嗷嗷……哒哒哒哒哒……"，然后在远处消失。电动公交车在路边的换乘点缓缓停下，前面的门开启，乘客上车，后面的门开启，乘客下车。一对青年男女拒绝了这个在固定路线上反复移动的工具，他们拦停了一辆出租车，打开后门，依次而入，这辆自由移动的汽车将会满足他们的行程要求。出租车发动机提高转速，"嗡嗡嗡……"，迅速离开。

在步行街上游走的人基本在二十岁到四十岁之间，其中二十岁到三十岁的居多。他们可能是云南元谋人、陕西蓝田人、北京山顶洞人或其他远古人类的后代，在历史上克服了各种动乱和灾难，一代代繁衍，然后在这个时刻来到这里，在机械化、电子化所造就的消费主义景观中获取个体感觉的满足。他们在这个空间里缓步而行，寻找、购买、吃喝，实际上已经进入了现代日常生活领域的特殊类别，一个口腹之欲所主导的身体—感觉类别。身体的各种动作，包括视觉变换、手脚移动、抬头、转身或停留，都是在满足口腹之欲。他们不需要有道德意义的负罪感，因为这是一种推动物质流通、社会进步的合法欲望。

在日常工作启动的时刻，这条步行街就会陷入沉寂。街上空荡荡，几乎没有人。街头两端的限行标志被暂时移开，物质补给车辆出现在各类食物空间的门前。而在日常工作停止的时刻，它又会进入高效的物质与感觉交换状态。

在日常语言学意义上，这个空间展示了一个有别于社会竞争性语言的词汇—语法类别："热不热……好好吃哦……再来一份……多放点辣椒……有点甜……垃圾桶在哪里……"这类语言处在政治话语之外，也不涉及宗教伦理，所以无论将之增强到何种程度，例如"太甜了……无与伦比地好吃"，都不会触及这个时代的敏感问题。

在集体心理学意义上，这是一个缓解的方式。经过消费的安抚后，日常生存竞争所制造的紧张感、厌恶感，甚至个体暴力倾向都会有所缓解，甚至彻底消失。尽管人类是一个爱思想、有思想的物种，但口腹之欲仍旧一次次地为之创造新的起点：忘记过去，重新开始。现代消费主义也由此具备了政治学的内涵，因其能以间接、高效的方式重塑个体的感觉，使之安宁、满足，从而缓解社会竞争所导致的紧张与冲撞心理。

我们可以将这种现象称为"消费政治学"。在现代社会中，消费已经成为一个与生产、分配、交换等具有同等重要性的机制，甚至在日常生活中成为一个具有概括能力或终结意义的末端。所以，政府重建

了这条街道，并为之制定完善的规范，从而为一系列的消费行为提供
最优越的条件。

2020 年 5 月 20 日，在步行街开业之初，道路中间的路灯杆上挂
起了一个政府告示，红头蓝底白字，右下角加盖政府公章，庄严肃穆，
不容侵犯：

> 按照市委市政府要求，为加强桂林胡同美食步行街管理，确保
> 步行街内商户正常经营秩序和人民群众的生命财产安全，从即日起
> 桂林胡同禁止机动车、电动摩托车、人力三轮车、自行车等一切车
> 辆通行。

然而，消费社会具有放荡的本性。在消费主义的引导下，个体感
觉有时会减损或降低公共政策的有效性。由于网络订餐的盛行，步行
街的美食店吸纳了大量订单。电动车穿过限行标识，不断地出现在这
条街上，加速、刹车、躲避，然后在目的地停车。配送员跑到一个卖
米线的柜台前："38 号备好了没有？"他接过包装好的快餐，快速踏上
电动车，然后加速离开。电动车后面有一个黑色保温箱，外侧贴着幽
默的提示语："头盔戴一戴，安全又可爱。"提示语旁边是配送公司标
识，提供了两个二维码，"扫码成为美团骑手""扫码关注领好礼"。二
维码上方涂刷了一个广告，希望塑造一个具有消费主义内涵的骑士节，
"致敬穿梭疫区的城市摆渡人"。2020 年初，武汉封城抗疫之际，这个
公司共计配送 396 万单食物，以及四百多万个口罩。这本来是纯粹的
经济行为，在特殊的历史时刻，却具备了宏观性的政治内涵。

这是一个可以阐释现代经济自由主义的微小景观。政府申明了对

于人民群众生命安全的关切，这是一个原则，但具体怎么办，市场主体说了算。只要不违背这个原则，他们的合理目的就可以付诸实践。一辆辆电动车被消费主义推动着，在这条街道上疾驰而过。步行街入口经常有警察巡逻车停驻，蓝色和红色警灯不停地闪烁，对于进进出出的电动车视而不见。警察在保卫这个消费景观，而这些电动车是这个消费景观蔓延的力量，不间断地将这里烹饪的食物运送到附近地区。

晚上十点后，步行街开启了更自由的模式，即地摊经济。在这条街上没有门店的人也可以在这里售卖各类日用品。一个五十岁左右的女人推着一辆配备滚轮的简易铁架子，踽踽而行，她的腿有先天性的残疾。架子上挂着各类小型装饰品，色彩缤纷，形状出奇，在流动的人群中不断激活购买的愿望。她的旁边停着一辆电动三轮车，车斗经过了实用性的改造：下方是储物空间，里面放着备用的鸡蛋、香肠、蔬菜、煤气罐；上面是烹饪铁板，五香面、芝麻、盐、油、煤气灶；最上面是红色顶棚，边沿上印着经营类别，红底黄字：手抓饼烤冷面。一个四十多岁的女人戴着黑色防风帽，穿着玫瑰色围裙，在烹饪铁板上备餐。在深夜的城市里，她独自一人在外面赚钱养家。她可能已经忙碌了一天，白天在其他地方，深夜来到这里。对于她而言，这可能是一个希望之地。

在现代城市中，这是一群普通人。他们无所不在，但历史内涵微弱，甚至无法进入历史，一生都处在不可见的状态。这群被忽视的人却是这个消费主义景观的基础。对于这条街道、对于这个城市、对于这个世界而言，他们的存在与消失，他们的理想与担忧，这些问题都无关紧要。

在这个时刻，那个出售食物的女人不断重复着一个实证性的日常行为类别。文字制度虽然忽视了她的功能，但不会将之扭曲。她在文字制度里不可见，但并不意味着她就不具备深刻的思想意义。相比于那些无限度追求名利的思想制造者，在人类中心主义的空间里，她有一种更纯粹的、关于生命存在的意义。面对人类的叙事制度，这种意义会变成一种微弱的、批判性的道德注视：优雅连贯的叙事能制造虚拟的崇高，却忽视了具体的存在。

　　我在这个景观旁边观察时，人群在一个地摊前快速聚集。一个诱惑性的景观出现了。地上铺着一张防水的红色说明书，"篮球砸沙罐有奖投球游戏"，绿底黄色字体。说明书右侧是特别注意事项，红底蓝字："10 元一次，出手就算，不试球、不打斜、不累计，回球无效，打哪组算哪组。"说明书中间是红底白色字体的游戏规则：

　　　　一次打倒 10 个罐，奖 100 元。
　　　　一次打倒 9 个罐，奖 30 元。
　　　　一次打倒 3 个罐，奖 10 元。
　　　　一次打倒 2 个罐，奖 20 元。
　　　　一次打倒 1 个罐，奖 30 元。
　　　　一次打倒 4/5/6/7 个罐，奖 2 元。

　　一个年轻人拿出手机，对准付款二维码，转账 10 元。地摊人再次向他说明规则，并补充了一句："球反弹回来碰倒的都无效啊。"他拿起一个篮球，在地上拍了三次，"嘣嘣嘣"，然后将球投向中间的一堆罐子，"哗啦啦"。众人的眼睛注视着倒在地上的罐子："1—2—3—4—5……"在这个时刻，步行街的味觉模式被视觉模式短暂取代。他们手里的炒粉、肉串、蛋糕悬在空中，咀嚼动作也为视觉让路。

这个年轻人获得了两元回报。他想再试一试，于是再次扫码支付8元。他站在那里，双手抚摸着球，深呼一口气，然后将球扔出去。这次采取的是空中策略，篮球没有在地上反弹，而是直接击中那堆铁罐，最下层四个，第二层三个，第三层两个，最上面一个。由于力量过大，篮球从这堆罐子上面飞过，碰在遮挡布上，然后落到地上，在地上滚动时碰倒了九个罐子。地摊人赶紧申明游戏规则："从后面打倒的不算啊，我们刚才已经说过这种情况。"年轻人对此没有异议。

人群越来越密集，并形成了期待性的心理，那些旁观者不断被卷入其中。地摊人重新整理罐子，另一个人站在了发球处。这个景观启动了一个连续动作—声音状态："嘀（付款声）……砰砰砰（拍球声）……咣啷啷……"

本来我在这个景观的边缘，但很快就成了这个景观的中心。因为当我开始观察的时候，这个景观还没有完全形成。当我转身准备离开时，一个年轻漂亮的姑娘站在我的身后，正抬头看着我。她有些慌，但不是特别慌，在短暂的对视之后，她的眼睛转向那个篮球。一个可能的情况是，她被我卷曲、混乱的长头发吸引。这是陌生人之间的短暂吸引，具有古老的人类学内涵。异常的头发在她心里可能激起了对于狂放不羁的想象，或对于未知的恶的好奇。对于我而言，这些脏乱的头发是一个狂放与保守的矛盾体。在四十岁之际，这个世界对于我而言不再有陌生，也不再有新奇，一切存在的都是合理的。然后，我陷入了保守心理，对外封闭，维持现状。这种心理表现在头发的风格上，我不是有意将它们留下，而是不再关心它们的长短与秩序。

我走出人群，变换角度，重新观察这个偶然出现的景观，还有那个凝视过我的漂亮姑娘。她面容清秀，仪态整洁，一看就是一个让人充满希望的人。然而，我与她一直是陌生的，在陌生中短暂对视，之后也会保持着陌生。这种转瞬而逝的目光是人类社会不断延续的伟大秘密。

一个身材矮小的女人推着小推车从这个景观旁边经过。她穿着黑色长款上衣，背后印着红色字母"PARIS"，还有黑裤子、黑皮鞋、戴着淡蓝色一次性医用口罩，缓缓向前走。她的一条腿行走不便。小推车前侧有文字说明："爆米花，10元一袋。"这是一种介于公平交易与慈善捐赠之间的状态，因为那袋爆米花的市场价格为 2—3 元，但小推车上仅剩一袋，她已经卖了很多。

对于日常景观叙事而言，她的行为本身是最重要的部分。她在这个空间里踽踽而行，激活了人类内心深处的博爱与温情。只有依靠这些博爱与温情，她的生意才能维持。人群此起彼伏，徐徐或匆匆，她穿过人群，踏在平整防滑的石头地上，往复行走，小推车的车轮不流畅地滚动着，"咔啦……嚓嚓咔啦……"

这是一个底层人的生活状态。她不能以正常的身体参与激烈的生存竞争，于是进入生存竞争边缘的美德领域。尽管这个领域的状态并不稳定，但对她而言，仍旧是一种理想的生存方式。她在一个出售小饰物的地摊前停下，站在一个展示牌"10元三个，随意选"前，一个女人低下头看着她："今天卖了多少？"她的脸上是一如既往的平静："不多啊，但比昨天好一些。"

她们的身后立着一个白色的手机电池更换系统："用小电，生活不断电。"十六块备用电池放在一个具有充电功能的塑料箱子里，下方是使用规则：信用免押金（支付宝账户可以免除押金）、扫码租借、快速充电、会员积分、安全无忧、随借随还。这个系统设计简洁，本身就是一种公共景观。更重要的是，在智能手机普及的时代，它维持了步行街消费模式的连续性。

每个消费空间都有手机支付码。这是一个综合了身份识别与交易结算的几何图，由于线条和形状的差异而具有无限变化的可能。这种变化超出了现代人的需求类别，所以总是处在充裕的可使用状态。但手机电量不是无限的。一旦电量耗尽，二维码就会失效。这种担忧催生了街边的电池更换系统。在表层意义上，一个新的就业机会出现了。但在深层意义上，这种电力供应模式维持了现代日常生活节奏的连续性。对于现代城市文明而言，连续性具有意识形态的内涵，隐而不现，但不可或缺。

这条步行街有具体的存在形式，但这不是唯一的存在方式。自开业之后，它迅速成为手机影像商业的微小类别。其中有一个经营手机屏幕贴膜的人，他每天都用手机记录自己的生活。2020 年春的一个晚上，收摊之后，他发布了一条抖音视频：

> 什么是摆摊的基本素养？出摊要板板正正，收摊要干干净净，把钞票和垃圾一起带走，今天贴了这么多膜，战果还算不错，方便自己的同时请不要给别人带来麻烦。

现代消费主义是一个可以预判的经济空间，也是一个让人充满无限想象的视觉—图像空间。各类美食栏目主持人在这里猎取景观，编辑修剪，制作成短视频，发布在视频平台上，例如抖音或快手，等待着围观、点赞、评论、转发。"撩食记"主播将之设定为一个短视频的核心景观。她首先买了芝士芒果汁，右手举着杯子，左手举着手机，一路前行；又在面包店买了吐司面包，她对之赞不绝口；最后，她又进入一个抹茶店……这是一种与感觉相关的生存—生活方式。尽管商业广告气氛越来越浓，但消费社会为之提供了免于道德批判的通行证。

这条街上的人群可以分为三个类别：一是满足口腹之欲者，或是用热闹场景与味觉满足感驱赶凄惶心理者；二是为这些愿望提供物质性支持的人；三是将这个景观当成谋生方式的影像记录者。"撩食记"主播属于第三类。她举着开启录像功能的手机进入龙虾汤粉店，坐在一盘美食前，用筷子夹起一只虾。这是一种到处可见的普通虾，经过拍照技术美化后，看起来金黄诱人，与众不同。她摘下淡蓝色的口罩，大口地吃着、喝着。她要制造一个貌美如花的"吃货"形象。这个视频发布后，获得了 2993 次播放，2151 条评论，277 次转发。

网红大萌也属于第三类。她的助手举着一个手机杆，不断变化拍摄的角度。大萌抖动着胖胖的身体，手指天空，高声喊叫，"耶……"，拍了一遍，再拍一遍，"耶……"一个镜头持续地注视着她，圆圆的脸、齐耳短发、绯红的嘴唇，"来，宝贝，展示……"

无数的镜头在这个消费主义景观中游荡，然后制造了一个多重景观体系。镜头的个体化使用倾向将喜欢手机的年轻人拉进了一个暂时性的展示机制，而他们又以娱乐化的状态进入了这个时代的日常景观。在历史上，本来承担这种功能的是革命。因为在一定意义上，革命是对有产者社会和老年人权力制度的颠覆，取而代之的是年轻人喜欢的制度。而在这个影音技术个体化的时代，手机承担了这种功能，尽管它将这些年轻人引入的是个体感官领域。

这个感官领域没有中心，没有主角，一切都是平等的，不区分有钱人还是流浪汉。身强力壮的人可以进入，病痛缠身的人也可以进入。大萌名声在外，所以要多次停止拍摄进度，与人合影、聊天。在这个过程中，她也进入了这些陌生人的视频记录，然后被附上充满了惊喜或幽默的消费主义标题，东北的幽默感获得了一次重新阐释的机会：

> 步行街偶遇大萌
>
> 大萌在步行街撩汉子
>
> 网红大萌又来了
>
> …………

本地电视栏目以新闻方式持续报道这个消费主义景观。相比于那种随意或任性的日常视频展示方式，严肃、客观、远距离感的影音机制与这个景观格格不入。在图像—影音个体化的时代，传统的电视模式日渐失去了对于日常生活的垄断力。因为在这个消费景观里，权威话语是被排斥的。鉴于此，电视栏目反向行动，去除专业性的技巧，杜绝修饰，听从日常感觉的引导，然后重新进入这个景观。全新的节目选择了动感轻快的音乐，并使用日常化的语言，再加入一点调侃与戏谑，以此创造日常性的亲近感。

2020年春末，在新冠病毒疫情得到全面控制之际，这条步行街上来了一些异常的人。他们开着价值300万元或500万元的豪华汽车，在"地摊经济"政策的号召下，进入这个消费主义景观。一个年轻男人打开了一辆豪华汽车的后备箱，里面摆放着一堆小型日用品。他将一个写着字的牌子立起来："10元三个。"前面还有四辆跑车，它们都在实践着非日常性的幽默。

　　这种行为之所以看起来异常，是因为他们在一个日常消费空间里，用偏离正常思维的方式，阐释一种本不需要阐释的存在感。这种存在感可以被当作是无聊的炫耀，或消费主义时代的行为艺术。但在疫情结束、民情振奋的时刻，这种存在感却有充分的喜剧性，足以抵消关于炫耀或无聊的批评。他们知道从这些日常用品中赚不到钱，仍旧从几十公里或几百公里的地方来到这里，为的是表达一种集体心理，包括喜悦、兴奋、希望。这是一种足以标识时代精神的行为艺术，尽管受到现代文字制度的忽视。

　　只有在一个重大事件以有利于人类的方式结束的时刻，这种集体心理才会出现，然后用难以复制的、历史性的幽默感阐释这种转瞬即逝的集体心理。一个穿着破洞牛仔裤的男人打开了红色法拉利的后备箱，将里面的毛绒玩具整理得错落有致，然后打开一排装饰彩灯。这个消费主义时代的行为艺术正式开始。他站在旁边，从口袋里拿出一盒售价 70 元的软包中华香烟，右手从里面抽出一根，又插入衣兜，拿出打火机，"吧嗒"，在火光的映照下，他的眼睛里有一种无以言表的期待。

　　他安静地站在汽车旁边，被烟雾笼罩。这是一个非职业化的商业行为。过路的行人几乎无一例外地注视着这辆汽车，而没有注意他在卖什么。一辆加高、加长的巡逻警车从这里经过，高频率闪烁的红蓝灯光照射在红色的车身上，他的脸也被间歇性地照亮，还有从他口中吐出的烟雾。

　　这辆豪华汽车离开这个喜剧性的集体心理时，却陷入了负面的道德领域。这是一个偶然事件，因为这个有钱人开车经过前面一个连锁商店时，并不知道那里会有两个流浪的聋哑人。他们坐在连锁商店门

前的石头台阶上，亲切地看着对方。他们在流浪中相遇，分别后又各
自去流浪。他们之前从没有见过，之后也可能不会再见。在相遇的这
个时刻，他们坐在石阶上，衣着破旧，头发脏乱。他们脸上的笑容是
崭新的，对视的眼睛中流露出了温暖。这是一种无所求的温暖，就像
是源于古典时代的质朴。他们的手在不停地演示，用身体行为传递信
息。这是一个无法用语言描述的过程，文字制度在这里失效了。

　　这是一辆配备十二缸发动机的豪华跑车，在排气筒的辅助下制造
出了巨大的声浪，"昂昂昂……嘟嘟嘟嘟……昂昂昂……嘟嘟……"在
这个声音的引导下，在这条路两侧的三排楼或四排楼里，公共楼梯间
的感应灯全部开启。这个声音传到哪里，哪里的感应灯就会亮起。前
面道路拥堵，这辆汽车停在两个聋哑人的旁边，"嗡嗡嗡嗡……"司机
坐在墨黑的玻璃后面，然后再次踩下油门，"昂昂昂……昂昂昂……嘟
嘟……"一百个或两百个公共照明灯为他亮起，但他不知道这些灯是
为他而亮，为一个展示个体财富的技术—声音而亮。

　　两个聋哑人的交流没有受到任何干扰，他们的手在上下翻动，面
部肌肉不断调整，配合话语的内涵。他们身后是一个集中了各种日用
品的商店，灯光通明，颜色绚烂。他们的前面是一辆价值五百万元的
汽车，停驶、等待，然后加速离开，"昂昂昂……嘟昂昂……"他们过
着自由的流浪生活，无拘无束，但当这辆汽车停在他们面前的那一刻，
他们进入了一个抽象的夹缝。

　　这是一个经济与道德的夹缝，或财富与身份的夹缝。这个司机制
造了这个夹缝，但不是有意的，他没有理由用这种方式向两个陌生的
流浪汉展示自己的财富。他可能并不否认社会达尔文主义的合理性，
也可能会厌恶这个夹缝，因为他出现在这里，本意是为了拥抱在这个

时刻出现的时代精神。当然，他也无法否认自己制造了这个阐释财富负面价值的场景。

　　这辆车有独特的线条、颜色、机械和声音状态，合在一起又构成了一个独特的景观。有时候，这类汽车的驾驶者甚至希望遇到堵车。因为在这个时刻，汽车的展示功能会增强。而汽车生产商已经预先考虑到这种情况，所以为这些八缸、十缸或十二缸的发动机装备了强大的散热系统，里面灌注了 20 升或 30 升的冷却液，一般汽车的发动机只需要 6 升左右。

　　在技术意义上，这辆车的展示功能是完备的。在堵车—展示的过程中，充沛的冷却液足以避免发动机的过热状态。但经过两个流浪汉时，这种完美的技术却会制造一种社会意义的反差。富裕与贫困同时出现，富裕停下来，有意或无意地看着贫困，语调高亢，动作夸张。尽管这种反差一般出现在流动的日常生活领域，但仍旧向现代精神提出了挑战。

　　在这里，我使用了细致的叙事技巧，但不是在批评这个人，他并不知道自己会进入这本书。即使读到这本书，他也不确定那一天自己出现在这个地方。因为在现代城市的夜晚，经常有大功率的汽车在街道上响亮地穿行。我提及这个人、这辆车，是要将之当作一个有普遍阐释意义的符号，以此说明在人类历史上，财富有时会无法避免地展示负面的道德价值。

三、景观集中

　　现代城市是实证性的存在。一切清晰可见，承担具体的功能。街道承担通行的功能，楼房承担工作或居住的功能，路灯承担夜晚照明的功能，地下管道承担电力、信息或废弃物流通的功能……这些可见景观并不是孤立的，它们也能制造出关于无限连接与高度密集的想象力。

我在这个城市的街道上游荡，经过一个又一个实践商业目的、政治目的或文化目的的建筑。每个建筑都有一扇或几扇对着街道开放的门，它们向外照射一条街道，对内创造了一个复杂而专业的知识、话语或行为空间。这可能是一个理性—情感综合体，也可能是生产—消费综合体，或历史—现实综合体。在思想意义上，这还是一个源于现代分工制度的叙事空间，包括丰富的心理与行为逻辑、无限的物质与语言状况，以及明规则与潜规则的对抗或平衡。"集中"是现代城市文明的核心机制，这些门是关于集中的隐喻。这个动词既创造了很多长期性的景观，也创造了很多临时性的景观。

现代日常生活是由众多因果关系所构成的物质、语言与空间序列。每个原因至少对应着一个结果，前一个因果关系与后一个因果关系之间有一种无间断的连接，买完菜，去做饭，吃完饭，去工作……中断是对连续性的颠覆，而连续性是现代城市意识形态的核心因素。景观的集中是对这种连续性的保护，一方面确定了原因与结果的对应关系，另一方面在不同的因果关系之间制造了没有障碍的连续性。

在集中机制的主导下，一系列相似或相关的物质、语言或功能出现在一个空间里，然后通过特定的行为，例如购买门票或出示身份证，激活这个空间的功能。在这个空间里，现代人的不同要求在同时性的状态下获得满足，这个过程不会超出"此时—此地"的范畴，个体的日常生活秩序也就有内在的完整性。

我推开一扇玻璃门，进入了装修市场的营业区，依次经过木门空间、地板空间、瓷砖空间、涂料空间、木板空间、灯具空间、窗帘空间、家具空间……这是一个相似景观的序列。在这个景观序列的启发下，我对于一个空置房屋的居住功能充满了期待。我在这个景观序列里游走，完成预设目的，同时又在那些意外景观的启发下创造新的目的。这是一种极为流畅的连续性，一个因果关系中的原因直接通向结果，没有出现阻挠性的时间延迟和空间距离。在"此时—此地"的高效连接中，这个因果关系很快又成为下一个因果关系的前提。

现代城市文明需要景观的集中，既包括具体的或功能的集中，例如政务大厅所提供的公共办事空间；也包括虚拟的或审美的集中，例如历史文化区所塑造的时间与空间想象力；既包括长时段的集中，例如书店对于人类知识的展示，也包括短时段的集中，例如商品展览会将一个短暂的时刻变成视觉的狂欢。

对于日常生活而言，集中是一种包裹或涵盖，也就是说，个体的目的总能在这些景观中得到出乎意料的满足。集中又是一种启示性的状态，也就是让那些隐秘的因果关系显示，从而制造出关于连续性的奇迹。在流动的现代生活中，这是一种希望，也是一种寄托。

（一）医院

医院是一个双重的景观集中机制。第一重是技术集中，各种检查仪器、各种药品、各种治疗辅助工具连续性地出现在一个关于诞生与离开、希望与绝望的空间里。[1] 这些仪器、药品功能不同，在一个时刻

- 1 现代医院主要诊断和治疗设备：电子计算机断层扫描、核磁共振、彩超、内窥镜、数字减影血管造影、数字X线摄影术、全自动生化分析仪、C型臂X光机、数字胃肠DR、X线立体定向放射治疗系统、断层放射治疗系统、正电子发射磁共振成像系统、医用直线加速器、医用直线加速器、单光子发射型电子计算机断层扫描仪、医用电子直线加速器、伽马射线立体定位治疗系统、医用电子回旋加速治疗系统、质子治疗系统、低温冰箱、药品冷藏箱、电热恒温干燥箱、二氧化碳培养箱、生化培养箱、超净工作台、高压蒸汽灭菌器、离心机、红外线灭菌器、单道移液器、多道移液器、水浴锅、血沉仪、血凝仪、全自动酶免分析仪、微量元素分析仪、粪便分析仪……

密集地出现，在具体或模糊的科学理性的支配下进入医生或护士的使用范畴，并在他们之间制造了语言、行为与思考方式的分化。这是一种源于知识或技术的身份特征。而在最终意义上，这种分化又会通向一个协同的集中机制。无论他们之前是否相识，但在这个时刻，他们一定会同时在这里出现。他们已经从预备性的专业训练中获得了独特的知识，然后进入不同的空间。这些空间相互独立，又相互连接。外科无法解决的问题转移到内科，内科无法解决的问题转移到神经科。这个转移的过程多数会在一类知识、技术或药物面前终止，但有少数问题会在转移中通向最深奥的命运。

外科医生、内科医生、产科医生、皮肤科医生、骨科医生……他们在现代医院里都有专属的语言—行为空间，每个空间都有密切对应的标志牌。[1]他们以可预见性的状态出现，然后开启诊断模式。患者一个接一个到来，坐在他们前面。在检测结果出现之前，这些人可能会担心、害怕或平静……在诊断过程中，医生在一个独特的语言—行为类别中无数次往返。他们知道哪些关键词会让眼前的这个人陷入绝境，哪些关键词会让他从无端的猜疑中解脱。在展示一个绝境的时候，他们可能会变成神秘的语言学家，用模棱两可的词汇创造一幕永远不会上演的喜剧。他们知道没有人能阻止这个绝境的到来，但可以强调那

- 1 现代医院科室分类：内科（神经内科、呼吸内科、内分泌科、胃肠内科、风湿科、心血管科、肾病科、肝胆胰内科、老年病科、血液科），外科（泌尿外科、肝胆胰外科、胃结直肠外科、整形美容科、乳腺外科、神经外科、血管外科、胸外科、甲状腺外科、心外科、五官外科），男科，妇科，中医科，骨外科（骨关节科、脊柱外科、创伤骨科、手足外科），感染症科，麻醉科，疼痛科，儿科学（儿内科、小儿心血管科、小儿神经内科、小儿外科、新生儿科、小儿血液科、小儿内分泌科、小儿神经康复科），肿瘤科，妇产科，皮肤性病科，口腔科，急诊科，碎石科，检验科，基因诊断中心，药剂科，精神心理科，烧伤科，介入医学科，康复科，运动医学科，病理科，医学影像科，营养科。

个永远都不会上演的喜剧会有哪些让人惊奇的情节。

医生不是这种极端身体状况的制造者，他们是这种状况的发现者。一个中年医生坐在医学影像空间里，对着进入照射区的人说着重复性的话："脱掉上衣……往前一点……呼吸然后憋气……"一个黑白影像出现在电子屏幕上，他只负责打印出来，剩下的事属于医生和患者。每天下班后，他们离开医院，回到私人空间，这个语言—行为类别就会暂时消失。他们转而进入了日常生活领域，开车、买菜、做饭、刷碗，有孩子的要辅导作业，没结婚的忙着恋爱。第二天，当他们再次穿上工作服，进入自己的空间时，也就进入了这个职业性的语言—行为体系，不惊不乍，不悲不喜，这并不是无情，而是因为他们看惯了生死离别。

第二重是心理状态的集中。一些心理类型经常在医院里出现，包括担忧、悲伤、喜悦等，而且几乎都会以极端的状态出现，瞬间到达顶点，然后一点点消散，有时会成为一种终极性的平静。在医院入口，每天人来人往。他们怀着担忧、希望或深奥的平静，经过提前预约或现场挂号程序，进入外科、内科、骨科、妇科、眼科、化验科或消化科的诊室，与面前的医生开启一个实证性的对话类别。所有的词汇都对应着一种身体感觉，一个形容词即使被赋予了最极端的内涵，但也不是没有意义的夸张。之后，他们拿着缴费单去抽血、拍片，或者进入核磁共振机的那个简洁的圆形空间。这是将一个人剥除社会身份、恢复生理状态的过程，也是一个心理类型酝酿的过程。在接下来的一个时刻，这种心理可能会瞬间消散，但也可能会达到极端。

在人来人往中，一个集中性的心理空间出现了。这是这些人对于已经结束的过去的总结，或是对于不确定的未来的预测。他们可能有无法言表的悔恨，或是重新开启的希望。怀着复杂的心理，这些人在医院里奔走，半个月或一个月后又回来。每一次奔走都是一种生命意义的修行。一些幸运者经历了身体的极端感受，疼痛、呕吐、麻木、耳鸣、视力模糊，然后以崭新的状态开始生活。另一些人也有过这样的重生，但他们很快又回归以前的生活，胡吃海喝、争名夺利。自然意义的生命再次受到欲望的压迫，或是受制于高强度的社会竞争，或是受制于个体的胡作非为。终有一天，他们还会去这个医院或那个医院；但也终有一天，他们会认识到稳定生命状态的优先性，尽管这个认识到来得有些晚。

2020 年秋，在新冠疫情时代，我来到了一个三甲医院的入口。戴好口罩，在手机上启动本地健康码程序，一个绿色的二维码出现在屏幕上。我将之对准一个连接大数据系统的电子读码器，"嘀"。个人移动信息进入这个系统。在一个瞬间，电子程序核实了我的身份和活动范围，并确认这些信息的有效性。然后，我获得了通行权，经过三个穿着白色防护服的工作人员，进入了这个双重景观集中机制。

这里有来自各地的人，怀着不同的目的，各类检测设备在这些目的的主导下高效地运行。我走在一个漫长走廊的右侧，匆匆而行的人与我迎面而过。他们在这个时刻出现在这里，最终的希望是恢复健康。这个希望有时会落空，即使如此，它也不会瞬间解体或破碎，因为医院是现代人类中心主义的核心领域，处在人类中心主义之巅，并尽力避免解体或破碎的出现，然后千方百计延续这个希望。

医院入门大厅右侧是急诊科。一个在建筑工地被倒下的架子或掉落的石头打破脑袋的人，在工友的扶持下来到这里。他躺在一张可移动的治疗床上，闭着眼睛，脸色黯淡。一个生命恢复机制立刻启动。主治医生和两个护士迅速聚集，然后按照世界通用的行为逻辑挽救这个生命。工友们的表情在变化，从紧张到放松。一个人拨通了电话：

"放心吧，没问题了。"

产科是一个喜悦之地。十月怀胎，一朝分娩。这个空间里摆满了床，作为物理性的支撑，担负着将生命和心理同时推向新阶段的功能。护士们昼夜不停地走动，测量体温，提供指导，等待着生产的信号。她们脚步飞快，在医疗前台与病房之间高效地传递信息。每次检查，她们都会被家属或护士围在中间，然后用拒绝想象力的语言将这些人从迷茫引向对于一个希望的等待。

在产房里，新生儿的啼哭声不间断传来，同样不分昼夜。这是一个希望之声。新任父母抱着这个柔弱的生命，满怀喜悦。在之后的一年、两年，或更长时间里，这家人会因为这个孩子的落地而实现了圆满，也可能会因为繁重的日常生活而陷入困境。无论如何，这个柔弱的生命永远都没有错，因为他不是主动要求来到这个世界的。

产科并非是一个完全被喜悦所占领的空间。一些足以减弱或消除这种喜悦的幽灵会挤入其中，在一个不经意的时刻突然降临。在产科的过道里，护士们来去匆匆，刚生产完的母亲在亲人的扶持下缓缓走动，恢复活动能力。一个五十多岁的男人拿着检验单，靠在墙边独自哭泣，声音低微，泪如泉涌。

他们一家人从附近县城赶过来，在这里待产。他的女儿很快会分娩，但怀孕后期出现异常状况。他们认为是妊娠期的正常现象。这一天，她做了 B 超和相关检查。对于结果，他们不愿意接受，但无可选择。女儿的病情已经到了最后的阶段，他不得不面对生死之别。这是一个希望与绝望的交错地带：他的女儿将不久于人世，他的外孙能顺利地来到这个世界。他站在墙角，跟随行的人诉说。他控制着自己的声音，使之能够准确地解释当下的状况。他表意清晰，却无法控制奔涌而下的泪水。在这个时刻，希望驱赶着悲痛，绝望啃食着喜悦。

肿瘤科病房是一个平静之地。在病房外的走廊里，一个老人坐在轮椅上，穿着蓝白相间的衣服，独自面向窗外。他在等待，等待着孩子的到来，也等待着其他可以预见的结果。他的孩子很快回到他的身边，手里拿着一张自动打印的检测单。这个老人抬起头，安静地看着他，然后又转向窗外的景观：一排排的居民楼，路上是一辆辆经过的汽车……他已经离开了这个日常性的生活空间，但一定还怀抱着重新回归的希望。他的孩子将报告单卷起来，弯下腰，与他轻声问答。他还是那样平静，眼睛望着窗外。他的孩子调整轮椅的方向，然后缓缓离开。在转过身的那一刻，他微微闭上了眼睛。

这个空间里的人已经被现代医疗制度编码，统一发放服装。在一个瞬间，他们被绝望笼罩，个体的日常秩序和心理状态也被彻底打乱。他有亲人，但仍旧要独自承担这个结局。对于这个世界上的人而言，这个结局并不是不可接受的，因为每个人都会走向这个结局，或早或晚，以这种方式，或以那种方式。每个结束都有告别的仪式，以长时段的方式，或以短时段的方式。当这个老人穿上蓝白相间的衣服，手腕戴上编码，这个长时段的告别仪式就开始了，并提早驱逐了生命力回归的希望。

诊疗期间，现代技术以平等化的程序去掉个体生命的日常状态，使之变成一个不确定的、可以任意摆布的符号。他就像法国思想家福柯一样，失去了之前的身份，只剩下一个不断被侵蚀的身体，医生"在这里拨弄一下，在那里拨弄一下，（他的身体）被放到搅拌机似的行政机构中碾过，失血一般地丧失了自己的过去和尊严"。[1] 在个体身

- 1［法］吉贝尔：《给没有救我命的朋友》，徐晓雁译，开封：河南人民出版社，2004年，第19—20页。

份消失的仪式中，他和他的亲人会进入过去—当下的回忆，享受人世间最温暖、也是最后的情感。遥远的未来已经消失，但当下还在延续，就像凝固了一样。

这是一个冷冰冰的、无法逃避的现实。但在另一方面，技术也有重启生命、创造温暖的力量。近十年，肿瘤科医生在传统手术、化学治疗和放射性治疗之外，开拓了一系列新方法，包括微波消融技术、靶向治疗（药物瞄准肿瘤的位置，释放有效成分抑制细胞繁殖），以及免疫治疗（用药物激活人体免疫机制，通过自身免疫细胞消灭肿瘤）。一个本已处于最后阶段的生命具备了重新开始的可能，中断生命的幽灵被赶走。即使三年或五年后，它可能还会回来，但关于生命的告别仪式不再是瞬间的断裂，也就不会那么让人绝望。

绝望—希望—绝望的过程会极大丰富医院内部的心理类型。第一次绝望出现后，并没有直接走向彻底的平静，在现代技术的辅助下，喜悦、欣慰、悲观会反复出现。绝望之后的希望并不是绝对的希望，它仍然有啃噬力，就像是一种潜在的威胁。而最后的绝望出现后，尽管彻底的平静会出现，但这是一种迫不得已的心理。处在这个情感旋涡中心的人，有一天可能会以生命重启的状态离开，但也可能会被卷入无以言说的虚无。

对于人类而言，情感有三种类型：原生类型、旁观类型和想象类型。那个父亲是一个原生情感类型的创造者，悲痛压迫着他。我是这种情感的旁观者，在那个时刻能清晰地感受到这种情感的冲击力。我为之震惊，但爱莫能助，只能将之记录下来。远方的人，或未来的人看到了关于这个情感类型的叙事，就能想象那个父亲的困境，或者能理解这个情感类型，然后具有更清晰的同情心。

但想象并不意味着复原，有时也会出现篡改或变形。古代人在饥荒时节挖野菜充饥，他们不喜欢野菜，甚至厌恶野菜。现代人仍旧有厌恶的情感类型，但他们并不厌恶野菜。相反，他们喜欢挖野菜，也喜欢吃野菜。如果没有这种机会，他们也会美化古代挖野菜的生活。这种美化就是源于想象的变形。现代思想界出现了一个新领域，即情感史分析。而想象的变形是对情感史方法的潜在挑战，即缺少了现场感，情感史就会成为一个想象的类型。

（二）高考考场

在现代中国，对于多数人而言，高考是创造个体社会身份的起点。这场考试结束后，一个人就获得了社会意义的身份。而考试之前，在严格意义上，他并没有这样的身份。他属于家庭，是某个人的孩子。此外，高考是现代社会结构的区分机制，对于以家庭或家族为基础的竞争方式而言，是一种可预期的颠覆。这种颠覆尽管不能获得绝对公平的结果，却能最大程度地更新社会结构。一批出身优越的人在这场文字—数字—逻辑的竞争中失败，他们就要承担社会身份变化所引起的一系列负面后果。与之相反，一批出身贫寒的才学之士离开了农村或城市的边缘地带，作为生机勃勃的竞争者进入现代城市文明，在这里安身立业，同时也进入了现代分工制度。

每年 6 月 7—8 日，高考如期举行。这是一个具有临时性与周期性的景观集中机制，也是一个具体又抽象的景观集中机制。在这个时刻，参加考试的人激活了从九年义务教育和三年高中教育中所获得的几乎所有技能，包括语言表达、数理运算，以及考试的经验，然后独自一人进入考场。为了创造公平的竞争，一系列复杂的规则依次出现，

包括命题保密、试卷管理、考场监控、试卷批阅、分数查询等，总之
一切要有可控性。

　　这是一个透明的技术与文字空间，一个集中了信息生产、控制与
审核的公共景观。这个空间里密集分布着各类监督人员、服务人员，
还有高效运作的反作弊设备、生命应急抢救设备。根据既定的编号，
这个等待区分的人坐在特定的凳子上，将笔袋放在桌子上。他可以向
左看、向右看，观察监考人员的外在特点。他的心理在变化，但庞大
的考试景观使之自我控制。他知道自己已经离开家庭的保护，在严密
监视、可追溯的状态下完成不同科目的试题，语文、数学、英语、地
理、政治、历史、物理、化学、生物等。在严格的考试进程中，他们
会遇到各种困难，但只能反求诸己。

　　这也是一个声音管制的空间。考场四周的路边放置了交通提示牌：
"前方考场，禁止鸣笛""前方考场，请绕行。"只有警察掌握了声音扩
大装置，他们随身携带对讲机，工作灯在稳定地闪烁。其他的声音都
被限定为自然状态，不能有意外的起伏。一旦有异常状况，应急人员
立刻会去干预。

　　这种情况一般不会出现，因为这是一个社会共识的集中机制。谁
都知道这里发生着什么，并为此调整自己的行为，使之符合这个集中
机制的要求。现代日常生活在正常的节奏中会出现很多坚硬、不可融
通和不可调整的状况，但这个机制改变了这种状态，烦躁的变得安静，
高亢的变得谦逊。

　　一群制度性的人格维持着这个集中机制的秩序，即警察。在生物
学意义上，他们是人。但在这个时刻，他们出现在这里的时候，已经
变成象征性的符号，或一种制度的外在景观。在本质上，他们就是制

度。当一个警察在看着我时，我知道并不是一个人在看着我，而是一套制度在看着我。冷静、警觉是人的正常状态。每个人都有这种状态，虽然不是经常实践，但在这个空间里，他们要始终保持这种状态。这是一种对于突发事件的预见状态。

对于这群警察而言，这种状态既不是终点，也不是起点，而是一种制度化的行为模式，或一种被制度覆盖的状态。他们生活在制度之中，认同这种制度，所以这种行为模式也就变成了制度的一部分，眼神敏锐，举手投足中展示着关于瞬间爆发的暗示。

在 20 世纪后期的现代性批判中，警察，尤其是他们冷静、质疑的眼神，变成了阐释观看—权力的重要视野。但他们不是现代性批判的主角，而是受到批判的类别。那些处在现代制度外围的人主导着现代性批判的方向，尤其是那些身处现代制度边缘的人，例如法国左派思想家，他们在现代叙事中充分表达了对于这种观看制度的不信任感。

18 世纪以来，法国警察被压缩为一种源自旧制度、拥护旧制度的观看符号。在现代社会中，这种符号不但出现在法国政治领域，也在日常生活领域中蔓延。一场足球赛结束后，我从巴黎圣日耳曼球场出来，在进入街道景观之前，首先要接受它的提醒。通道两边站着两排警察，每排 20 人，身高一米九以上，穿着黑色工作装，戴着黑色防暴头盔，左手握警棍，右手拿防爆盾牌，安静地看着每一个从球场中出来的人。

对于这种密集的观看机制，我们在实践现代性批判之前，要有一个清晰的认识，即在日常生活领域，这是一种对于可预期的混乱的驱离。高考结束后，这群警察会从这个临时性的空间里消失。而在这个时刻，他们以活跃、警觉的状态出现在这里，除了维护社会区分制度

高考考场的入口

之外，并没有展示压迫的愿望。

　　之后，各类试卷进入了评审程序。一群经过道德提示、法律告诫和技能训练的人，集中出现在一个透明的空间里。他们的注意力高度集中，快速判断应答信息与既定标准之间的关系，然后在一个方格里填入分数。这些分数很快进入综合性的计算机系统，在特定程序的控制下自动分类、汇总，与姓名、考试编号相对应。通过电脑查询系统得知分数后，参加考试的人意识到自己到达了现代教育进程的终点，同时又隐约地意识到已经处在全新的起点。

　　在高考之前，一套适应性的程序已经在三年前，甚至在更早的时刻启动。准备参加考试的人不断地训练考试技巧，不断修订表达知识的方式。这个过程充满了关于时间与感觉的矛盾。一个人专注地生活在这个程序中，他的时间感会不同于日常生活节奏。在回顾过去的一个月或两个月的历程时，他可能觉得那是倏忽而过的一瞬间。而当他返回当下，却像是进入了个体感觉的凝固地带。时间从来都是均匀流动的，但在他的感觉中已经失去了均匀的特点。

　　2017年初夏，我进入了一个考场的外围，作为一个旁观者，在人群中停留、往前走，然后又返回，看着迎面而过的学生和父母。在一道警戒线前，学生与父母分别，然后在警察的注视下独自走去，经过考场的正门，穿过保安的目光。他们的手里拿着一个透明塑料袋，里面有铅笔、橡皮、尺子、圆珠笔或碳素笔。在之后的两天，他将靠自己的记忆和推理能力应对各种题目。在一个极度安静的空间里，他的眼睛仍旧能看到很多信息，但这些信息事先已经过审查，并被限定在励志或提醒状态，与考试题目没有任何关系。

　　他们的父母在后面挥手或注目，怀着希望，也有担忧，看着自己

的孩子独自进入生存竞争领域。在日复一日的修炼中，这些父母已经
形成了以旁观的角色应对这个变化的心理。复杂的情感在心中翻转、
交错、挤压、覆盖，他们的面容却极为沉静。

　　在这个时刻，这些人共同构成了一个多层次的社会心理集中机制。
考试结束后，这个集中机制很快会变化，各种心理类型（希望、担忧、
失望、重生等）以可预期或不可预期的方式相互取代，担忧被重生覆
盖，或者希望被失望驱赶。在这个过程中，一个时间旋涡出现了。父
母的时间、学生的时间、警察的时间、监考者的时间在这个地方汇合，
形成一个多重时间的统一体，停留两天后又消失得无影无踪。但在这
些人的记忆中，这个旋涡不会消失。它会成为个体生命的路标，长期
清晰。因为这个旋涡里的时间会失去原来的流动性，然后变成深刻的
记忆。

　　对于日常生活秩序而言，高考是一个异常的，或等待异常、应
对异常的景观集中机制，所以无法展示出一种缓慢流淌的平面状态，
但商业目的在这个集中机制中加入了日常性的因素，进而变成另一
种景观集中机制，既是对于商业社会的展示，也是对于商业社会的
批判。

　　从考试入场程序开始到结束的过程中，在父母们持续等待的那条
路上，商业目的无限活跃。这个游荡的群体找到了最佳的行动时机。
对于他们而言，这是日常秩序中一个具有期待性或诱惑性的起伏。那
些参加考试的人，还有他们的父母，也处在起伏之中。只是对于他们
而言，这种起伏更多的是不确定。在这个时刻，游荡的商业群体要为
之创造关于未来的多种想象，将他们从教科书的逻辑中拉出来，然后

以有偿的方式将之投入汽车逻辑、艺术逻辑或外国语言的训练场。

我也在这个空间里游荡，作为一个没有商业目的的现代制度观察者。商业模式无法定义我的身份，考试模式也无法定义我的身份。因为根据表象判断，我与这个空间并不具备明确的联系，我不参加考试，我的孩子不参加考试，我也不是工作人员，所以商业模式和考试模式都无法吸引我或要求我去实践它们的目的。

我在一条南北 50 米长、临时限制机动车通行的沥青路上来回走，不断地收到广告。首先是一个房地产销售广告，语言雄浑、空虚："缔造城心一个高端样本，三大卖场四大商圈，轻轨公交资源丰盛，轻奢微豪宅，拎包入住，为尊崇生活而来。"在我观看的时刻，一个人将一份白皮书塞到我手里：《大学生四年规划》。主标题下方有两行圆体黑字："谨以此书献给参加 2017 年高考的莘莘学子，祝各位考生金榜题名。"它的主导逻辑是：跟着我学习英语，你的人生会大不相同。在此基础上，它提出了一个概念："后高考时代。"这是一个公益教育与商业计划的完美融合，试图改变这群考生的时间意识，将模糊的未来放在他们的当下：

> 对于一切尚处于迷茫混沌状态的大一新生来说，这时候如果有人肯为他们的大学英语学习之旅做出正确的规划，那真是极好的。

这段话下方有二维码，"扫描关注，即可领取 2000 部影视资源、8000 本电子书、600 部英剧美剧及最新原版电影"。这本白皮书将大学英语分为考级部分（四级、六级考试）、考研部分、出国留学部分（雅思、托福考试）。每一部分列出难度系数和重要指数，并特别提示。[1]

在考研部分，白皮书又规划了时间：大一为预备期，大二为基础全科学习期，大三为强化、提高、冲刺学习期，大四一年被切割，两个月为一周期，包括基础学习、阶段调整、基础学习、期末考试周、得暑假者得天下、迷茫期、阶段调整期、考前两周冲刺期。在出国留学部分，白皮书说明了各类英语班的时间表，并希望获得商业性的信任：

> 你们要相信品牌的力量，而我们能提供专业资深的海归留学教师队伍，独特易懂的现场 PPT 讲义，高端舒适的教学环境，轻松愉悦的课堂体验。

在最后一部分，白皮书介绍了香港各大学的申请技巧与英语条件："什么是港大，如何才能读港大，什么时候准备，准备什么，港大班如何帮助你。"

白皮书是高考之后关于英语学习的代表性方案。经过系统课外辅导后，有多人入读早稻田大学、宾夕法尼亚州立大学、首尔大学、莫纳什大学、新加坡国立大学、悉尼大学，或肯特中学、卡罗尔高中、剑桥文理中学。这些赴国外就读的孩子们成了这所学校的光荣，同时也为白皮书创造了一个结语：

> 在这里筑梦，让青春无悔，还在犹豫什么？赶紧联系我们吧。

- 1 大一新生的四级通过率高达 43.67%，大二学生四级通过率为 38.69%，大三学生四级通过率为 29.87%，而大四学生四级通过率低至 22.78%，我们发现，大一新生的通过率是最高的，也就意味着四级考试的学习要趁早。

我在这条路上走了三回，所以三次收到这个白皮书。没有人在意我刚才出现过、索取过，再次出现、再次索取。在这里，商业模式不同于现代制度所主导的观看模式，它是一个不断消除短时记忆的模式，它希望陌生人出现，并始终对之抱有微弱的希望。

此外，还有很多简易的英语培训广告，印在各种形状和颜色的纸上，包括口语训练、外教互动、面试辅导、出国考试培训、外企面试等。[1] 一个留学公司发布了一张硬纸彩页广告，"和一些盲目追求生产效率的企业不同，我们把客户满意度作为所有决策的首要考虑因素。"它的办公地点分布在世界的主要城市，团队齐全，随叫随到，提供一流的留学服务，"打造一个真正全球化的教育服务平台"。[2]

其中，最吸引注意力的是高考志愿填报指导。对于这场考试而言，这类广告是一种空间性和时间性的延伸，同时也是一个让人充满想象的心理类型：

> 高考志愿填报，说简单非常简单，只须知道九个字，凭实力、选学校、择专业；四个关键词，即实力、选择、学校、专业。

根据印刷质量和内容编排，我选择了一个最权威的广告。这是一

- 1《高考后下一站，遇到更加优秀的你》《暑期外教英语特训营，3980 元》《全外教授课，场景式教学》《线上软件预习课程内容，线下老师针对训练》《20 天打造一口流利口语》……其中一张广告是雅思、托福班，学费 9980 元，报名就送华为平板电脑，八核 3G/32G，或头戴式无线蓝牙耳机。
- 2 该公司人员有专业文案顾问（进行留学文书写作和润色）、文案组组长（严格审核申请录取的全套文件）、录取顾问（全程跟踪国外院校的不同部门，确保快速准确的录取）、签证顾问（根据移民局的要求整理、包装签证申请文件）、后期服务顾问（安排学生交学费、体检、接机、住宿等离境前各项事宜）、海归专家（提供离境前的贴心辅导）、境外办公室顾问（预定接机、住宿安排、学习指导、免费转学升学等服务）。

本小册子，涉及填报志愿的各种情况，并提出将个人选择融入"一带一路"的国家战略。为此，它建议考生考虑小语种，然后介绍了小语种学校的情况。关于未来就业形势，它概括了八类紧缺专业。[1] 最后几页有一个附属广告。这是一种广告里的广告，涉及旅游、美容整形、啤酒、有机大米和新房信息等。

　　一小时之内，我收集了差不多有十斤重的广告纸。其中，志愿填报广告类别最全，既有精细印刷的，也有草草打印的。但无论何种展示状态，它们都在用虚拟的语言技巧对外展示万无一失的力量：

　　　　独特的技术手段，十年积累，百发百中……我能够让三本的进二本，二本的进一本……我能做到一分都不浪费。

　　　　多年报考经验，没有一起失败案例。

　　　　高考尚未结束，家长仍需努力。

　　　　专家坐镇本地，家长随时预约，所有咨询必须面对面。

　　　　孩子大学四年期间，可随时与自己的职业规划师沟通关于学习、生活或职业方向的问题。

　　最后一类广告涉及日常生活技艺，包括驾驶考试、游泳培训、美容塑身、演讲口才、舞蹈乐器等。一张粉红色的广告上端印着黑色的字"准大学生干部培训营"，针对那些希望成为学生干部的人，"拥有更多的锻炼机会，为就业发展奠定坚实的基础"。它会为之规划大学生活，"变被动成长为主动成长"。学习期间，大学特聘教师、辅导员亲

－1 八类紧缺专业包括公安类、医学类、兵器类、气象学、航空航天、信息与电子科学、材料类、工程力学等。

自授课，内容包括：学生领袖特训营、情景口才实战营、沟通人际训练营、礼仪形象训练营、才艺速成训练营。总之，经过系统训练，参加者会"具备高端能力、高端资历、高价值工作经验"。

考试结束后，一群即将成年的孩子们走出来，带着不确定的喜悦、凭空幻想的悲观或自信，经过这条商业目的主导的林荫路。对于他们而言，未来的两个星期将会很漫长，热切的等待制造了一个独特的现象：短暂的时间变得无限绵延，但他们无法置身事外，而是深陷其中，难以摆脱。这是被目的异化的自然时间，也是被目的异化的日常生活。他们不想陷入这个近乎停止的节奏，要把这段时间从凝固中抽出来，揉成一团，使之加速耗尽。

对于这种例外的时间状态，商业目的具有充分的渗透力。这些处在悬空状态的孩子们怀着对于未来的想象，进入各种学习空间，同时也进入了一种多余、漂浮的时间节奏。在分数公布的时刻，他们的时间立刻出现了分化。对于有些人而言，过去和未来同时出现，清晰可见。在当下这个时刻，一切都变得轻盈，他甚至会感受到漂浮在日常生活之上。但对于另一些人，过去、现在和未来变得混杂不清，远方也没有出现。这是一个时间、空间与感觉的纠缠之地。他的身体变得沉重，感觉变得麻木。有时候，他的时间观念甚至会完全消失，时间要拖着他前行，从一个空间进入另一个空间。

无论如何，这场考试是他们的成年仪式，考试分数会赋予他们全新的身份。这个身份既是抽象的，也是具体的，包括知识体系、职业类别、用词习惯、身体节奏，以及空间状况等，都会因为几个象征性的数字而改变。高考之前，他们有统一的身份：学生或中学生。这个身份既没有性别差异，也缺少法律内涵。他们穿着一样的校服，在家庭与学校之间有规律地变换。但高考之后，他们获得了不同的身份。这是社会意义的身份，并在很大程度上会决定未来的语言、行为和思考。

在现代中国，高考是一个可预期的身份塑造机制。一个孩子刚出生，他的父母就知道，十八年后他要参加一场考试。长久的可预期性使之成为重新塑造社会结构的共识，并最大程度地影响着一个人的童年时代、青年时代，甚至一个家庭的生活方式，包括食物结构、营养状态和作息秩序。

（三）银行

离开这个考场后，我走入了一个银行，将一笔定期存款变成活期存款。当我进入这个经济空间时，实际上进入了一个技术—功能的集中机制。对于我的职业状态而言，这是一个中断，是日常生活对于现代分工制度的中断。周围的一切都与我的工作无关，但对于这里的工作人员，我的出现延续了他们的工作。他们的身体姿势和面部表情要符合现代分工制度的要求，一个穿着职业装的年轻女人在看着我微笑。这不是一种源于日常感觉的身体反应，而是习得性的被动身体策略。为了实现这个商业目的，现代分工制度要求她无条件地隐藏内心的真实状态，无论愤怒、迷惑，还是亢奋，然后对外无差别地微笑。

在现代生活中，银行是一个长期存在的信用景观，集合了一系列的技术，例如数字计算、人脸识别、身份确认等。机械式按键、触摸式按键、电子摄像头稳定地承担着这些技术的实践。由于新技术的不断进入，这个景观正在经历着深刻的变革，银行大厅里的工作人员越来越少，自动机器越来越多。这些机器将存款、取款、转账等人与人之间的交流变成人与机器之间的交流，从表面上看就像是一种单向程序。手指在电子屏幕上点击、滑动，拍照、身份识别，密码校对，一个可以无限变化的虚拟键盘在屏幕上出现。电子声音适时提醒："请再次输入密码……请点击确认键。"一个具有法定效力的条款被激活。

一系列自动机器聚集在这个空间里，间接、抽象、高效地实践着现代金融制度。我站在这个空间的接待处，脚下铺着淡黄色瓷砖，80厘米见方，平整干净，反射着屋顶上方的米黄色节能灯光。在这个时刻，我已经离开了因为重复性而消失了新奇的工作程序，站在另一个分工类别中。这是一个全新的物质、语言空间。我没有逃离"此时此地"，却获得了身处异类时空的虚拟感觉。

现代分工是一种伟大的制度，它不能区分人性，却区分了人的语言与行为类别。它拒绝虚空，却制造了一种短暂、不真诚，却高效运行的经济模式。在分工制度的主导下，现代日常生活领域中出现了很多临时性的功能符号，例如那个微笑的工作人员。我们无法用严肃的方式对待这些符号，也就是过分要求笑容的真诚，却可以将之看作是现代日常生活的技术形式。

这种态度是对于实证愿望的跨越。在同时性的现代感觉中，这种跨越意味着忽视或逃离，至少能以瞬间遗忘的方式应对商业状态关于真诚的表演。这种跨越还意味着对于真实状态的心领神会。即使经过现代分工制度的改造，人的本性仍旧是稳定的。那个微笑的女人就像远古时代的劳动者一样，每天在这里站立六小时或更多，辛勤工作，为了自己的父母、自己的家庭，或自己的孩子。对于具体的人而言，这是活着的伟大意义。尽管由于重复出现，伟大会被看作是烦琐。但这是一种认知偏差，因为无论如何重复，这种意义总是存在的，哪怕很微小，但总会在失去的时刻庄严地出现。

一个穿灰蓝色套装的保安从我眼前经过，测量体温，检查行程，然后问我要办什么业务？我站在银行大厅的接待处前，旁边有一个放各类资料的木柜，柜子里有各种信息手册（法律类、理财类和金融规则类），可以免费获取。[1]在现代分工制度中，我不属于这个空间，我

- 1 法律类别中有一张宣传册：《了解人民币爱护人民币》。正面解释与人民币相关的法律以及识别假币的方法：人民币图样使用需要批准，不可擅自用作封面，人民币不要夹在商品中使用，发现误收的假币应及时上缴，积极配合金融机构收缴假币，不可以将人民币作为商业装饰，拒收人民币是违法行为，发现他人持有假币应立即向公安机关报告，鉴别真假人民币应综合分析。反面解释具体识别的方法，包括：固定人像水印（两面都可以看见，对着光亮处，看到暗淡的影像），白水印（位于正面双色异型横号码下方，迎光透视），隐形面额数字，光变油墨面额数字（上下晃动，正面左下角的数字 100 的颜色由绿色变为蓝色），全息磁性开窗安全线（北面中间偏右可以看到缩微字符 100，仪器检测有磁性），凹印手感线（雕刻凹版印刷工艺，有较强的凹凸感）。
　　法律类别中的另一张是反假货币工作联席会议办公室印制的《反假货币漫画宣传》。该办公室的职责是"根除假币，利国利民，反假货币人人有责"，内容包括识别假人民币的方法，发现假币如何处理，办理人民币存取款业务的金融机构可以收缴假币，并加盖"假币"戳记，中国人民银行、公安机关有权没收假币，金融机构工作人员发现假币后如何处理，老百姓取款时需要鉴别人民币该怎么办，工作人员如何收缴假币，购买假人民币怎么处罚（情节轻微处十五日拘留，五千以下罚款，数额较大处三年以下有期徒刑或拘役，并处两万以上、二十万以下的罚款，数额巨大的处三年以上十年以下有期徒刑，并处五万以上五十五万以下罚金，数额特别巨大处十年以上有期徒刑或无期徒刑，并没收财产），编造人民币出售编造人民币怎么处罚，明知是假币持有使用怎么办，假人民币的特征，（水印缺乏立体感和层次感，光变油墨面额数字不变色或颜色淡，图纹图案颜色不准，磁性不足或没有磁性，在紫光灯下无色荧光图案偏淡，没有隐形面额数字），持有人对没收的假币有异议怎么办，哪些机构可以鉴定货币真伪，老百姓兑换大小票子去哪里办理，人民币上能否乱写乱画，老百姓手里的残币去哪里兑换，能否故意损毁人民币，人民币图样能否在宣传品上使用。
　　理财类别中有一个宣传册《让不动产动起来》：个人可以将本人或配偶名下的第二套及以上的住房提供抵押担保，向贷款人申请用于个人合法合规消费用途的人民币贷款，可以购车、医疗、教育以及大额耐用品消费等，还款期最长 10 年，一次抵押，循环使用，随借随还，方便快捷，可以通过网上银行、手机银行、POS 机等自助渠道自助循环提款、还款。但申请人必修是 25—60 岁之间具有完全民事行为能力的自然人，具有固定工作单位，且在单位至少工作一年的正式在编人员，具有有效的身份证明、婚姻状况证明，并通过银行内部评价系统，有稳定的收入以及按时足额偿还本息的能力，有合法、有效、可靠的房产抵押，有明确、合法、合规的贷款用途。
　　金融规则类别里有一张《金融消费者权益日宣传手册》，具体解释消费者的权利。第一条是新《消费者权益保护法》（以下简称"新消法"）第七条规定消费者有"安全权"，购买、使用商品和接受服务时有人身、财产安全不受侵犯的权利，新消法第八条规定消费者享有"知悉权"，消费者要求经营者提供商品的价格、产地、生产者、用途、性能、规格、等级、主要成分、生产日期、有效日期、检验合格证明、使用方法说明书、售后服务或服务的内容等情况，以及新消法的"选择权""公平交易权""索赔权""受教育权""受尊重权"等，受尊重权包括人格尊严、民族风俗习惯和个人信息依法受保护。

的存在是多余的，但在日常生活目的的引导下，我很快忘记了无用感的侵袭，在这个经济景观集中机制中寻找存在的意义。

一个业务员陪我走到电子柜台机前，帮我进行一系列操作。她的手指不停地在屏幕上滑动，然后背过身去："请您输入密码。"前面墙上有四幅宣传画，左侧是白底红字的《中国人民银行残缺损污人民币兑换办法》和《中国人民银行假币收缴、鉴定管理办法（节选）》。最左侧是社会主义核心价值观宣传画：富强、民主、文明、和谐、自由、平等、公正、法治、爱国、敬业、诚信、友善。

宣传画右侧墙上有一部客户服务电话，显示屏首页显示"电话银行操作流程图"，上方挂一个白色的消防应急灯，以及两个面向入口的监控器。左侧前方有两个荧光广告牌。一个上面用红色荧光笔写着活期理财利息：3.09% 和 3.4%，下面是绿色荧光笔写的定期理财利息：363 天 4.05%，97 天 4.0%，42 天 3.9%。另一个广告牌显示对公服务信息，"企业手机银行，线上账户明细、余额查询、电子对账""单位结算卡，办理免费，取钱灵活""线上税融通，无须担保，额度高，实时到账"。旁边有一个员工通道，门框边挂着安全提示：

> 保管好卡片和密码，防止他人偷看您的密码；
>
> 打印出来的凭条要妥善保管或彻底销毁；
>
> 对取出的现金要加强保管，防止被盗抢；
>
> 不要相信屏幕外张贴的非法广告和咨询电话号码；
>
> 当您有疑问时，请速拨客服电话。

在这个集中机制里，自动化技术不断取代着人力，维持金融功能的人越来越少。取钱、转账都被自动程序所覆盖，理财业务也被自动程序覆盖，甚至办理银行卡的业务也在部分意义上被自动程序覆盖。技术正在把人从现代分工制度中赶走。

银行柜台旁边有一个自助机器，办理的业务包括新开借记卡、账户查询、投资理财、外汇业务、个人信息维护、业务签约、定期存款、信用卡、转账汇款、账户管理、风险测评。操作程序有些复杂，并不能为一般人熟悉，这台机器还不能完全取代人工服务，所以一个人在旁边指导。但在未来，这个程序一定会更简单，这个人也会消失，当然不是生命意义的消失，而是一种工作类别的消失。

自助机器显示屏旁边有一张蓝底白字的"操作指南"：点击业务图标、根据提示插卡、填写各类信息、扫描身份证、拍摄个人影像、签署电子签名、银行人员审核、交易完成后退卡。最下面是一个"温馨提示"：

> 上述流程非所有业务必须流程，请根据屏幕提示操作，部分业务对您及您的身份证件进行核验，感谢您的配合。
>
> 请注意保管好您的银行卡及密码等安全信息，谨防诈骗，交易完成后，勿忘记取走银行卡及身份证件。
>
> 如遇吞卡、密码被锁等异常情况，请向网点工作人员求助或拨打 24 小时客户服务热线。

这些文字在我眼前一晃而过。如果不是要将之纳入档案生成制度，我也会置之不理。但这些文字不是随意出现的，包括词汇类别，以及语法结构，都经历了几十年的实践探索，然后成为一个通用的交易常

银行大厅的墙壁

识。为了将它们完整地记录下来，我开启手机拍照功能，从各个角度
记录。在这个时代，几乎每个人都有手机，也都会随时看手机，所以
我的异常举动没有引起注意。

四、汽车的空间权力

在人类历史上，政治革命总是惊天动地，并在思想领域里回响不
绝。而物质革命往往无声无息，一种新物质的出现最初可能会引起一
些没有扭转能力的批评或怀疑，但最终消失不见。这些具有革命性的
物质无声无息地从实验领域渗入日常生活，改变人的行为模式、空间
认知、时间意识，甚至语言习惯。

在这个城市的街道上，不同形状、不同风格、不同驱动模式的汽
车来来往往。这是一种不具备人类理性和情感、也不具备语言能力和
记忆能力的工业技术复合体。但在当下的日常生活中，它们实践着一
种关于空间支配的权力。没有汽车，就没有这种权力，但汽车又不是
这种权力的绝对主导者，因为它们是被动的，甚至不会意识到自己的
存在。这是机械化时代的一个矛盾。

对于汽车里面的人，包括驾驶者和乘坐者，汽车是一个快速移动
的象征。对于现代城市文明，汽车是新空间的制造者。汽车占领了城
市的街道，既包括移动性的占领，也包括静止性的占领，并彻底改变
了公共观看方式、个体心理状态和现代法律类别，也改变了现代人对
于城市空间的观念，例如郊区化是对于空间观念改变的具体展示。

汽车有强大的空间变换能力，风雨无阻。一个人的工作地与居住
地之间相距 20 公里、30 公里，甚至更远，但汽车能将这段距离转换

成一个不受时间和天气条件限制的高效移动状态，借助于平面通行机制或立体通行机制。这个过程可以千变万化，但目的地总会出现。这是汽车对于空间观念的彻底改变，是技术对于空间的权力。

这种权力并非处于单向的状态，即现代人对于空间观念的改变，而是一种非对称的双向状态：一方面是现代人对于自然空间的支配力，另一方面是日常生活秩序的内在改变，既包括现代人对于日常新秩序的顺应，也包括对于这种新秩序的反抗，至少是思想意义的反抗。他们无法改变汽车时代的日常生活状况，但可以在思想意义上对之彻底批判，尽管他们的衣食住行还会依赖汽车。

这是一种迫不得已的顺应，而且不是负面的思想或道德状态，相反它重新塑造了现代城市的空间状况。城市边界不断向外扩张，很多人在新的边界上买了房子。对于一个家庭而言，这是一个经济决定，也是一个空间决定。为了这个决定，他们需要一百万元、两百万元，甚至更多的银行贷款，然后每个月定期还款 5000 元、8000 元，或更多，持续二十年或三十年。为了应对距离问题，他们要购买一辆汽车，可能还是用贷款方式，首付 20% 或 30%，剩余款三年还清。借助于现代金融规则，他们很快融入城市文明，在汽车空间变换能力的辅助下，对未来充满了希望。

然而，这种顺应状态很快就会被那种隐秘的反抗状态所干扰，或是持续性的干扰，或是间接性的干扰。汽车的本质内涵是创造技术性的自由，既包括移动的自由，也包括思考的自由，既包括身体的自由，也包括精神的自由。然而，这是一种理想状态。如果这个世界上只有一辆汽车，或数量很少的汽车，驾驶者可以从任何地点，在任何时间出发、加速、停止。但在现代日常生活中，这辆汽车从郊区的停车场出发，经常被堵在路上，不可预期，也无法避免。驾驶者的时间与空间陷于分裂，时间和空间的关系是具体的，也是抽象的。他本来想用半小时达到工作地，在高度发达的城市文明中，这个简单的愿望却无法实现。

日复一日的拥堵让人紧张、焦虑，对于郊区生活的美好理想已经消失。但他又必须顺应这种状态，起床时间越来越早，甚至无法享用一顿简易的早餐。他的行为模式也在改变，低速行驶时，他学会了加塞；高速行驶时，他学会了快速变道。他不愿意变得不文明，让人厌恶，但又能怎么办呢？

这是现代人在汽车时代所作出的重大妥协，调整个体生命状态，一点点向现代技术文明妥协。谁不想早上多睡一会，谁不想在悠闲中吃一顿丰盛的早餐，谁不想温文尔雅地驾驶，像个圣人一样获得尊重、仰慕？但他妥协了。他的目的很简单，要赶在道路拥堵状态出现之前到达目的地。然而，当很多人都这样想、这样做的时候，他们会再次陷入汽车权力的精神控制。

汽车权力来自高密度的机械力量在现代日常生活中的变异，公共制度也有必要对之妥协。这个城市的中心地带有一个幼儿园，幼儿园旁边是八车道的城市道路，路边有白色实线标识，即非机动车道，机动车禁止占用。在上学和放学时间，即早上七点到八点半，下午三点半到四点半，这条实线标识就会失去法定的功能，汽车可以随意占用非机动车道。最初，这种例外状态是被禁止的，交通警察经常守在这里，将《处罚决定书》夹在汽车前挡风玻璃的雨刮器上：

……违反规定停放、临时停车……违反《中华人民共和国道路交通安全法实施条例》第三十六条，依据《中华人民共和国道路交通安全法》第一百一十四条、第九十三条第二款决定予以 200 元罚款，记 0 分。

这是汽车权力引发的被迫违法行为。父母开车将孩子送到幼儿园，由于缺乏健全的日常生活逻辑，这些孩子无法找到目的地，所以父母需要停车，然后将之安全地送进去，放学的时候再将之接到停车区域。所以，在幼儿园附近停车是一个合理的需求，在空间缺乏的情况下，他们只能借用非机动车道。

《处罚决定书》的出现次数越来越多，市长热线、市长信箱、交通管理部门收到的投诉也越来越多。公共制度开始妥协：在幼儿园、小学、初中、高中附近，在上学和放学期间，白色实线的法定功能被悬置起来。汽车权力引起了日常空间秩序的改变，公共制度在汽车权力面前作出了必要的妥协，从而有效地缓解了可能出现的混乱与对抗。学校接送场景再次回归为一个纯粹的日常情感空间。

在这段非机动车道上，一辆七座高档商务车减速，然后在交通警察的注视下，在这里停车。左前侧车门开启，戴墨镜的父亲下车，打开左侧中部的门，抱出一个四岁左右的小孩。他看起来很不高兴，眼泪闪着光，嘴角上扬，"哇哇哇……""哭也得去啊，爸爸不愿意去工作，但也得去啊"。他抱着孩子，经过那个交通警察。在这个时刻，孩子实际上已经接受了这个要求，他只是借机展示自己的内在愿望。在幼儿园路口，他停止了哭泣，尽管不情愿，但仍旧像其他孩子一样，缓缓走进属于他的时间与空间秩序。这个父亲仍旧站在这个场景中，目不转睛地看着孩子的背影。

在汽车权力主导的日常生活中，这是一个获得法律宽容或保护的情感场景，也是一个父辈情感完全表达的场景。与其他情感类型相比，这个场景里的情感指向未来。这是一个可预见的未来，也是一个并不确定的未来。当这个未来真正实现的时候，尽管源于当下场景的想象多数会变形，但在人类最高情感的干预下，一切都是可以接受的，而且也必须要接受，因为这是个体和家庭的命运。

那个四十多岁的交通警察安静地注视这个情感场景。他还是公共制度的符号，但在他的心中，一种日常性的情感可能已被唤醒。正是这种情感的存在，汽车权力所导致的个体与公共制度之间的潜在对抗被彻底化解。这个父亲可以将他的汽车合情合理地停在非机动车道上，然后专注地履行父亲的职责。在家庭之外，在充满陌生人的街道边，他与孩子共同创造了一个温暖的景观，在法律悬置的时刻延伸了家庭情感的范围。

在现代城市里，在每天上学与放学的时刻，一辆又一辆汽车停在这些特殊的空间里。父母们关闭发动机，打开车门，领着孩子，走向幼儿园、小学、初中的校门。单向三车道的大路被压缩为两车道，甚至一车道。在半小时或一小时里，交通警察看着这些合情合理的景观出现、消失。在这个时刻，在这个地方，汽车获得了一种临时性的权力。

我驾驶汽车进入一个城市生活综合体的停车场。在停车场入口处，自动识别牌照的电子程序取代了人力，旁边配有空调系统的监控室已经很久没有人了。汽车轮胎经过两道限速带，短暂停驶，等待电子视觉与收费机制的启动。闪光灯在一瞬间发出明亮的光，摄像头读取牌照信息，左前方的屏幕上立刻显示牌照号码和进入时间。之后，一根具有象征性的铝制拦车杆像钟表的指针一样从一端慢慢升起。正前方

向家庭情感妥协的交通警察

还有一块屏幕，以流动的方式阐释着收费标准："1 小时内 5 元，之后每小时 3 元……"

这是一个平等的空间管理方式。无论什么类型的汽车，只要经过收费闸进入停车区，就要遵守同样的准则，包括收费标准、车位机会、停车空间面积等。尽管汽车车标仍旧有超越技术功能的象征性，以及一种后殖民主义式的精神控制力，但在这个过程中，车标不再具有本初的力量，发动机 300 马力、价值 200 万元人民币的汽车也要像 110 马力、5 万元人民币的汽车一样，在停车场的专用道上缓慢行驶，寻找停车的机会。

在现代城市中，纯粹的地面空间越来越稀缺，因其违背土地的商业价值。但汽车权力改变了这种状况，它们让土地空置具有了充分的合理性。这片价值 20 亿元人民币的土地被改造成露天停车场。我将汽车停好，关闭车门，发动机电子防盗系统即刻进入自我保护状态。

这是一个足以容纳五百辆车的大型停车场，表面上是这个城市综合体的附属设施，但实质上是这个综合体的主导设施。如果没有充足的停车位，这个商业空间就会因为人流量不足而落败。我在停车场里游荡，穿过两车之间的狭窄距离，然后走在汽车专用道上。两边整齐地停放着各种类型、各种品牌的汽车。停车场是一个为汽车形状而设计的空间，但在抽象意义上，这是一个兼顾机械要求与人类行为逻辑的空间。

在人类历史上，这个空间不是从来就有的，在未来也可能会消失不见。但在这个时刻，在现代城市文明中，汽车具备了公民的内涵。它有法律意义的身份，有与之相关的维修制度、保险制度，也有专属的运动空间和停驶空间。作为一种技术性的公民，它也相应地承担着义务，也就是为现代社会创造高效的物质、人员与信息流动机制。

现代城市的一切都是由人规划的，也由人控制、管理，却要服从于汽车的运行状态。街道被这个技术公民主导或占领。建筑结构、地面景观、街道边的空间也被这个技术公民有限度地使用。尽管交通警察会处理其中的不合法状态，但没有人否认汽车使用路边空地的合理性。街边的建筑被改造成汽车维修空间，更换机油、轮胎、火花塞、空气过滤装置等。

这个城市西部区域的景观完全被汽车生产所改变，包括专属的货运铁路、专属的住宅区和学校、专属的机械工厂。汽车不但改变了这个区域的物质状态，甚至改变了其中的话语结构、行为逻辑，以及对于未来生活的规划。这个城市的大学开设了专门的汽车专业。一群人用生命中最好的时间学习汽车理论，毕业后来到这个区域工作，在实践中发掘汽车制造的空白领域，然后提出改变的策略。初等技术学校吸引了一批没有获得大学入学资格的年轻人。经过两年的学习，他们掌握了维护汽车基本功能的技巧，或是在汽车生产线上装备零件，或是在街边修理店为汽车更换机油、轮胎、贴玻璃膜。自食其力，对于任何道德规则而言，都是体面的。

汽车是现代城市文明的动力基础，同时也被现代城市意识形态改变。一种汽车文化出现了。在无限流动的陌生人社会中，汽车文化会变成个体情感的稳定机制、个体感觉的诱惑机制，以及社会身份的塑造机制，以直接或间接的方式改变着一个人或一群人的语言、行为和逻辑。

在这个城市综合体里，我推着一辆铁质的载物车，穿梭于一排排无人看护的货架，首先选择各类用品，然后在无人通道的电子屏幕上选择"结账"，逐一将物品包装的条形码对准扫描仪，"嘀……嘀……嘀……"，显示屏上出现了物品信息，包括名称、数量和售价。扫描完成后，我在屏幕上点击"付款方式"，并在手机上点击付款码，再次对准扫描仪，"嘀"，购物完成。我提着这些物品，经过磁性感应检测仪，确保没有带出尚未付款的物品。

我再次启动汽车，在停车场出口的收费处停下来，手机支付码对准扫描仪，"嘀……本次停车收费5元"，一个模拟的人声程序结束通报后，拦车杆自动升起。汽车进入城市道路，经过一个又一个红绿灯，没有警察在那里指挥交通，红灯与绿灯的变化节奏都是自动的。路口处有电子摄像，捕捉实线变道、超速行驶或闯红灯等违法行为。最后，我将汽车停入居住区的停车位，提着物品，经过路边一排排的汽车回家。

现代城市道路已经成为汽车的合法领地，不受管制的路边空间成为汽车的合理领地。这个普通居住区的地面空间就像城市里其他居住区一样，几乎都被汽车占领。这是一个全球性的物质与技术景观，在北京二环的胡同街区、巴黎塞纳河边、伦敦金融城，甚至在动乱中的喀布尔曼达维市场，都会出现。

在这个普通居住区里，除少量载货类面包车和卡车外，停驶的车辆主要是私人用车，包括轿车、SUV（简易城市越野车）、MPV（多用途厢式车）。这是日常实用主义所主导的汽车类型，也就是说，所有车辆都限于日常使用，车体结构也都服从于实用逻辑。2017年5月29日下午三点到五点，我统计了这个居住区的车型与数量：

国产品牌共计133辆，包括北汽面包车3辆，比亚迪6辆，东风8辆，东南1辆，海马1辆，吉利8辆，金杯面包车3辆，力帆1辆，奇瑞11辆，观致1辆，江淮1辆，哈飞面包车5辆，五菱8辆，荣威2辆，一汽32辆，红旗14辆，长安6辆，长城21辆，中华 1 辆。

德国品牌共计 103 辆，包括奥迪品牌 15 辆，宝马 5 辆，保时捷 1 辆，奔驰 4 辆，大众 95 辆（高尔夫、捷达、宝来、速腾、迈腾、辉腾、Polo、朗逸、帕萨特、途安、途观），依维柯 2 辆，斯柯达 1 辆。

日本品牌共计 91 辆，包括本田 22 辆，丰田 28 辆，雷克萨斯 1 辆，铃木 10 辆，马自达 9 辆，日产 14 辆，英菲尼迪 1 辆，三菱 3 辆，斯巴鲁 3 辆。

美国品牌共计 24 辆，包括别克 7 辆，福特 15 辆，吉普 1 辆，凯迪拉克 1 辆。

韩国品牌共计 11 辆，包括现代 10 辆，起亚 1 辆。

法国品牌共计 7 辆，都为标致系列。

另有意大利菲亚特 2 辆，英国路虎 3 辆，瑞典沃尔沃 3 辆。[1]

－1 一个居住区的车辆品牌统计（按停车顺序排列）：丰田荣放～大众高尔夫 7 ～一汽奔腾 B30 ～路虎发现～吉利帝豪～长城哈弗 H2 ～现代伊兰特～长城 M6 ～菲亚特菲翔～奥迪 A6L ～上汽五菱宏光～本田奥德赛～一汽奔腾 B30 ～保时捷跑车～长城 M6 ～大众速腾～一汽奔腾 B70 ～本田锋范～长安欧诺（Honor）～大众 CC ～丰田凯美瑞～红旗 H5 ～大众捷达～北汽幻速～福特锐界～上汽五菱之光～哈飞面包车～上汽宝骏 730 ～哈飞面包车～本田奇骏～雪佛兰赛欧～东南汽车 SUV ～长城哈弗 H6 ～长城哈弗 H6 ～长安奔奔～本田飞度～大众宝来～福特福克斯～丰田汉兰达～比亚迪 L3 ～红旗 hs5 ～大众捷达～丰田普拉多～本田奇骏～别克英朗～大众捷达～大众高尔夫 7 ～一汽奔腾 B30 ～沃尔沃 SL60 ～大众迈腾～铃木天语 SX4 ～奥迪 A6L ～丰田卡罗拉～现代伊兰特～丰田威驰～斯巴鲁森林人～丰田威驰～长城 M6 ～长城风骏 5 ～长城风骏 5 ～大众帕萨特～比亚迪速锐～大众高尔夫 6 ～长城哈弗 H6 ～奔驰 MB100 ～东风景逸 X5 ～凯迪拉克 XT5 ～丰田凯美瑞～福特福克斯～大众宝来～奇瑞 QQ ～北汽威旺～大众宝来～现代伊兰特～吉利帝豪～马自达昂克赛拉～马自达 6 ～本田 CRV ～沃尔沃 S60L ～红旗 H5 ～大众捷达～大众速腾～本田 CRV ～三菱劲炫～大众 Polo ～日产蓝鸟～别克 GL8 ～大众宝来～依维柯货车～吉利 GS ～大众速腾～丰田卡罗拉～大众速腾～奇瑞瑞虎 3 ～铃木利亚纳～雪佛兰科帕奇～别克君威～一汽欧朗（Oley）～现代 ix35 ～哈飞面包车～日产蓝鸟～红旗 hs5 ～长城哈弗 H6 ～奇瑞旗云～英菲尼迪 QX50 ～丰田普拉多～铃木维特拉～大众速腾～吉利帝豪～东风菱智～宝马 X5 ～大众速腾～上汽五菱宏光 S ～东风菱智～东风小康～长城 C30 ～铃木雨燕～三菱劲炫～福特昂科威～别克凯越～东风小康～红旗 hs5 ～马自达 CX7 ～东风 S30 ～日产骐达～福特福睿斯～日产骐达～大众速腾～一汽奔腾 X80 ～福特福克斯～大众高尔夫 6 ～大众宝来～马自达 CX7 ～大众高尔夫 6 ～长城哈弗 H6 ～长城哈弗 M6 ～铃木维特拉～大众宝来～吉（转下页）

　　在居住区中部的街道上，交通管理部门规划了单侧停车区。地面上喷涂白色停车线，以及车辆方向指示箭头。交通警察不时出现在这里，处罚停车区域之外的车辆。2018 年之后，汽车数量不断增加，法

（接上页）利帝豪～长城哈弗 H6～大众高尔夫 7～大众宝来～宝马 X3～奇瑞 QQ～奇瑞艾瑞泽 5～本田竞瑞～菲亚特派力奥～本田 CRV～福特翼虎～大众高尔夫 7～沃尔沃 XC60～上汽荣威 550～本田骐达～丰田卡罗拉～大众宝来～福特福克斯～一汽奔腾 B70～日产奇骏～雪佛兰赛欧～红旗 H5～丰田卡罗拉～红旗 H5～铃木维特拉～奇瑞风云～一汽奔腾 B70～铃木雨燕～大众高尔夫 6～标致 308～宝马 1 系～本田思域～大众辉腾～马自达阿特兹～大众高尔夫 6～大众捷达～现代途胜～红旗 hs5～大众迈腾～大众宝来～马自达 CX5～一汽奔腾 B70～大众高尔夫 6～大众高尔夫 6～现代伊兰特～奥迪 A6L～日产骐达～上汽荣威 S500～上汽五菱之光～大众途观～大众捷达～起亚千里马～丰田锐志～丰田卡罗拉～一汽奔腾 B50～大众 Polo～福特福克斯～丰田凯美瑞～吉普指南者～丰田致炫～标致 307～本田 CRV～大众捷达～长城 M6～大众速腾～大众速腾～红旗 H7～长城哈弗 H6～大众迈腾～丰田卡罗拉～大众迈腾～本田凌派～大众宝来～长安 CS55～长安奔奔～别克凯越～大众捷达～别克君威～大众速腾～福特福克斯～丰田致炫～日产骊威～一汽奔腾 B70～大众途观～大众途安～哈飞面包车～日产奇骏～奥迪 Q3～本田飞度～大众速腾～长安 CX70～福特福克斯～大众高尔夫 6～丰田凯美瑞～现代途胜～日产天籁～大众速腾～大众途安～丰田皇冠～吉利熊猫～斯巴鲁森林人～丰田普拉多～金杯海狮～大众途观～标致 307～别克 GL8～瑞风汽车～奥迪 A6～福特福克斯～斯柯达晶锐～一汽奔腾 X80～长城哈弗 H6～丰田普拉多～路虎神行者～上汽五菱面包～一汽奔腾 X80～奥迪 Q7～大众宝来～奔驰 GL350～奇瑞风云～路虎发现 4～大众高尔夫 6～大众宝来～东风菱智～大众 CC～比亚迪 F3～一汽奔腾 B70～一汽奔腾 B50～一汽奔腾 B50～铃木雨燕～奔驰 Smart～大众速腾～大众捷达～大众捷达～力帆 520～长城 M2～一汽奔腾 B70～马自达 6～一汽夏利～标致 408～铃木天语～～汽奔腾 B50～中华 V3～吉利自由舰～依维柯货车～福特福克斯～一汽华利～长城 M4～奇瑞 QQ～金杯海狮～奇瑞 QQ～红旗 H5～日产轩逸～大众高尔夫 6～红旗 hs5～现代 ix35～大众朗逸～大众捷达～大众宝来～现代 ix35～日产骐达～大众速腾～大众高尔夫～金杯海狮～大众速腾～本田飞度～雪佛兰赛欧～大众速腾～丰田卡罗拉～上汽五菱宏光 S～丰田汉兰达～东风菱智～奥迪 A4L～红旗 H5～福特福克斯～大众迈腾～一汽奔腾 B70～马自达 6～一汽奔腾 B70～一汽奔腾 X80～一汽奔腾 X80～比亚迪 F3～一汽森雅～海马海福星（Happin）～大众帕萨特～铃木雨燕～现代索纳塔～奔驰 C 级～丰田卡罗拉～日产阳光～大众宝来～奥迪 Q3～奥迪 Q5～丰田卡罗拉～大众速腾～大众速腾～丰田卡罗拉～凯迪拉克～日产阳光～大众 Gol～丰田荣放～一汽奔腾 X80～大众速腾～大众途观～本田杰德～奥迪 A4L～一汽奔腾 B70～大众宝来～奥迪 A6L～大众迈腾～标致 308～大众速腾～哈飞面包～长安欧诺～吉利自由舰～大众高尔夫 6～宝马 1 系～红旗 hs5～北汽幻速～丰田卡罗拉～丰田普拉多～一汽奔腾 B30～标致 307～比亚迪 L3～一汽大发～上汽宝骏 730～本田 XRV～大众速腾～奥迪 Q5～一汽森雅～大众捷达～奥迪 A6L～大众速腾～三菱劲炫～大众朗逸～宝马 1 系～大众捷达～本田飞度～一汽奔腾 B30～雷克萨斯 GX800～福特锐界～大众高尔夫 7～大众宝来～马自达阿特兹～本田雅阁～奥迪 A8L～长城哈弗 H1～长城哈弗 H6～大众速腾～比亚迪 L3～一汽森雅～标致 DS 5LS～红旗 H5～奇瑞观致 3～日产骐达～大众迈腾～本田 CRV～大众 CC～大众宝来。

定停车区已经无法容纳，街道另一侧也被汽车占领。交通法不断妥协，交通警察也不再来这里。这不是法律对于邪恶的妥协，而是公共理性对于日常生活的妥协。

汽车不断占领这个居住区的地面空间，也在占领这个城市的地面空间。这种占领有两种形式：静止性的占领和移动性的占领。汽车静止时使用的空间是确定的，但在移动时，除了这个确定的空间之外，还有一个延伸空间，即汽车的行驶状态（速度、方向）所覆盖或暗示的虚拟空间。一辆汽车在行人密集区处于怠速静止状态，尽管没有移动，但车头和车尾1米或2米的空间已经为它所有。一辆以时速20公里行驶的汽车，前方5米甚至10米也为它所有。如果车速变快，这个虚拟空间会相应地变长。

一条大街的中段有一个辅门，处于长久的关闭状态，但它前面仍旧留下了通向主路的空间。一辆汽车违法停驶在这里，切断了人行道。在父母的陪伴下，一个十岁左右的孩子从南向北而行。他走在前面，距离父母五米左右。经过这辆汽车时，他想从车头绕行。当他走到车头右前侧时，那辆车突然向前移动。在这个时刻，司机可能正在向左观察主路上的车辆，忽视了右前方的状况。孩子的父母大呼"小心"，汽车在与他的身体轻微接触的瞬间刹停。透过汽车的茶色玻璃，司机的影子模模糊糊，他安静地坐在里面，以沉默应对。孩子的父亲看着这个司机，眼神中有极度的不满。等他们经过后，这辆车向右转，加速离开。

他的母亲将他拉过来，拍了拍他的肩膀，被迫为汽车权力辩护："你说你这么大了，走路还不看车，跟你说过多少遍，走过车头车尾要注意，谁知道它会不会动？人家撞了你，疼的是你……"在这个日常性的意外中，明明是那个司机由于视觉偏差制造了危险，这个孩子却在接受教育。

这是汽车对于行人合法空间的合理性掠夺，而且是无法预测的掠夺。在现代城市文明中，汽车权力制造了一个弱势群体，也就是那些来去匆匆的行人。对于处境不确定的人而言，他们的存在感会变弱，然后奉行一种更加严格的自我道德标准。另一方面，汽车权力导致了一个消耗性的后果：现代人在汽车出现的空间里总是处在提防状态，仿佛这种权力时刻有失控的可能。

汽车是现代生活技术化的具体象征。各种技术经过改造后进入汽车驾驶机制，例如摄像技术用于倒车辅助和自动驾驶、微型化的空调已经完全适应车载条件，从而改变了内部空间的温度。另一方面，各种类型的汽车不断改变着现代人的生命和生活状态，例如神经的机械化、城市文明的郊区化、个体出行几乎不再受制于天气状况。

技术在日常生活中不断蔓延，在变革人类行为模式的同时，也在提升日常生活的效率。在现代城市中，技术已经成了一种类似于空气、食物，甚至就像是承担人体的地面那样的东西。我们可以想象技术从城市文明中消失，但城市文明的状态将会彻底变化，例如人的居住、通行、交往等，人口数量可能会减少，因为技术在实质意义上扩大了生存空间和工作类别。

18 世纪中期，伦敦和巴黎的人口数量大概是 50 万—60 万。在非机械化的状态下，这几乎是一个城市的最大规模。在那个时代，城市立体空间还不具备大规模的伸展性。由于自然生命体的活动限度，平面空间也不具备大规模的伸展性。19 世纪中期，工业革命开始后，现代技术改变了城市的平面空间和立体空间，技术主导着城市文明的空间、时间、语言、分工、秩序、心理和情感等各种因素。

在词义学上，与古代和现代早期相比，"城市"（city）的现代内涵已经有了很多变化。古代人谈论这个词的时候，想到更多的是个体安全、权力实践与人口聚集。而现代人谈论这个词的时候，除了这些内涵之外，还会想到被技术改造的一切，例如公交车、地铁、出租车、电子化的事务处理方式等。总之，技术的普遍应用彻底改变了城市的内涵，使之成为一个具有诱惑力和无限想象力的定居地，"隐含着一种完全不同的生活方式及现代意涵"。[1]

但我们不能就此认为：现代城市仅仅是被技术改变，而没有改变技术。现代城市的平面空间扩张和立体空间扩张对技术不断地提出要求，并为技术进步提供了无限量的物质供应。另一方面，城市是实践这些技术的主要或唯一的空间，也就是说，离开了高密度、高效率的现代城市，有些技术就不会出现，或者说，即使出现了也没有存在的价值。技术具有商业化和道德化的内涵。在无限次、高密度的应用中，新技术才能获得足够的经济支持和道德认可，然后以更便捷、更高效的状态改造城市文明。所以，技术与城市文明之间是双向共存的关系。技术创造了现代城市，现代城市又推动技术进步，并催生了技术权力，一种具体又抽象的文明状态由此出现：

> 如果我们从现代城市的生活状况中提取一个类似于"城市主义"的概念，将技术对于城市的影响看作是"技术主义"，那么我们就能在"城市主义"和"技术主义"之间找到一种内在的联系。"城市主

－1 ［英］雷蒙·威廉斯：《关键词：文化与社会的词汇》，刘建基译，北京：生活·读书·新知三联书店，2005年，第90页。

义"一方面从道德意义上排挤了自然状态，另一方面它又被塑造为一种诱惑人、吸引人的生活空间，一个驱散迷信与神秘的世俗力量。在这个过程中，技术主义起到了主导性的因素："从波德莱尔的'拥挤的城市'到普鲁斯特的巴黎、乔伊斯的都柏林、艾略特的伦敦、多斯帕索斯（Dos Passos）的纽约、德布林（Alfred Doeblin）的柏林"，现代城市主义具备了完整的内涵，支撑这个进程的是技术主义，"城市和机器互相依存、互相制造，成为人的意志的延伸、弥漫和异化……和技术主义相对的有：原始主义、隐秘之道、柏格森式的时间、感知分离等。"[1]

现代城市的街头巷尾高密度地安装了摄像头，不间断地注视着一个陌生人社会的局部状况。这是一种无差别、可追溯的公共视觉模式，现代日常生活由此进入了一种密切观看和有效管理的状态。现代人在这个陌生人社会中来来往往，无论白天还是黑夜，都会有一种前所未有的安全感。在公共摄像头普及后，20 世纪后期经常发生于现代城市的恶性案件几乎没有再出现。

由于技术的进步和普及，现代城市的时间、空间和事件结构越来越复杂。然而，一个让人惊奇的现象出现了：需要处理的问题越来越多，需要的人力却越来越少。公共事务或商业机构安装了红外线门禁系统，主动为来往人员开门、关门。银行、商店、超市逐渐从人力结算模式向自动结算模式过渡。商店的货架上摆满了各类商品，但没有售货员，也没有收款员……机械逻辑完美地取代了人工逻辑。

- 1 ［美］伊哈布·哈桑：《后现代转向：后现代理论与文化论文集》，刘象愚译，上海：上海人民出版社，2015 年，第 93—94 页。

对于这个过程而言，汽车是一种象征性的技术权力。内燃机稳定驱动着家用车、工程车和各类特殊车辆（救护车、消防车、运钞车、警用车、垃圾处理车等）。这些车上的设备具有越来越多的自动化功能，例如车道保持、应急刹车、自动装卸、机械力量传递等，最大程度上减少了天气、暴风、降水等因素对于日常生活的干扰，同时又提高了各类事件的处理效率。广泛分布于城市内部的垃圾收集区安放了统一类型的垃圾桶，垃圾处理车上装备了与之相应的自动装卸程序。垃圾车在预定地点停车，司机将垃圾桶摆放到预定状态，按动一个黄色按钮，电机转动，垃圾桶被提起、倾倒、放下。总之，在技术权力的主导下，现代人的最初愿望与最终目的之间的距离越来越短。

人
物

我们能否凭借虚拟的道德实践力去判断一个人的道德意识？由于不具备真正的实践能力，很多道德意识转变成了虚拟的高贵，或是转瞬即逝的冷漠。

一、早市与漂泊精神之根

这是一条 200 米长的街道，北侧有一排饭店，南侧是处在缓慢建造过程中的商务楼。每天早上，城市文明与乡村文明在这里短暂交汇。

凌晨三点，我出现在这个等待开启的早市空间，作为一个旁观者，看着这个空间生长、开放，又一点点消失。这是一个与现代城市时间秩序交错的空间。早上八点是城市时间秩序的开端，在这个时刻，现代分工制度正式开启。下午五点是这个制度的终点，大部分工作进入日常休眠状态。而早市是这个时间秩序的反向状态。在现代分工制度开始之际，这里的人已经结束了工作；在城市进入日常休眠后，他们的劳作刚刚开始。

早上五点左右，这个空间已经完全开放，持续到早上八点。这个过程有一个很长的预备阶段。前一天晚上十点，我来到这里。三辆轻型厢式卡车已停在预定区域：一个卖苹果，一个卖土豆，一个卖衣服。另有两个流动地摊，一个卖米粉，一个卖日用品。我走进这个临时性和可预期的空间，从西到东，北侧是一排饭馆：

> 龙虾啤酒屋、鸽子串、传统烤鸭（用老味道款待你心中最重要的人）、重庆火锅、韩味主题餐厅、东北地锅菜、九段烧、炭火烤肉……

深夜，饭馆的门多数已关闭。零星的食客在散步，为刚才的宴会做总结，或在等候代驾的到来。"喝酒不能开车，开车不能喝酒"，这个规则已经是一个具有道德性和法律性的双重规范，代驾行业由此出现。他们骑着轻便可折叠的电动车，在这个城市的街巷中穿行，不断地在手机电子地图上接收订单，根据卫星导航地图，确定车辆位置，在工作程序的鼓励、催促或压迫下一路狂奔，然后驾车离去。

到达目的地之后，对于喝酒的人，这是一个终点。对于代驾的人却是新的开始，他会开启另一个任务，确定订单，戴好头盔，整理头发，或者擦擦眼镜，扭动电动车的加速器，向前方 1 公里的酒店奔去……他们在这个城市的夜晚中穿行，为了实现其他人的空间目的。他们也有自己的空间目的，但这个目的在不断变化，无法预测。只有在身心俱疲、渴望回家的时候，作为情感归属的目的地才会出现。

当饭店的灯陆续熄灭，在接下来的八个小时里，这条街的功能会出现一个翻转。夜深人静，早市模式已经开启。这个城市还有其他的早市，另一些被取缔，主要原因是它们分布于居住区内部，杂乱的声音和景观违背了日常生活秩序，附近居民屡次投诉。但这个早市不会对日常秩序造成影响，所以能长期存在。

早市人与市政管理方签订合同，就能在这里获得一个局部的经营空间。但他们仍旧要处理一个问题，即场地大小。在拥挤的竞争中，合同赋予的空间会被压缩，所以前一天晚上，早市人来这里放置标志物，一根 4 米长的绳子、一块木板……我经过那辆卖苹果的厢式卡车。司机已经将汽车停好，他从驾驶室里下来，嘴里叼着一根烟，对着半明半暗的街道自言自语："明天可不要下雨啊，不然又白忙活了。"这辆卡车左侧地上有一条 3 米长的简易编织袋，卡车后轮胎刚刚接触到这个袋子。一个临时性的边界就此形成。这个放袋子的早市人实践了一种原始性的物质象征主义，卡车司机对此心领神会。

这个早市在一点点展开，五点时完全开放。这是一朵日常精神之花。来自城市文明的人进入乡村文明主导的空间，身体移动的速度瞬间变慢，之前是符合行走目的的纵向视觉，现在变成游荡式的发散视觉。他们四处观看，寻找自己需要的东西，蔬菜、水果、鱼肉、猪肉、牛肉、廉价衣服等。他们的目的很简单，也就是从物质意义上补充家庭日常所需，然后迅速离开，回归城市文明。这是日常理性所主导的个体行为，拒绝历史理性和情感的启动。

而我是一个异类，因为我完全放弃了日常理性的控制，作为这朵日常精神之花的观察者，从西到东，在这个密集的景观中游荡，不断将所见所闻放进个体情感和历史理性的范畴。一路上，无数的陌生人迎面而来，在交错的一刻，他们都是符号，甚至不是符号，而是立体的形状。我的脚步踩在沥青路上，身体不断躲闪，为迎面而来的形状让路，同时也在伺机向前，寻找适合我的形状的路。实际上，我也变成了一个立体的形状。

这是一个极为单调的语言空间，也是一个极为朴素的物质空间。所有蔬菜、瓜果以自然状态出现，带着泥土和枯叶，没有附着美化用的包装纸。这些幻化为形状的人也以自然状态出现，没有身份差别，只为获取生存的基本条件。那些能够标识身份的东西（房子、汽车、首饰、衣服）几乎都被排斥在外。即使它们偶尔出现在这个空间里，但已被早市的日常性过滤。

熙熙攘攘的人群可以分为三类：卖方、买方、管理方。卖方又分为两个群体：合同性的卖方和临时性的卖方。每个月缴纳 2000 元，可以获得 4 米长的固定摊位，合同持续半年，一次性缴纳全款。市政修路或其他活动会导致停业，但不退误工费。对于临时性的卖方，管理方会根据商品确定收费额度：搬着小桌子卖袜子的收 10 元或 20 元，提着篮子卖葡萄的收 5 元或 10 元。

一个管理人员在一个中年妇女面前陷入了为难，她的篮子里有葡萄、土豆、西红柿、豆角："我都不知道该收你多少钱，你能卖多少啊？""我也不知道，第一次来，都是自己地里种的，吃不了就想着来卖。"在这个时刻，对于这个管理者而言，这是一个关于公共理性与个体情感的难题。他想要收取管理费，5 元或 10 元，但也可能想到了她的艰辛：自己的菜，摘下来，收拾好，趁早过来，想挣点钱。他站在那里，左手拿着一叠单据，右手摸着新长出来的胡子，嘴唇紧闭，嘴角向后咧着，然后做了一个崇高的人道主义决定："不知道收你多少钱，今天就算了，明天你别来了。"

这个管理人员转身进入早市景观，在这个纯粹物质交换的空间里缓步而行，向左看，向右看，以接近 240 度的扇形视野观察，然后作为局域管理制度的权威大声训话："往里一点，都走不了路了……菜叶子别扔到路上啊……"表面上，这个景观杂乱无序，但一切又井井有条，买与卖之间、有用的和无用的之间边界明晰，货物与价格严格对应。我跟在他的身后，作为文字制度的实践者，经过一个又一个摊位：

衣服～旧书 [1] ～骨病药膏（颈肩腰腿，拔除腰突，哪疼抹哪，消

－1 这个旧书摊上堆满了各种书籍，没有次序，没有类别，包括《现代汉语词典》《古汉语词典》《当代汉语新词词典》《浮士德》《唐璜》《红楼梦》《芥子园画谱》《隶书实用字典》《孙子兵法》《资治通鉴》《三言二拍》《毛泽东诗词》《诗词韵律》《楷书技法大字帖》《唐诗三百首》《斗罗大陆》《骆驼祥子》《红楼梦》《水浒传》《自控力》《马小跳玩数学》《哑舍》《龙族》《20 以内数的分辨与组成》《自驾游》《方人定画集》《第一汽车》《腰腿锻炼》《中医四讲》《丁丁历险记》《绘画入门》《水晶球》《读者》《故事会》《美术大观》《古旧书画鉴赏》《雪山飞狐》《学习的革命》《说文解字》《摄影旅游》《疯狂英语》《中国收藏》……

早市

肿止痛）～炒榛子～干大蒜～土豆～黄瓤小西瓜～带缨白萝卜～带
缨青萝卜～蘑菇～花卉～炒松子～日常用品（筷子、抹布、铲子、
洗澡巾、针线）～茶叶～李子～锅碗瓢盆～五金工具～运动鞋～运
动服～豆腐～蟑螂药～带皮玉米～袜子～现磨香油～大葱～萝
卜～鲜鱼～大葱～大虾～螃蟹～海鱼～调味品（花椒、八角、桂
皮、辣椒、大酱、大蒜、生姜）～土豆菜～大葱～南瓜～茄子～黄
瓜～豆角～菠菜～芹菜～油麦菜～辣椒～苦瓜～葡萄～茄子～豆
角～西葫芦～大葱～南瓜～红辣椒～西红柿～黄瓜～菜椒～干豆类
（花生、大豆、红豆、黑豆、绿豆、薏米仁、扁豆、小米、松茸、蘑
菇）～鸡蛋～鸭蛋～鹌鹑蛋～猪肉～海鲜（贝类、鱼类）～带皮玉
米～豆角～黄瓜。

　　一路上人来人往，摩肩接踵。在最初目的的引导下，这些来自城
市文明内部的人四处寻找，偶然的发现又不断地修改着最初目的。这
是最初目的与当下景观的互动。他本来不想买黄瓜，但看到了一堆鲜
嫩的黄瓜。个体记忆中的味觉想象导致最初目的的改变，他决定买一
些。他的手触摸到黄瓜的时候，湿润、凉爽，还有一种激活味觉想象
力的坚韧。这些感觉持续地影响着他的心理状态。他在反复考虑，每
拿起一根黄瓜的时候都在考虑，最终他决定多买一些。

　　当他经过一堆辣椒时，这个心理状态又出现了。这是一堆泛着黄
绿色光的辣椒，在这个微小空间里散射着自然的温暖。如果在黄瓜片
里加一点辣椒丝，再放点醋和盐，就是简单的美味。他站在那里，犹
豫不决。个体心理无限翻腾："想想就好吃……但太沉了，拿不动……
多点少点也都是一趟……离家两里路，袋子都撑破了……"最终，他

的手伸进了辣椒堆里，就像伸进了一片诱惑，他的味觉想象力已经完全开启：是不是要买点葱和芫荽（香菜）？辣椒、黄瓜、香菜和葱，加上醋和盐，这是造物主赋予人间的味道。

这是一种关于味道的、实证性的想象。每个人都有这样想象的常识基础和感觉基础。每当这样想的时候，这个人会产生原始性的满足感。这种满足感不是对于自然或其他人的剥削或压迫，而是源于自然的馈赠。在深层意义上，这又是一种关于味觉的、原始性的平等，既向贫困者充分地展示，对于有钱人也毫不隐瞒。

在不同人的味觉想象中，这些食物的存在状态几乎是一样的。所有人，尤其是在饥饿的时刻，会因为这种日常感觉而获得继续存在或重新开始的力量。所以，除了平等的内涵之外，对于味觉的理解是一种个体心理的稳定机制。这种稳定性源于生命与物质的原始关系。

在人群中，那个管理员已经消失不见。我独自在这个关于味觉的想象空间里行走，减速、躲闪、加速，避开一个个迎面而来的形状。我的注意力完全被路两边的物质所吸引：

辣椒～白菜～苦瓜～鸡蛋～豆角～茄子～圆白菜～茄子～秋葵～冬瓜～菜花～韭菜花～蘑菇～葫芦～南瓜～菜椒～土豆～韭菜～豆芽～芹菜～菠菜～香菜～鸡蛋～炊具～海鱼～拖鞋～芹菜～南瓜～地瓜～山药～洋葱～大蒜～红萝卜～西红柿～辣椒～西蓝花～苦瓜～豆芽～香菇～鲜花生～毛豆荚～金针菇～蒜薹～生菜～毛豆荚～豌豆荚～朝天椒～地瓜～水果类（梨、桃、苹果、香蕉、葡萄、火龙果、榴莲）～黄甜瓜～猪肉～豆制品（豆腐、豆浆）～葡萄～山竹～西瓜～黄甜瓜～大枣～苹果～李子～黄甜

瓜～海棠果～菇娘果～西瓜～葡萄～早餐店（油条、豆浆）～包子
店～熟肉制品～散装烟草～大石榴～山竹～西瓜～咸鸭蛋～烤制鹌
鹑蛋～鸡肉～煎饼～腌制花生～豆腐～咸菜（辣白菜、芥菜）～猪
肉～高粱散装白酒～核桃～蜂蜜～炊具～竹制品（梳子、筷子、衣
服架）～内衣～床单～老年衣服～内衣～袜子～皮鞋。

　　这是一个附属于生活常识的声音空间，词语单一，语法简单，很
少出现完整的句子："多少钱……太多了……三袋 10 元……10 元六
双……不甜不要钱……大了退回来……回去放冰箱一星期不坏，多买
点合适……昨晚没睡好，挣钱都没精神。"在这些声音里，人的社会身
份短暂消失，他们身上的衣服、首饰所具有的身份标识功能也短暂消
失。没有人在意面前的陌生人穿什么衣服，甚至也不会从生命意义上
关注这个已经被简化为视觉符号的陌生人。处长、院长、局长、会计、
瓦工、油漆工、出租车司机，他们来来往往，看起来都一样，衣着简
单，表情单一，目的明确。他们在这个想象与声音的空间里行走，身
体稳定地移动，自由地停止。
　　众多出售的蔬菜、水果、衣服、熟食也无需用优美的包装夸大自
身的状态。这是一个商业化表象失效的空间。在景观意义上，一切都
是杂乱的，但在本质意义上，一切都能以最低的价格买回家。所以，
这是一个纯粹的日常实用主义空间。各种声音服从于特定的目的，而
各种关于味觉的想象是这个目的的延伸。
　　一个六十多岁的老年男人站在一堆山货面前（木耳、蘑菇、松茸、
人参、黄花菜），嘴里叼着一根烟，没有风，烟雾在四周缭绕。他半眯
着眼睛，又吐了一口烟，然后将一堆木耳装进一个透明塑料袋，放在

旁边的电子秤上，显示屏出现一个数字，1.08。一个实用性的对话机制随之出现，在后半段，实用风格被一种偶然性的幽默所化解：

——多一点，算一斤得了。

——怎么看起来不多啊？

——咱不干那些短斤缺两的事。

——啊哈！

——卖了大半辈子了，不能为这一斤木耳糟蹋了名声，哈哈哈。

（话语未完，他将袋子系起来，然后拿起旁边的二维码。那个人用手机扫描，输入金额，对方手机声音提示款已到账）。

——不信你用工商局的秤去称，如果差一两，那一定是工商局的秤坏了，哈哈哈，就是这么自信。

那个人以一种被幽默的状态离开了这个对话，而这个人仍旧沉浸在商业语言的艺术中。在那个短暂的时刻，他可能会为自己的语言天赋而震惊或满足。他直起身，深深吸了一口烟，随着气息进入肺部，又吐出来，在飞散的烟雾中看着来来往往的人，安静地等待着。他的头发已经花白，皮肤黝黑，满脸皱纹。六十多年前，他刚来到这个世界的时候，一定让父母感到欣慰。他可能是在一片安静的山林中长大，心里通透明亮，在艰难中也能保持着乐观。

这是一个有根之人，他的根系不在现代城市文明内部。他只是在现代分工制度尚未启动之前，短暂地出现在这里，就像是一个现代文明的狩猎者，获得日常生活所需，然后回到自己所熟悉的山林。与其他有根之人一样，他们可能并不知道什么是内卷，什么是刻奇，什么是 996、打工人或凡尔赛。在无限流动的城市文明中，他们就像是独立、自由的生命符号，古老、粗糙而坚定。

一个中年男人站在一辆柴油卡车上，车斗里装满了带皮的玉米。他站在车上，大声呼喊："昨天下地刚掰的玉米……挑大的，小个的给我扔过来，不能让你吃亏，哈哈哈……"这个声音粗野，底气十足，带着具有穿透力的沙哑，一刻不停。旁边有一个卖西瓜的人，坐在简易的凳子上，扭头看着那个卖玉米的人："我要是有把枪，我就崩了你，吼了一早上了，我的头被震得都嗡嗡响。"这个声音并没有传到那个人的耳朵里，他依旧在呼喊："昨天下地刚掰的玉米……"

一个老人在水果摊挑选桃子。她的手指极为灵活，按住一个桃，用食指用力往下压，软的不要，但这个软的也就被压破。小老板观察到这个破坏性的动作，高声喝止："都像你那样，我们赔得只剩裤衩了。"那个老人减轻了下压的力度，最后挑选了四个。称重量时，她趁机将一个桃子放进口袋。小老板变得愤怒："你还拿呢?""没有，我是从地上捡起来的。""你走吧，不用你买了，以后你也别来了，不欢迎。"那个老人默默走开，带着口袋里的那个桃。"卖了这么多年水果，第一次见你这样的。"这句羞辱感浓厚的话丝毫没有激怒那个老人，她缓缓前行，无所畏惧。

这是一个临时性的交易空间，也是一个底层生存空间。这个空间里有一个隐藏起来的逻辑：努力劳动，就能活下去。在景观意义上，这个空间与现代城市文明格格不入，脏乱、无序，但它的逻辑却获得了现代城市文明的认可，这个空间也就能长期存在。这是一个具有原始公平与正义的物质交换过程。在这里谋生的人，可能没有正式工作，可能处于失业状态，他们可能需要更多的钱去应对突发的困难，也可能是试图进入城市文明的外乡人，他们都认同这个逻辑，这个逻辑也的确为之提供了活下去的方法。

一个西红柿出现在这条街道中段的地摊上。昨天上午，它还挂在枝子上，下午被一个难以考证的人摘下来，放在一个筐子里，与其他西红柿挤在一起，又被这个人或另一个人装上汽车，运到蔬菜批发市场，然后来到这里。另一种情况是，这个难以考证的人就是这个西红柿的主人，他将它摘下来，凌晨三点或四点来到这里。作为一堆西红柿中的一个，它已经来到了生产领域与消费领域的交界处。

这个人看着眼前人来人往，有的仅仅是路过，有的停下来。他用简单的语言描述，希望让这个西红柿跨越生产与消费的边界。第一个人将它拿起来，捏了捏，觉得它成熟度不够；第二个人拿起来，觉得它长得不匀称；第三个人拿起来，看到它的侧面有一处凹痕……但最终会有一个人觉得它好。当然，也不排除这个西红柿被拿起、放下很多次，却始终无法离开生产领域，最后腐烂，被抛入垃圾处理程序。

是否下雨是这个群体心理状态的主导因素。上午八点钟的雨能为这个空间制造皆大欢喜。2018年夏天，八点十分，雨滴在管理人员的收摊声中降落，这群人高高兴兴地收拾，从昨天晚上开始的忙碌获得了令人满意的结果。虽然还剩下很多蔬菜、瓜果，但属于可预期的折损范畴，不再能主导个体意义的经济—心理学机制。一个人还在试穿衣服，但这不妨碍卖衣服的人往面包车里收拾："下雨收摊了，给你个最便宜的价格，50元一条。"他将钱塞进钱包，上车、关门，启动发动机。一个卖苹果的人将一堆大小不一的苹果送给清扫垃圾的老妇人："剩下的，扔掉可惜了。"她高兴地接过来："谢谢你啊，我得先放在这里，扫完了再来取。"

　　早上六点的雨会制造一个日常悲剧。这群早市人昨天已经忙了一下午，晚上八点睡觉，早上三点起床，早市刚刚开启，大雨就瓢泼而下。他们既是这个日常悲剧的演员，也是被迫的观看者。他们以亲身实践的方式进入了这个戏剧领域，表情和话语被天气变化所控制。他们望着天，看着滴落的雨，然后望着地，异常安静，脸上的肌肉几乎没有动作。

　　在大雨滴落的声音中，偶尔会出现低沉、绵长的叹气声，"唉——"这个声音会出其不意地成为一场热烈讨论的前奏："这雨下得可真是时候……一大车菜还不得蔫了……"在这场讨论陷入悲观的时刻，一个声音阻止了它的滑落："出摊就得心态好，不然早犯精神病了……今天卖得少，明天一定卖得多，这是规律。"悲剧气氛在向喜剧气氛转变。他们希望明天晴朗，但谁都不能把握，而且一个无法缓解的问题是：今天他们一定会承受一些损失。

　　这是一群个体意义上的经济学家、社会学家、心理学家。在长期的实践中，他们知道在哪里能批发到便宜的蔬菜，知道蔬菜生产与价格变动的关系，甚至当天定价与哪些因素有关。在总结了无数次失败的经验之后，他们知道什么时候改变物品的种类，以及进货量和可以承受的损失，也会衡量天气与需求的关系，把握购买人群年龄和性别、市场附近地区的职业状况等等。在选择物品的时候，他们会变换身份：如果我是购买者，对颜色和形状会有什么要求？我的购买愿望在什么情况下会改变，在什么情况下会受到其他人影响？

　　这群人可能未必了解什么是消费心理学，却是这门学问的实践者。他们有时甚至想在这个短暂出现的商业空间里制造出非理性的从众心理，然后让一群人不加分辨地购买，尽管在多数情况下这只是他们的幻想，但想一想总是没错的。在日复一日的辛苦劳动中，他们积累了无限多的、地域性的经济知识、社会知识和心理学知识。这些知识在这个空间里重复出现，却不会变成可传承、可追溯的文字。

几乎每个城市都有一个底层社会。这些人没有固定工作，没有稳定的收入。与那些处在城市文明内部、具有稳定功能的人相比，他们的日常生活有时候是混乱的，持续的窘迫让他们缺少优雅的精神追求，以至于紧张、焦虑，或彻底的无欲无求。在一定程度上，现代城市文明制造了这些问题，也有能力解决这些问题，至少不会让它们失控。

现代城市生活的密集区出现了早市，这里聚集了一群需要被关照的人，在空间意义、法律意义，或在道德意义上。当然，其中也有一些抵制城市文明塑造的人。他们之所以具备这样的力量，是因为身处城市文明之外，却在为之提供稳定的物质基础。然而，这个内涵深刻的群体往往被忽视，甚至受到城市文明的轻视。

这群人处于一种矛盾的存在状态：一是实质意义的重要性，二是表象意义的可忽视性。这种存在使之具备了不受城市意识形态控制的能力。他们可以随时离开城市，因为对于他们而言，这个空间里没有什么是不可以失去的，一切都有重新开始的可能。

所以，这是一群有根之人。他们可能有一片巨大的土地—植物—动物领地，能直接回归这个世界的存在本源。更重要的是，他们有应对失败的力量，因为他们可以无数次地重新开始，不会感受到现代文明所施加的压力或紧迫感。抽根烟，喝顿酒，第二天又是一个新人。只要有足够的体力，他们就是独立、自由的语言—行为体。

在这种精神的召唤下，那些被现代城市文明塑造成底层的人也开启了反抗，他们要像这群先行者一样重新定义自己的身份，并尝试着忽视城市文明的时间机制、空间机制、视觉、颜色与线条机制，因为这些东西往往有诱惑或控制的能力。它们为一群人赋予了身份，同时也剥夺了这群人的原始自由。更糟糕的是，它们可能会弱化，甚至泯灭另一群人的身份，使之归于虚无、自卑，使之恐慌，然后失去存在感。

认识到这个道理之后，这群受到召唤的人要重新塑造自己的身份。在精神意义上，这是一次关于原始自我的创造。他们首先确定了适合自己的领域，然后用一点点钱购买工具，例如电动二轮车、三轮车、二手柴油敞篷车。他们在现代分工制度休眠的时刻起床、刷牙、吃饭，然后赶到批发市场，以低廉的价格大量买入一种或几种蔬菜、瓜果、肉类或海产品。早上四点，他们以不屈者的身份出现在早市，在这个城市文明的平行空间里重启人生。早上八点，在现代分工制度开启的时刻，经过公平交换，两百元的货物已经换回了三百元或四百元。对于他们而言，这是一星期的生活费。每一天的劳动都能保证另外六天的物质基础，而连续劳动七天，他们就获得了四十天的物质充裕与生命自由。

在现代城市文明中，他们最终成为有信念的漂泊者。他们的身份仍然低微，但不再焦虑，也不再恐慌。他们变成了一个个自我创造的生命体。在这个空间里，他们的声音会阐释这种自我创造的后果。

曾经被城市文明压制与塑造时，他们声音低微，表情呆板，甚至失去了笑的能力。而现在，他们站在一堆货物前，粗野、奔放、从容。一个光着上身的男人，满脸胡子。他对着流动的人群大喊："全世界最甜的果子，全世界啊，不甜不要钱。"他说完这句没有实证价值的话之后，拍着肚子，咧着嘴笑，不怯于露出被烟熏黄的门牙。一个人在这里停下，他随之开启了一个期待性的语言—物质—货币交换机制："先尝尝，满意了再买。"

我们不能将这个空间看作是早市人对于现代城市文明的彻底反抗。他们与城市文明之间的确存在着时间性与空间性的差别，甚至属于两种完全不同的生存规则。客观而言，这种差别有互相补充的可能。正是由于城市文明的自觉，这些混乱的景观才能在城市核心区出现。这群早市人对于城市文明怀着希望，所以每天准时出现，包括冬天零下三十度的清晨，呼出的水汽凝结在胡子上，然后被冻成冰。所以，早市人与城市文明的对抗属于纯粹的思想分析类别，而不是道德批判类别。

我经常来这个早市购买日常所需。当我决定将这个景观纳入文字制度的时候，本来预设的主题是生存竞争，也就是从这群人的语言与行为中发掘底层社会的野蛮竞争。然而，当我以文字制度实践者的角色进入这个空间，这个预设的主题就彻底消解了。这个空间里的确存在着生存竞争，但更重要的是孤独个体在城市文明中重新开始的勇气，这个空间为之提供了实践这种勇气的机会，他们珍惜这个机会，也就突破了同行竞争的残酷与无情。

在人类历史上，伟大人物都是作为一种方法而存在。每当我们想起了他，也就想起了一种方法。这种复活历史的方式对于很多人都有用，让他们在精神上有所依靠，并在实践中获得指导。所以，这些伟人能穿越语言、文化和各类意识形态，从远古流传到当下。即使这种方法对于当下没有直接意义，但他们仍旧可以是那个时代的精神象征，也就是说，想起了这些人，我们就能了解他们的时代。

在早市上奔忙的人，作为普通的谋生者，他们并不伟大；而作为整体，他们却有一个伟大的特征，也就是用坚定、粗野的漂泊精神对抗稳定、坚固或保守的现代城市文明。即使如此，他们在日常意义上还是低微的，受到城市文明轻视，他们有时甚至也会轻视自己。实际上，他们并非不伟大，而是远离了关于伟大的制造机制。他们身上有一种永恒性的方法，却在文字制度中成为一个无声无息、彻底消失的类别。

每天早上五点，这个早市在这个城市的腹地展开，作为纯粹的物质交换空间，不会被各类意识形态塑造，来往的人也没有身份差别。一切熙熙攘攘，只关乎两个目的：供给与需求。在抽象意义上，这是一个出现在城市文明内部的心理调节机制。在美国大量发行货币、国内物价持续上涨的时代，购买人群以超出预期的货币购买力补充日常所需。他们怀着这个目的来到这里，离开时不但没有失望，反而有出乎意料的获得感。而那些早市人也舍弃了现代商业的表演欲，用质朴的方式推动着自然货物的交换。

这是城市文明所创造的物质—心理缓冲地带。表面上，这是一个短期的个体价值实现机制；但在深层意义上，早市人实践了一个常识：只要努力工作就能活下去。对于那些有根之人，这是一次城市文明中的狩猎之旅，山林与农田才是他们的希望之地。而对于那些被城市意识形态冷落的人，这是他们重新开始的地方。在这里，城市文明所固有的身份和时间秩序都消失了，原始的体力模式取代了现代分工模式。

在这个过程中，这群人与城市文明实现了和解。他们的确无法融入城市文明，即使融入，也只能处在被救济的边缘状态。而在这个空间里，他们获得了一种人类学意义的原始满足感。他们重新认识自己的身体，施展这种不会被城市文明剥夺的力量，精妙、灵巧、健壮，足以克服严酷的生存状态。城市文明为他们提供了重生的机会，当然也放弃了景观美学的理念。在和解的背景中，这群早市人发现了一个更重要的道理：尽管现代城市文明中有违背正义和公平的问题，但也创造了普遍的生存机会，只要努力工作就能接近这些机会。

二十年前，在现代公共影像和叙事中，城市管理人员是一个具有负面意义的群体。他们随时出现，行事粗鲁，在公共景观与个体生存之间制造了隐秘的紧张感。然而，在这个时刻，在这个早市上，穿着淡蓝色制服的城市管理人员走在人群中，转而成为这个心理机制的保护者。他们的语言风格仍旧严厉，但极为克制。他们的执法车辆停在路边，也不再具有破坏性的威慑力。公共景观与生存目的之间出现了一种人道意义的相互妥协。

二、辅导班与时空秩序

在提供工作午餐的大厅里，初春的阳光照着白瓷盘里的食物：水煮胡萝卜、蒜末茄子、辣椒土豆丝、白菜炖豆腐，以及米饭。我刚要拿起筷子用餐，就被对面的一个语言空间吸引。一张桌子边坐着两个人，他们用实事求是、无可奈何、又充满幽默的态度谈论孩子的教育：

——孩子去年秋天上初中，正式上课开始前，我们觉得心里没底，
　　因为孩子之前从没有接触过这些内容，所以就去辅导班咨询。
　　我们很惊讶，辅导班已经对这群刚上初中的孩子进行了分级：

入门班、中级班和提高冲刺班。也就是说，在正式课程还没开始前，有的孩子已经学了一遍，甚至两遍。老师在课堂上提到一个问题，很多孩子说已经学过，所以老师直接让他们做题，没有学过的就跟不上，而且越来越费劲。

——两会期间，一些政协委员提到了这个问题，要求辅导班不能讲授课堂内容。

——那怎么可能，家长有需求啊，不只是辅导班的蛊惑。家长希望孩子在学校里不落后，辅导班就是一个最有效的方法。这是义务教育商业化的问题，也是教育公平的问题。你想想，一套好的学区房200万，300万，北京、上海更贵，800万，1000万，只有少数人能买得起。那些买不起这种房子的家长只能上普通学校，但他们愿意每年拿出3万、5万去最好的辅导班，你说这是不是一种获得公平教育的方式？

——幼儿园的孩子学习小学的知识，一年级学习二年级的知识，有的甚至在初中毕业时已经学完了高中课程，上高中等于复读了三年，哈哈哈……

——我们只能适应时代，不能改变时代。

——不合理的总归是不合理的。

——但你怎么证明这是不合理的？

…………

在温暖的阳光中，这个实践性的话语空间让年轻的父母们有一种紧张感，高强度的社会竞争已经提前一年、两年或三年降落到童年时代。一个孩子出生后，应该在缓慢、温和的时间节奏中成长。但在高强度的竞争时代，等到他具备了初步认知能力和语言能力之后，就会进入辅导班，接受各种训练，包括绘画、音乐、英语、舞蹈、手工技巧等等。

表面上看，他进入的是教育领域，但实质上进入的是商业领域。对于孩子的成长而言，这种方式可能是好的，但也可能没有效果，甚至有很多隐而不现、但终究会展现的负面后果。在身体自由成长的阶段，他们被迫生活在封闭的空间里。然而，当这种现象变成个体心理塑造机制的时候，父母只有进入其中才会觉得安全。

在一个周末的上午，我偏离了日常路线，转入一条小巷子。它将引导我通向遍布辅导班的地方。这条小巷子前半段是（猫狗）宠物区，包括宠物医院、宠物出售、宠物寄养。路两边停满了车，没有一个空车位：

一汽奔腾 B70 ～本田 XRV ～上汽五菱宏光～丰田威驰～长城哈弗 H6 ～三菱帕杰罗～比亚迪 F0 ～奥迪 A4L ～凯迪拉克 XT5 ～奇瑞旗云～大众捷达～本田雅阁～红旗 H5 ～丰田卡罗拉～斯巴鲁森林人～奥迪 Q5 ～本田奥德赛～长安欧诺～雪佛兰两厢～吉利帝豪……

一个宠物医院的落地玻璃窗上贴着一个告示："守护新生，开启健康第一步。"玻璃门上贴着另一个简易的提示："进店请佩戴口罩，如您未戴口罩，本店有权拒绝提供服务。"宠物医生穿着白色的职业装，坐在一张椅子上，透过玻璃看着外面。旁边是一个柴犬俱乐部广告，"拥有超级冠军登录 /CKU 大满贯，双色柯基重公犬"。店外水泥地上有一个铁笼子，一只小狗趴在垫着棉被的塑料狗窝里睡觉。旁边是一排宠物寄养的笼子。在这里寄养一只狗，每天收费 30 元，获得家庭式的服务，"24 小时专业宠物护理员为您的宝贝提供一对一的爱心呵护!"室内墙边同样放满了笼子，猫和狗安静地趴在窝里，或站在笼子里，眼睛望着窗外，像是在寻找逃离的方式，或是在等待主人的到来。

这是对于自然伦理的有效实践，但并非意味着自然伦理已经完全战胜了人类中心主义，或者说所有动物获得了人类的生存权利。这些动物在这里安静地生活，是经过了一个偶然又严格的选择过程。它们有幸进入关心动物命运的家庭，这个家庭又有足够的经济力量，能承担它们在这里的生存费用。实际上，这种选择性的自然伦理仍旧处在人类中心主义的控制之下，确切地说，是人类中心主义的偶然补充。

我沿着停驶车辆旁边的狭窄道路向前走，经过一片商业区。在新冠疫情和网络购物的影响下，近半数店铺处于关门、歇业或出兑状态。一个大规模的饮食广场希望平安穿过这场商业危机，所以在门前张贴了一个广告：

美食广场重装起航。

我们对食材采购进行了严格要求，米、面、油、菜、肉、调味品等优选知名品牌，均符合国家食品安全法规……确保您吃到放心美食。

之后，我站在一个十字路口，红绿灯有节奏地控制着车辆通行的节奏。一个交警站在路中央，作为交通制度的符号，展示着交通法规的存在。在他身后是一栋贴着长条形瓷砖的老式高层办公楼，蓝色玻璃幕墙上挂着各类字体广告：

> 小升初、初升高，积极品质培养。
> 国际教育培养中心，外教学科英语，外教 VIP，一对一。
> 少儿基础绘画班、少儿冲刺绘画班。
> 文科生数学辅导，艺术生文科辅导，你的梦想触手可及。
> ……

在这个区域，所有建筑的一楼都处在充分的商业状态。商店门前扩音器里的各种声音混在一起，在多频率的交错中能区分出一些关键词：药物、火锅、衣服、装饰品……每逢周末，这片商业区会转变成辅导班的物资供应基地。那些孩子们不间断地从高楼大厦里走出来，进入食物店或饮品店，为接下来的校外课程补充能量。一个乞讨的人坐在街边。他失去了双腿，戴着假肢。为了说明乞讨行为的合理性，他将裤腿挽起，向路过的眼睛展示不完整的生命状态。然而，在手机支付时代，他的艰难状态即使能在流动的陌生人心里激活温暖的道德感，他们的口袋里却没有纸币或硬币。技术改变了现代人的道德实践能力。

我进入一个辅导班密集的大楼。在入口处，一个老人领着孩子从楼梯上下来，迎面碰到了熟人："英语课结束了，我们要去书法班。"在这句话从开始到结束的过程中，双方一直延续着各自的动作，一方在下楼，一方在上楼，匆匆忙忙，但目的明确。上楼的小孩手里拿着一杯豆浆，左脚踩到第一层楼梯前，他将纸杯放入楼梯拐角的垃圾箱，

离开辅导班的学生

然后匆匆进入辅导班所创造的时间机制和空间机制。大楼入口处右侧的宣传栏印着 20 家校外培训机构的名单，名单右侧是一个英语培训广告：

> 中高考英语教学法创始人，主讲提分英语十五年，专门研究各类题型提分绝密答题法及纵向、横向系统知识点梳理，幽默风趣，化繁为简，带动课堂气氛。
>
> 初中部 120 分满分，50—60 分学员提至 80—90 分，70 分学员提至 90—100 分，80 分学员提至 100—110 分，90—100 分学员提至 110—115 分，100 分学员提至 115—120 分。

大理石步行楼梯是电梯运送的补充，从地下一层一直持续到顶层。我走在这个以体力提升身体的建筑结构中，每一级楼梯外侧的狭长空间几乎都贴满了广告："××英语——中国素质英语培训专家"。二楼一个辅导班的入门处挂着内置灯光的广告，一百多个孩子的缩小头像有规则地拼在一起，那是他们最高兴、最专注的表情。广告左上角是这个辅导班的宗旨："每个孩子都是天使，我们的责任是给他们插上翅膀自由地翱翔。"

我们没有必要认真分析这句话的真实性，但毫无疑问，其中有一个难以回避的问题。作为平凡者的父母，没有人希望自己的孩子成为一个长了翅膀的天使，反之，大家更希望孩子成为一个有能力的普通人。为这些孩子插上翅膀，这是一种纯粹的想象，或修辞技巧，在实证意义上并不成立。然而，一个人一旦从小就生活在这种非实证性的话语中，他可能会习以为常，甚至喜欢这种风格。

　　辅导班是一种驱赶人的时间机制，也是限制人的空间机制。我们不知道它在多大程度上提升了孩子或限制了孩子，也不知道它对于普遍的知识进步到底有多大的价值，但一个确定的事实是，它让父母有点紧张。商业化的教育模式制造出了担心落后的心理：越担心越竞争，越竞争越担心。高强度的竞争会改变人的心理状态，例如宽容、博爱要让位于提前与优势。知识传授有可能变成一个社会达尔文主义式的竞技场，胜过周围的人成为最重要的目的。

　　孩子们在封闭的空间里上课，陪伴孩子的家长在旁边的大厅里等待，坐在铁质联排椅子上。在我进入一个辅导班的时刻，里面有二十四个人。一个人躺在窗台上睡觉，两个人在聊天，大意是课程结束后去哪里吃饭，为什么不去上次去的餐厅，"感觉味道不是很好，孩子不想去了"。另一个人在入迷地阅读随身携带的书籍《明朝那些事儿》，其余人在看手机（阅读新闻、观看视频或玩游戏）。这是一个关于等待的空间，他们怀着几乎同样的希望等待着，并用这个希望不断驱赶沉闷与单调。对面的墙上有一个综合监控屏幕，九个画面持续播放着九个教室的上课情况。屏幕下方挂着一张白纸："疫情期间不提供纸杯，请自备。"旁边是一系列的管理规定。[1] 在疫情轻微的时刻，这些规定会处在等待或悬置的状态，而在疫情紧张之际，它们又会被赋予充分的实践力。

　　我们无法否认这是一种过度的竞争，改变了众多家庭的时间状态和空间状态，但我们也无法否认这种竞争以间接的方式维持着社会阶层的流动性。一个工作人员带我进入办公室。里面有一张简易实木颗

- 1 具体包括：新冠疫情期间情况报告与处置流程图、新型冠状病毒预防及应急预案、疫情应急处置预案、通风消毒规定、晨午晚检制度、环境卫生检查通报制度、疫情防控制度。

粒办公桌，桌子上有成套的教材、辅导书和练习册。在我坐下后，她的脸上展开了职业化的笑容：

> 这是平常的课堂用书，我们自己研发的，根据小学教学大纲编订，虽然内容与教材不一样，但知识点是一样的……
>
> 我们的课程分为三类：入门班、中级班、提高班。入门班适合那些还没有接触英语的孩子；中级班适合那些有一定基础的孩子，主要是小学一年级上学期的知识，我们会注重英语思维习惯的培养；提高班讲授小学一年级下学期的内容，虽然我们没有用学校的正规教材，但孩子们学习了这些课程后，上学一定没有问题……
>
> 我们的老师水平都不错。现在负责入门班的老师是 Ruby，在新加坡读的中学和大学。她就在旁边的教室上课，一会儿您可以在门外听一听。我们现在还有两个外教，Paul 和 Jessie，都是加拿大白人。正常上课时间是每周两次，中教每次一个半小时，外教每次 45 分钟，都是 44 节，要持续十个月……
>
> 我们这里不只学习单词，而是以句子为单位，培养 sentence 的思维。外教主要是场景教学，从每一节课堂的讲义中提取二十个场景。实话实说，他们讲不了应试部分的内容，这一点还要靠我们自己的老师……
>
> 您可以带孩子过来听听，这是免费的。现在每个阶段的学费都是八千多，加上教材什么的，各类费用差不多九千。

我离开了这个辅导班，来到机器人培训学校，入口处张贴着寒假开设的四类课程表。[1]另一边是假期培训时间表，课程密集，为父母们制造着希望，但在无限度的竞争中，又让他们感到不确定。[2]这个学校有严格的规章制度，以公开、高调的方式巩固那个希望，并驱赶不确定的心理。参加学习的孩子们要自觉遵守这些规定，按时参加教学计划规定的课程；热爱集体、团结同学、互相帮助、不欺负弱小、不讥笑他人；虚心学习别人的长处，不嫉妒别人；遇到挫折不灰心，遇到困难要克服；因病因事不能参加学习时，提前一天向老师请假，否则按缺勤处理，课时费不予退还；如果上课时严重影响教课，第一次警告，第二次无条件将其开除，所交学费不予退还；家长联系方式如有变动，请及时通知老师，保证通讯畅通。

　　我离开了这个大楼，重新回到街道上，迎面遇到一个又一个沉浸

- 1 电子制作（通过学习电子器件原理，分析电路图，掌握最基本的电子知识；通过电路搭建和实验提升电子制作能力；通过电路设计、制版、焊接，提升电子制作的综合能力，同时也为全国机器人等级考试打下坚实基础）、单片机（学习单片机是学习机器人和智能控制的必经之路，系统学习 C 语言语法也是孩子学好机器人、掌握机器人高级应用技术的必备工具）、3D 打印（这是当今最热门的技术之一，在机器人领域中，我们也经常使用 3D 建模工具设计我们需要的非标配零件，在日常生活中学好 3D 打印技术可以让思维可见，让创意有型）、物理实验（为什么水结冰的温度是 0 度，沸腾时的温度总是 100 度，它在吸管中为什么会随着我们的吸力上升，为什么汽车打滑时要在地上撒一些碎石子或铺上稻草）、极限无人机（飞机不仅是一种游戏，也是一种学习，是孩子获取经验、发展智能的妙方，遥控模型飞机是一种新型科学智能的产物，要想驾驭它，需要学习不少关于空气动力学、机械、结构设计的基础知识，无形中，孩子不仅学会了航模飞行，还能够学到不少知识，这同时弥补了现代社会的应试教育中所缺乏的实践锻炼，让你的孩子全面发展，拥有更广阔的未来）。
- 2 课程表：
　　第一期（1 月 6 日—14 日）
　　上午 8:30—10:00　FLL 竞赛培训；10:00—11:30　3D 打印；
　　下午 13:00—14:30　物理实验；14:30—16:00　单片机提高。
　　第二期（1 月 15 日—23 日）
　　上午 8:30—10:00　单片机基础；10:00—11:30　3D 打印；
　　下午 13:00—14:30　FLL 竞赛培训；14:30—16:00　3D 打印。
　　第三期（2 月 6 日—15 日）
　　上午 8:30—11:30　VEX 高级；
　　下午 13:00—14:30　单片机提高；14:30—16:00　3D 打印。

在辅导班时间秩序中的孩子和他们的父母，专注又匆忙。在另一栋大楼里，我跟在三个孩子身后，进入一个英语培训班的巨大空间，遍布这栋楼的四到七层。在这个城市的其他地方，这个学校还有四个分校，统一提供多样化的英语课程。[1]

在教学区第一层，进门处有一个教师信息宣传栏，里面贴着十八位中国教师的相片，以及二十位外国教师的相片。一个母亲领着她的孩子进来，五六岁的样子。他的胸前贴着一个名字标签：JACK。旁边跟随着一个工作人员，她在创造交流的机会：

——你儿子的名字是谁给起的？
——以前上另一个学校的时候老师给起的，孩子很喜欢，一直就这
　　样叫他。
——这个名字不错。今天学生少，您可以先来体验体验，到我们的
　　挖沙教室吧。

他们一行到了那个教室前，工作人员转身回去："我去取一个鞋套。"很快，她跑回来了，帮小孩套上。这个小孩走入白色的沙堆里，她与他的母亲开始了一场亲切又遥远、温暖又冷静的对话：

——孩子现在什么情况？英语学得怎么样了？

－1 三至八岁自然拼读班（采用英语国家在孩子启蒙阶段的英语教学法，把复杂的发音归纳为有规律的简单的发音）和英语故事表演（精选英美经典原版童谣，语句多重复，孩子容易模仿跟读），五至七岁儿童学科英语，七至十七岁英伦戏剧表演，七至十五岁环球英语探索，九至十一岁小升初轻松备考，十二至十五岁中考英语强化，十二至十七岁实用英语写作，十二至十七岁演讲口才。

　　——很快上小学了，英语还行，就是听力不好。

　　——啊，正常，这需要练习，每天听一点，坚持下来。我们这里的

　　很多小孩也是这种情况，学习一年就好多了。

　　这个小孩玩了一会后，跟着母亲出来，站在一个巨大的宣传板前。上面是这所学校的学生出国参加夏令营的相片，以及学成后出国读书的情况。"妈妈，你觉得去哪个国家好？"他的妈妈没有回答。一个刚学会跑的小女孩歪歪扭扭地经过他们身边，嘴里叽哩哇啦地说着，无法分辨是汉语还是英语。她的胸前同样贴着一个圆形纸牌，黄底蓝字：LULU。

　　这个小女孩看起来很快乐，实际上正在准备进入辅导班所塑造的心理世界。本来是一个处在自然生长状态中的孩子，却要被提前放入这个世界。在未来五年或十年，她可能都要不情愿地在其中生活，用弱小的身体承担起父母的希望，同时不得不放弃自然生命状态，包括良好的睡眠、轻松的节奏。这个过程是漫长的，结局又无法预料。但在这个时刻，她对此毫不知情，在教学区高兴地跑来跑去，在这个竞争空间里展示着原始生命的内涵。

　　一个孩子在五六岁的时候，辅导班已经为他制定了传输知识的策略。这是一种商业化的策略，一方面填补了父母对于未来的想象空洞，另一方面又在不断地挖深这个想象空洞。对于孩子而言，最初他们的视野受到了吸引，然后是他们的感觉，还有行为逻辑也受到了部分意义的影响。

　　这是一种初级知识传授所主导的被动状态，可能会持续到高考完毕。五岁时，一个孩子本应该去获取关于自然秩序和日常生活的道理，

但在辅导班的时间秩序和空间秩序的控制下，他部分或完全失去了这个机会，长时间地生活在半封闭或被教导的空间。这是一个拥挤的或错乱的知识秩序，因为他要在五岁时学习七岁时才应该学习的知识，七岁时学习九岁时的知识，在小学六年级学习初中一年级课程，初三时学习高一课程，甚至要学完高中的基础课程。

在社会心理学意义上，这种秩序打乱了知识传授的理想状态，而且在父母心里制造了一种关于失败与落后的想象，并最终演变为紧张的集体心理。这个时代的人称之为"教育焦虑"或"教育内卷"。一个家庭的经济策略、时间节奏、日常生活习惯在很大程度上已被这种心理状态所改变。

这是一个关于未来的想象空洞所制造的课本知识霸权。表面上，辅导班是在帮助父母和孩子们缓解紧张感，又在制造着紧张感。这种商业化的行为处在现行法律之外，甚至也不属于商业伦理的范畴。有需求就有供给，这种供给又不违背法律，所以课本知识霸权也就获得了存在的理由。

《义务教育法》强调儿童受教育的年龄不能晚于知识传授的时间秩序，即"适龄儿童、少年的父母或者其他法定监护人应当依法保证其按时入学接受并完成义务教育"。这部法律又以温和的态度申明："根据适龄儿童、少年身心发展的状况和实际情况，确定教学制度、教育教学内容和课程设置。"但在商业化主导的课外辅导机制中，这个温和的申明已经被僭越，课本知识传授被无限度提前，另一个被僭越的还有教育主体。在法律意义上，商业化的授课机构是否具备承担义务教育的功能？但在现实中，这些机构承担了这类功能，而且将之变成一个高效的商业类别。

　　客观而言，一个现象之所以会流行，一定不是因为其中的弊端，而是其中的合理性。现有的学区房制度是一种教育分层制度，也是一种社会结构分层制度。相比于汽车、食物、衣服、首饰，一个孩子在哪里上学更能说明一个家庭在社会结构中的位置，并在一定程度上影响着这个家庭对于未来的想象。因为这个孩子在哪里上学，与这个家庭的经济能力和社会地位密切相关。

　　这是一种临时的和不确定的社会结构分层，并不能决定孩子的最终前途。在学区房时代，那些没有能力进入好学校的孩子们可以选择最好的辅导班。在昂贵的学区房面前，辅导班是良好的补充，而且花费要低很多。当然，这意味着这些孩子要将儿童时代、少年时代压缩成一个简单的时间—效率结构，除了吃饭、睡觉都要重复性地学习知识，或在学校里学习，或在辅导班里学习。

　　这是一种冲击学区房制度的个体策略，实质上是被学区房制度排斥的家庭利用社会—商业机制重新获取教育公平的策略。这些孩子，还有他们的父母，用一种极端性的竞争状态去扭转教育的失衡，将未成熟的身体功能发挥到极致，重复性地学习课本知识，不再考虑身体感受和创造性思维的价值，因为在进入大学之前，所有的创造性思维并不具备让人珍惜的充分前提。

　　在那栋遍布辅导班大楼的对面有一个药房，药房里有一个四十多岁的会计。她每天早上八点来工作，然后长时间坐在柜台后面，下午五点起身离开。工作期间，她的手在计算器和电脑键盘上不停地敲击，注意力高度集中，"啪啪……啪啪啪……嗒嗒……嗒嗒……"类别、数量、价格、医保卡、优惠、输入、确认、打印，她每天都处在这个关键词的序列中，无数次重复。

2020 年 7 月，她的心理出现了一个巨大的转折，因为她的孩子被华中科技大学录取。她的眼睛从电脑屏幕上离开，转向旁边的同事："总算轻松了，要不下课后还要去辅导班，孩子不累父母也累啊。"我买了两盒云南白药膏，然后在一个挂满药物名称的走廊中穿行，四季感冒片、康妇炎胶囊、双黄连口服液、果维康……之后将购物账单放在收款台上。她接过账单，面容中有掩不住的喜悦。这是一种历经了极大的劳累之后绽放出来的喜悦，深沉又轻盈。

在学区房时代，这是一个家庭的胜利。他们充分利用辅导班制度，突破了学区房所预设的社会分层。在任何一个时代、一个地区，教育资源都是有限的，但谁都不能否认任何一个孩子有获得良好教育的权利。现代生存竞争已经无限激烈，但在教育领域，社会结构并未完全固化，仍旧隐含着改变的可能，而辅导班制度通向的正是这种可能。尽管不是最理想的可能，但没有人能改变这个群体性的愿望。

一年后，我再次进入这家药店，在导购员的提示下购买了药品，拿着账单去收款台结算。她仍然坐在那里，右侧是一排放置中药的木盒子：胡黄连、银柴胡、冬瓜子、韭菜子……西洋参、太子参、枸杞子、芡实、龙牙百合、龙眼肉……她接过清算单，手指在电脑键盘上快速敲击，"嗒嗒……嗒……嗒嗒嗒嗒……"相比于一年前的黯淡无光，她的容貌变化明显，像是年轻了十岁，皮肤红润，面部肌肉灵活，她说的每句话都在向外界传递确定或开阔的内涵。

这是课后辅导班与高考制度所造就的个体命运的改变，并在实质意义上推动了现代社会结构的流动性。然而，这是否意味着课外辅导班就是通向美好生活的历史性方案？根据辅导班的时间规划，一个孩子具有初步的理性和情感后就要进入复杂的培训策略，然后被归入识字、书法、音乐、舞蹈、手工、英语、数学、绘画等不同类别，从此就处在时间与空间分裂的状态。

辅导班一直在制造时间与空间的分裂。时间不断流动，从一个未知的地方来到这个世界，变成无限量的"当下"。这些"当下"消失后又凝结成"过去"。处在"当下"的抽象时间与处于这个时刻的人之间是一种不可见的关系，但也是无法拒绝的关系。例如在当下这个时刻，一个人进入工作状态，然后成为现代分工制度的符号，或是在当下这个时刻，一个人刚刚办理了退休手续，然后彻底离开现代分工制度……这是一种由时间控制的、法律意义的状态，也是人与时间的具体关系。确切地说，这是时间对于人的社会性的规定，没有人能改变得了。

人总是被时间牵引或覆盖，从古至今都无法脱离时间秩序，但人的空间状态是可以自由改变的，加速、静止、禁闭、逃离、突然出现、瞬间消失……人与空间的关系也就能千变万化。当一种物质被确定了用途的时候，这种物质就有改造人与空间关系的能力，例如火车或飞机。但辅导班对于空间的改造力不同于飞机、火车的功能，除了身体的空间变化之外，辅导班还引发了时间与空间的双重变化。空间的变化是具体可见的，而时间的变化是抽象的，但并非隐而不现。未来的时间提前降落，然后被商业策略塞入当下的空间。

这是一种时间内部的对抗，确切地说，是未来与当下之间的对抗。当下的空间已经无限拥挤，而未来的空间却会出现一种时间性的虚空。在那些实践义务教育职能的辅导班里，未来的时间不断压缩着当下空间的存在状态，使之变形、萎缩。未来在个体时间秩序中被赋予了过度的合理性，而当下的状态却被剥夺了合理性。老师在讲课，学生在听课，在这个过程中，隐秘的时间对抗在持续着。对于这些学生而言，这是一个漫长的过程，五年、十年或更多。

在时间对抗的背景中，这些学生的当下空间就像是一根被用力拉长的橡皮筋，末端被固定在高考时刻，另一端从幼儿园阶段移动到小学阶段，再移动到中学阶段。时间距离变短了，但这个空间始终处在紧张状态。到了高考前的最后时刻，他们的空间感与时间感在极为紧张的状态下重合。这不是一种自然意义的重合，因为这个空间已经被无限次折叠。

这个被拉伸的、变了形的空间并非没有结束。高考是一个终点，被无限度塑造的是高考之前的空间。高考之后，这个空间的日常秩序会慢慢恢复，自然状态的当下转而维持着这些孩子的时间秩序，并主导着日常知识的创造和传递。但他们的空间不会完全恢复到不受辅导班控制的自然状态。这些孩子已经长大，他们在少年时代参与了无限度的竞争，这种竞争的后果将会在未来的日常生活中慢慢释放，以令人期待或不可预知的状态。

在商业逻辑中，这个过程的终结是合情合理的，没有了需求，也就不再有供给。但在知识创造的意义上，这个过程可能有难以弥补的后果。一个长期生活在辅导班秩序里的人，高考结束后突然脱离了商业化和充满竞争的秩序，在这个瞬间之后，他是否能感受到时间与空间以自然的状态出现，然后据此重新调整通向未来的时间—空间秩序？

他可能会成功，但这只是一个假设。因为长期以来，当下的时间—空间秩序总是被轻视，未来的时间与空间总是被迫提前到来，他能感受到未来与当下的冲突。但为了证明自身存在的合理性或优越性，他最大程度地改变了自然意义的时间—空间秩序。在多数情况下，他的视野、思考，以及相关的身体状态飘浮于当下的日常性之上。

这是人与时间的矛盾：一个活在当下的人竭尽全力丢弃当下，然后拥抱一种商业化的虚拟未来。这并不是有利于知识创造的良好状态，而是损耗性的竞争状态。本来他应当与当下同行，从当下中获得自信、安全感，以及个体存在的合理性。但在损耗性的竞争里，当下的合理性被未来所驱赶，也受到未来的轻视，一种时间性的自卑感可能会在他的心里出现，尽管这种感觉有时候很模糊。

在高考结束的那一刻，他的时间—空间秩序终于脱离了商业拉力，就像那根橡皮筋一样，在物理拉力消失后蜿蜒地收缩着。但在日常生活秩序剧变的时刻，如何适应当下的时间和空间状况，进而与之构成稳定、统一的类别？这是一个深奥的社会心理问题，因为过度的竞争可能会导致一种被迫冷漠，或缺乏同情心的利己主义。另一个更深奥的问题是：他应该如何恢复长期以来被时空分裂所改变的个体心理。对于他的日常生活和公共交往而言，这种状态已经造成了很多负面影响，例如时空分裂引起的认知障碍、话语的虚拟性、个体行为的非日常化等。

这种教育方式在一定程度上延长了人格成长的时限。在现代教育制度出现之前，一些孩子自始至终都无法得到知识性的教育，刚一懂事就要去谋生。这个过程很残酷，但他们获得了生活的常识。少数孩子有机会上学，十四五岁毕业，之后也要进入社会，独立地应对日常生活的正常与无常。无论如何，在社会意义上，他更早地变成了成年人。但在现代社会中，由于知识的层次和类别无限丰富，个人接受教育的年龄越来越长，孩子们面临的压力也就越来越大。他们要想获得明确的社会身份，首先要经过高考。之后，他的父母才将他当作成年人，他自己也会觉得自己是成年人。

而为了获得高考资格，并且有充足的能力应对高考试题，他要从小进入辅导班，获得额外的竞争优势，他的幼年时代和青春时代也就献给了重复性的学习。然而，由于学习内容脱离于日常生活状况，他的成绩可能会很好，但不了解日常生活，也不了解个体的社会角色。2018 年，一个重点学校的高三学生写了一篇作文，文辞考究，但不自然，喜欢无中生有。他有一个缥缈的理想，并希望用语言表述这个理想，最终制造了一个非历史性的、虚假的陶渊明：

> 悠然南山下，灿然傲菊中，我看到了这样一位老人：古铜色的脸庞难掩岁月留下的年轮和沧桑，深凹的双眸像两颗深沉的明星，时时流露出智慧的光芒和倏逝的调皮——这些让我相信他就是真实的陶潜。这种意外的惠赐让我早已顾不得辨识眼前的先生是否真正地存在，我不禁用颤抖的声音向他表达了我的喜悦和敬意："见到先生我无比荣幸，您比我想象的要年轻许多。"

我在法国学习的时候，观察到一个现象。一群巴黎索邦大学二年级的学生从我身边经过，十八九岁，但看起来比我成熟。在那个时刻，我是博士三年级的学生，二十八岁。在社会理论意义上，一个人成熟的年龄越早，那么他的一生中为社会服务的时间也就越长。对于一个国家而言，这意味在人口不增加的情况下就有可能增加劳动力的密度，以及劳动经验的深度。

我在辅导班的空间里行走，从一栋楼到另一栋楼，这些时空变异的景观不断进入我的视野，被变异的时空观念控制的孩子们密集地从我身边经过……辅导班的影响不只出现在孩子身上，也会出现在父母身上。这些在辅导班秩序中长大的孩子可能会忽视现实意义的生活，过度依赖虚拟的修辞技巧和非日常化的评价体系，有时会内心空旷，难以形成真实的感觉。对于父母而言，他们弱化或忽视了孩子社会身份的培育，不断强化孩子的竞争性。在这一层意义上，他们与孩子之间是一种工具性的关系，而非情感化的关系。学习好的孩子才会得到父母全部的爱，但那些学习不好的孩子可能具有更强大的创造力。

在现代中国，一旦国家力量要改变一个领域，这个领域往往会发生翻天覆地的变化。在现代化进程的第二阶段，国家对于人口数量和身体—精神状态有了全新的期待。一些世界性的历史经验被这种期待激活，例如现代化与人口生育、个体创造力的关系等。这些历史经验在政治思想—行为领域中聚集，进而形成一种对于未来的全新预见。

自 2020 年初开始，一系列的宏观政策陆续公布，包括鼓励二胎、三胎的生育政策，减少学区房和辅导班对于现代家庭的时间和经济消耗等。2021 年秋，一个关于学校放学后延时托管服务的通知在这个城市的幼儿园、小学、初中老师和父母的手机里高频率传播，颠覆性地改变了他们的时间节奏和空间秩序。[1]

－1 各县（市）区教育局：为广泛了解我市幼儿园家长对延时托管服务的需求情况，现组织开展专项调查，请各地配合做好相关工作，具体事宜如下。

调查形式：通过问卷星填写问卷，二维码海报随通知后附。

调查范围：各县（市）区、开发区幼儿园家长，样本年龄按托、小、中、大班四个年龄段分部，所调园所数量按辖区实有园所计算。

具体操作：各县（市）区教育行政部门按照要求，将问卷星二维码海报下发至幼儿园群，由园所下发给家长填写问卷，填写完成，提交即可。

完成时间：9 月 6 日前。

其他说明：本次调查不包含识别调查对象个人信息的内容，不会造成调查对象个人信息泄露，调查结果仅供研究和决策使用，调查对象按真实情况和想法填写问卷即可。

在政治理性和经济理性之外，中国的治理方式还有一个情感范畴，即个体利益与公共利益出现矛盾时，个体利益、商业利益有作出妥协的可能。在宏观历史趋势中，这个情感范畴往往有充分的实践力。我再次进入那个被辅导班占领的大楼，独自在楼梯里行走，没有了往日的密集声音，也没有了往日的耀眼灯光。墙上的应急照明灯发出微弱的蓝光，大面积的昏暗制造了一种商业的荒凉。

课后辅导班的时代结束了。在一个仍旧开放的辅导空间里，两个年轻的工作人员在收拾文件。在原有的商业机制中，她们本来会主动向我问好，制造很多温暖、有趣的话题，然后将我拉进她们的目的。但在这个机制将要结束的时刻，她们忽视了我的存在。她们的身体移动节奏缓慢，姣好的面容背后是难以掩饰的疲惫。她们属于一个在宏观历史趋势中被迫放弃个体利益的群体。

之前，这个群体在初等教育领域创造了异常的时间—空间秩序，并在群体心理中制造了无限蔓延的焦虑感与紧张感。而现在，她们的时间—空间秩序出现了混乱。对于她们而言，以前的知识体系变得无用，未来又变得模糊不清。她们在沉默中承担着失业后的艰难。在这个时刻，这种沉默是高贵的政治品质。在中国现代化进程中，这种品质有伟大的历史意义，因其能给予制度改革以最大的实践空间，然后以个体利益的损失，以及损失后的忍耐化解社会剧变所引起的冲突或对抗。

那些本来被辅导班控制的孩子们失去了原有的空间感和时间感，他们的父母也陷入了暂时性的迷茫。在这个剧烈的变化中，书店转而成为一个提供心理安抚的角色。对于这些父母和他们的孩子而言，这是一个有无限延续性的知识空间，也是一个抚慰性的心理空间。他们带着孩子进入了辅导班密集地带的书店，迎面的墙上有一张提示性的宣传画：世界各国人均读书量排名，以色列人 64 本，俄罗斯人 55 本，日本人 40 本，韩国人 7 本，中国人 0.7 本。宣传画下面还有文字阐释："犹太人是世界上没有文盲的民族……"这个墙壁的剩下部分被一个家教机的广告占用："迎开学直降 400 元，助力开学季，送课程送红包，以旧换新最高补贴 200 元"。

在人类知识领域中，书店是一个可见的具体空间，也是一个有强大综合能力的抽象空间，或者说是对于时间与空间有强大压缩能力的知识空间。无数的期望或实践变成了一本书中的一页或几页，一千年的历史变成了这本书中的两段或三段，无数的推理与修辞支撑着抽象或宏观的叙事结构。无论这本书的风格是实证的还是推理的，对于真实世界而言，变成文字也就意味着变成了具有多种可能的抽象。

文字叙事是一种关于远方与古代的制造方式，也是关于隔离、神奇或诱惑的制造方式。一场残酷的战争夺走了无数人的生命，并引发了无数的情感或伦理悲剧，但在《世界枪械大全》《现代战机鉴赏指南》《坦克与装甲车鉴赏》一类的彩印书籍中，大规模伤亡的惨烈状况被一种艺术性的机械设计掩盖，这是隔离、忽视或选择所制造的新奇，而我们需要借助于丰富的想象力去复原这种新奇背后的真实。

在辅导班中，这些高兴的孩子们并没有获得关于阅读的经验，而且可能是在父母的劝导下才进入这个深奥的知识空间。他们带着玩具（电动车、机械扇子、推土机）在里面穿梭。一个八岁或九岁的小男孩，眉清目秀，手里握着一把玩具枪，奔跑的过程中从书架上抽出一本适合三岁儿童的立体图画书，翻开后寻找非文字性的娱乐游戏。他将一个纸塔翻起来，用力太大，纸塔的一角被撕裂。他又翻到下一页，

寻找奇异。看完后，他将这本书放在这里，继续在书店里奔跑，跑过
会员卡公告栏，公告栏的下方有一行字："有阅读才有生活"；跑过一
个劝诫画："在书店里，呼吸都变轻，书架上的书是用手指可触摸到的
幸福"；跑过一个爱心提示："各位家长，请照看好您的小孩，不要让
其在营业室内跑跳打闹，防止滑倒或摔伤"；跑过一个又一个安静看书
的人，然后在一排排分类书籍中出现又消失：

> 移动图画故事、幼儿启蒙卡片、小学生古诗词、小学三年级辅
> 导、外国儿童文学、高考复习、现代文学、人物传记、心理学、金
> 融学、地方史、哲学史、战争史、青春文学、世界文学名著、科
> 幻—恐怖小说……

　　对于他而言，这个图书分类体系变成了一个有趣的迷宫。他不停
地奔跑着，灵活敏捷，叫喊声中充满了力量："来呀……哈哈哈……我
在这里呢……哈哈哈。"另一个同龄的小女孩追上来，他的身体转而进
入畅销书平面展示区。每叠书有 20 本或 30 本，整齐地摆在这个平面
化的展示空间。在他们的视野中，这仍旧是一种创造身体移动状态丰
富性的障碍物。他们又在中间的过道上奔跑，经过一个又一个阐释着
当下日常精神的题目。[1]
　　在这个时刻，这些通俗读物出现在这个地方，其中的多数会在未

- 1《你要特别努力才能特别幸运》《高敏感人群情绪管理》《你其实很棒》《为什么你总是半
途而废》《别想太多啦》《生活中的行为心理学》《幸福是自己创造的》《高效演说》《你只是看起
来很努力》《高效说服的秘密》《故事的疗愈力》《基层女性》《女孩别怕》《共情的世界》《成年人
崩溃自救指南》《素与简》《只要你足够强大就好》《阅读变现》《博弈论与生活》《来不及说谢谢
你》……

来一个时刻消失，因为它们没有机会进入公共图书收藏机制。然而，它们阐释了当下的日常精神，并在经济目的的推动下，直白地与这种精神纠缠在一起。这是它们在当下出现的原因，作为一种当下日常精神的文字镜像，但也是它们在未来消失的原因，原因在于文字制度自以为是的高雅与深刻。

这些孩子在这片丰富的意义中奔跑，他们的身体与行为也会成为当下日常精神的阐释。我看着他们跑过，寻找那些落在他们身后的书，用手机摄影功能记录下来，然后用叙事制度去还原这个突然出现、转瞬消失的日常景观。这个行为由此会成为当下日常精神的个体化阐释。这群孩子在表演这种日常精神，而我在寻找这种日常精神的象征，并使之变成一种粗糙的、即时性的文本。

一个妈妈找到了自己的孩子："在这里一上午了，一本书都没看。"对于这个评判，这个孩子很不满意，他随手拿起一本适合五岁儿童阅读的立体书："我还没看完哪。"对他而言，这个书店的内部景观自始至终是模糊的。但他不应该受到指责，因为在一瞬间离开了辅导班，他还不适应新的学习机制。与他一样，很多孩子也由于这个原因进入这个空间，有的将水洒在地上，有的弄乱了书籍的顺序，有的在奔跑叫喊，有的坐在书堆上吃面包……管理员无法应对。他们可能会有一种前所未有的愤怒，但在商业伦理的制约下，他们并没有直接地表达出来。

这个孩子看着自己的妈妈，他不想离开，但一时间又没有找到待下去的理由："妈妈，我饿了，我想去那里吃点东西。"他指着书店最里面的简易餐厅，然后跟在妈妈身后，经过一个木门框，站在前台翻看食谱。他看起来很熟悉这个食谱的布局，几乎一下子就找到了自己

辅导班停业后去书店的孩子

书店餐厅里的台灯

的喜好："我要热可可加薯条，妈妈，你需要吗？"他的妈妈没有理他，用手机摄像头对准付款二维码，"您好，共计消费 50 元。"

他们在墙边找了一个木头圆桌，桌子上立着一盏老式台灯，台灯罩上密密麻麻写满了字，其中的两句最清晰："期末前十……新冠退散，世界平安。"这是一个关于个体情感与理智状态的自由创作空间，未成年人遇到的困难、怀有的希望变成了短暂停留的文字。这里有十几盏台灯，每个台灯罩上都落满了汉字和英语：

> 脱单……得偿所愿……不破不立……五大三粗……他很重
> 要……会考加油……期末考校长奖，浪的几日是几日……无人问津
> 的港口总是开满鲜花……I am pretty ... Best wishes to Everyone。

三、小巷里的生活逻辑

在现代城市中，人总是关注那些有表演愿望的街道。这是自由的观看，也是符合表演目的的被动观看，因为景观表演是一个视觉塑造、远离具体和真实的公共审美现象。相反，在那些没有表演愿望的小巷子里，我们才能最大程度地感受到具体和真实。

我从一条时刻处在表演状态的大街转入日常的小路，也就从展示性或艺术性的景观转向实用性或工具性的景观。一切都是平常的，又是不可缺少的，其中有另一种节奏感和秩序感，缓慢与平静、崭新与破碎、明亮与黯淡相互交错，没有区分。虽然不高雅，也不符合审美的最高要求，但我们无法拒绝这些景观是日常生活的具体象征，因为日常生活在本质上是拒绝表演的。

　　我在这条小路上前行，一种确定的真实感立刻占据了我的视觉、听觉，以及脚底的触觉。在冰雪消融的季节，大量宠物狗的粪便暴露在街道两侧。在冰水与动物粪便中，行人走路时小心翼翼，神经系统高负荷运转，脚在落地的一刻迅速降低速度，脚抬起时脚尖向下，避免鞋底的水逆流到鞋面。一辆汽车迎面而来，轮胎经过融化的雪水，"唰唰唰唰……唰唰……"我赶紧从路中间走向路边。在这样的路上行走的状态创造了一种共同的感觉，那个陌生的司机立刻放慢车速，尽力向右侧行驶，为我保留足够的空间。

　　这个日常景观里隐藏了一个微弱的道德矛盾。对于那些从现代分工制度里退休的人，他们之前长时间地受到特定程序的工具化塑造，而现在彻底赋闲在家。他们即使希望再次获得工作机会，但在身体机能和思维模式的意义上，已很难承担其他工作。为了驱散合法失业的空虚感，他们会养狗，自愿地向动物输送情感，然后获得生命意义的反馈。他们有充足的时间去创造一个人文主义的新类型。

　　当这种人文主义类型进入日常生活时，他们限制或改变了这个新类型的内涵，使之具有反人文主义的状态。公共景观随之被"狗的霸权"所改变。事实上，"狗的霸权"并非是狗在控制景观，而是那些养狗的人制造了这种霸权，然后间接地制造了这些景观。当然，任何一个观点或理论往往不具备普遍的适应性，也就是说，并非所有养狗的人都会制造"狗的霸权"。我在这条小路上走着，一个六十多岁的女人牵着一只小狗迎面走来，一边走一边躲避流动的脏水。那只小狗在路边排便后，她用纸巾包好，放到路边的垃圾桶里。

　　对于"狗的霸权"，现有法律基本是失效的。这是一个底层风俗领域，以具体或隐秘的方式说明一个区域或一条街道的日常状态。只有夏天的暴雨能彻底清理这些景观，尤其是每年的第一场暴雨，总是让人充满了希望。这场暴雨不但意味着夏天的到来，并且有公共道德或公共卫生学的内涵，因其解决了法律不能解决的问题。

2020 年第一场暴雨后的傍晚，我再次经过这条沥青小路。由于 2019 新型冠状病毒肺炎引发的社交管控，这条路上的吉他店一直处在歇业状态，卷帘门上落了一层土。在这年 6 月的一个周末，吉他店重新营业，光头老板以开放、诱人的状态阐释了他对于艺术的理解。

门前的路上有一张拼凑成的简易桌子，桌子上有啤酒、花生、香烟、打火机，一人一碗简单烹制的土豆丝。旁边一个凳子上有一个家用蒸锅，里面有日常性的馒头和花卷。这顿晚餐并不丰盛，但六个弹着吉他唱歌的男人用他们的身体、声音和节奏感，在这个有限的空间里塑造了一种无与伦比的艺术性。

一个戴眼镜的男人（男人甲）端起杯子，仰起头，喝了一大口啤酒，然后抱起旁边的吉他，用和弦作为音乐背景，开始唱《海阔天空》，粤语发音：

——今天我寒夜里看雪飘过，

——怀着冷却了的心窝飘远方，

——风雨里追赶雾里分不清影踪，

——天空海阔你与我可会变谁没在变，

——多少次迎着冷眼与嘲笑，

——从没有放弃过心中的理想，

——…………

　　唱完后，他又举起酒瓶子，"咕咚……咕咚……咕……咚……"喝了半瓶，然后忍着从胃里返上来的二氧化碳，大声说："你们再点一首，今天我是主唱。"旁边坐着一个光着上身的男人（男人乙），他用一种戏谑的眼神看着男人甲："我终于失去了你，哈哈哈。"个体意义的情感类型最容易在日常生活空间里开启，然后走向不可预期的状态，有时能制造更大的快乐，有时会引起日常性的不满。

　　——当所有的人离开我的时候（男人甲带着笑声独唱），

　　——你劝我要耐心等候（男人乙加入，带着更大的笑声，唱完一句后举起瓶子喝酒），

　　——并且陪我度过生命中最长的寒冬（男人丙加入，以一种深有体会的姿态，带着对其中一个人的戏谑），

　　——如此地宽容（男人丁拿起筷子敲桌子和碗，模拟架子鼓的节奏），

　　——当所有的人靠近我的时候（男人甲变得兴奋，提高音量，增加笑意），

　　——你要我安静从容（同上），

　　——似乎知道我有一颗永不安静的心（同上），

　　——容易蠢动（男人甲变得更加兴奋，因笑意增多而吐字不清），

　　——我终于让千百双手在我面前挥舞（忘词，顽皮地笑，但和弦伴奏没有中断），

　　——我终于拥有了千百个热情的笑容，

　　——我终于让人群被我深深的打动（男人甲平静下来，重新开始），

　　——我却忘了告诉你（四个男人加入，放开嗓子，高声合唱），

——你一直在我心中（合唱，其中有哈哈哈的笑声），

——啊，我终于失去了你（笑声更大），

——在拥挤的人群中（合唱，整个过程中最符合乐理的一句），

——我终于失去了你（只剩两个人在唱，另两个人举起瓶子喝酒，喝完酒哈哈笑），

——当我的人生第一次感到光荣（只剩男人甲，和弦走调），

——啊，我终于失去了你（男人甲抬头望天，以最高的抒情状态吼叫）。

……

街边音乐会

之后，男人丙代替男人甲，成为主唱："完美生活，怎么样。"男人丁到屋里，抱着一个非洲鼓出来。一种饱满的轰鸣充当了吉他和弦的深层背景，音乐的层次更加丰富。

——青春的岁月，

——我们身不由己，

——只因这胸中，

——燃烧的梦想。

——青春的岁月，

——放浪的生涯，

——就任这时光，

——奔腾如流水，

——体会这狂野。

——体会孤独，

——体会这欢乐，

——爱恨离别，

——体会这狂野，

——体会孤独，

——……

一个年轻的父亲领着三岁的孩子，从远处走来。他们中断了走路的节奏，被这个景观吸引，并且进入了这个景观，作为一个旁观类型。他们在安静地观看，然后开启了一段没有目的的对话：

——爸爸，他们在干什么？

——他们在举办音乐会。

——那个是什么？

——那是非洲鼓。

——什么是非洲鼓？

——就是来自非洲的鼓……非洲鼓是吉他的好朋友。

……

——你要跳舞吗？

——是的。

　　这个小孩举起了双手，扭起身子，伴随有节奏的和弦，以一种有异于成人的行为逻辑进入这个开放性的艺术空间。在这个时刻，他们从旁观类型变成了创造类型。男人丁光着上身，戴着黑框眼镜，手里握着一瓶啤酒，看着这个小孩，微笑着。那是一种温暖、友好、开放的笑容："你的节奏感不错啊。"吉他店西侧的复印店老板关门离开。走过这里时，他对着这群人大喊："下次给我留个凳子，这么好的现场，怎么不提前贴个海报，下次给你们免费打印。"

　　对面的墙上贴着一张寻狗启事，彩色打印，上面有两张狗的照片。个体心理的动荡制造出了一种用词急迫、语法混乱的叙事状态：

　　　　本人于昨天下午四点半到五点之间在义和路，×××麻将馆一只蝴蝶犬丢失，14岁　母狗　名字　猫猫　前牙有一颗外支。本人已经养了十多年了，感情很深厚，如有好心人捡到，必有酬谢，无论死活都有酬谢！

活狗酬谢 1000 元，死狗酬谢 500 元。

联系电话：158×××××，189×××××××。

　　这是一种个体意义的情感断裂，但丝毫不会影响街道上汽车的运行节奏，甚至不会吸引行人的目光。他们从这里经过，并未注意到它的存在。在这个具有微弱悲剧意义景观南侧的大路上，一辆辆汽车高速经过，出租车、公交车、私家车、电动车、搭载柴油发动机的工程车、开启灯光机制的警用巡逻车，还有大功率的摩托车。道路上方的液晶显示屏幕上连续播放交通违法信息："车牌号 ××× 不避让行人……车牌号 ××× 醉酒驾车，终生禁驾……车牌号 ××× 违法变道……"

　　在现代机械文明中，城市空气中充斥着足以破坏动物嗅觉能力的汽车尾气。在动物行为逻辑的意义上，这只狗回归家庭的可能性依旧存在，但很小。待其归来后，这个家庭的情感结构很快就会恢复原样。如果它不回来，这个家庭也会开启新状态。在一段有限的时间里，这家人，或其中的一个人会被难以挽回的悲剧性气氛笼罩，但很快会复原。在个体记忆中，这只狗变成了一个失落的符号，或虚拟的标志。在长时段的历史上，日常生活已经在人类心理中培育出了应对情感断裂的能力。这种能力并不是让人变得残酷与薄情，而是要去掉那段无法改变的过去，然后维持现代与未来的连续性。

　　晚上九点，那个简易的音乐现场消失了。在这个城市的日常秩序中，超越功利主义的景观很少出现。大街小巷里人来人往，主要目的是为了生存，或为了家庭结构的稳定。对于日常生活逻辑而言，这个目的很平凡，但又很伟大。假设这里的人改变了这个逻辑，只具备当下的时间性与空间性，也就不再有关于物质与感觉的奋力追求……对于人类历史的稳定性而言，这是一个巨大的威胁。所以，尽管这些卑微的个体为了生存不惜一切，最终也不会创造出崇高的意义，但在整体意义上，他们维护了人类历史的稳定性。

在这条沥青小路上，一只蚯蚓一动不动。它迎着雨水出来，进入现代文明之地。它在坚硬的路上蜿蜒而行，结果被人踩了一脚，或被自行车胎轧过。天晴之后，它很快就会被晒干，然后又被无数次踩踏、碾轧，化为齑粉。现代文明与自然秩序的接触边界太广阔了，而人类文明越庞大，这个边界也就更加广阔。尽管现代文明来不及躲避这些迷失的自然生命，但绝不会让它们承受身后的惨境。我找了一根小树枝，将这只失去生命的蚯蚓夹起来，扔到草丛里，那才是它的安身之所。当这根树枝碰到它时，它的身体微弱地扭动。我立即改变了计划，在草地里挖了一个坑，将它放到里面，然后覆盖上湿润的土。

我认识到现代文明对于自然秩序的剥夺，已经有二十多年了。每年夏天，在现代文明占领的地方，尤其是在那些穿越绿地的水泥路和沥青路上，无数的蜗牛、蚯蚓、蚂蚁，或其他小虫子在这里迷失，受到日晒、脚踏或轮胎碾轧。我希望将它们一个个扔到草丛里，但力不能逮。这不是某一个身处现代文明中的人能解决的问题，他甚至不能批评现代文明，否则七十多亿人怎么活下去，而且还要生活得越来越好？但那些闯入现代文明之地的自然生命也没有错，只是现代文明扩张得太快，它们根本来不及进化，也就无从适应生存环境的剧变。

在这个过程中，我做了一件事。这件事符合现代文明逻辑，但也让我陷入了现代功利主义或人类利己主义的道德困境。看到这只蚯蚓后，我知道我正在写一本关于城市景观叙事的书，而且缺少一个阐释现代文明与自然秩序碰撞的场景。所以，我拿出手机，启动照相模式，首先将这种状态拍摄下来，然后再去实践自然伦理。

一个人做了一件事，总是想方设法让别人知道，并希望从中获取意外之喜，这是现代功利主义的行为逻辑，有别于古典时代的单纯与静穆。现代人生活在活跃的影像世界中，被观看的愿望控制，同时也在制造观看的愿望。这种愿望塑造了独立的存在感，但实际上也在消解着独立的存在感。

第二天，雨过天晴，太阳炽烈，我跟在一个老磨刀匠身后。近一年，他好像陷入了正常与异常的纠缠中。他还想继续工作，带着工具，每天穿越这个城市的日常生活空间，但他的身体状态已经不能符合这个目的的要求。他推着自行车，车座后有一个木架子，他的脖子上挂一个小喇叭："磨剪子……戗菜刀"，声音高亢，重复不断。一个住六楼的女人在窗口招呼他，但每次呼出的声音都被小喇叭的声音压制，他推着自行车一路向前。另一个女人从一楼跑出来，追上他，要他帮着磨菜刀："你的喇叭声音太大了，我喊了你好几遍，你都没听见。"老工匠嘿嘿地笑："我的耳朵不好使了，听不见啊。"

此后，这个磨刀匠再也没有出现。身体与愿望之间的纠缠让他重新审视自己的工作能力，尽管他以此谋生，但无力对抗命运。在年轻时代，每天的日常生活，对于他而言是一个取之不竭的物质—精神领域。而在晚年之际，他要作出妥协，甚至是彻底地退出。

另一个年轻一些的磨刀匠继续游走在这个城市的街道上。他穿着黄布褂子、深蓝裤子，外加一双黄军鞋，黑瘦的脸，眼神平静、深沉，肩上扛着长木凳，凳子一端挂了油漆桶，里面有水，另一端固定着磨刀石。他回避那些展示性和艺术性的景观，以及繁华的商业区，他热爱的是具体、真实的日常空间。

他从一条街道转向另一条街道，从一个居住区转向另一个居住区。每走十几步，他就放声高喊："磨剪子咪——戗菜刀。"最后那个"刀"字音调上扬，粗野浑厚。我跟在他身后，不断地改变方向，也不断调整着走路节奏，看着他的背影和动作，就像欣赏艺术品一样。在这个时刻，我和他共同创造了一个反向艺术空间：他是生活艺术本身，我是这种艺术的观赏者。我们都会进入日常景观叙事，然后在公共阅读空间里共同创造这个艺术类别。相比于被有钱人垄断的传统艺术类别，这个艺术类别的内涵更深刻。

2017 年夏天傍晚，在长时间的游走之后，他在一个象棋盘的旁边停下脚步，静静地看着那些刻字的圆木块移来移去。他的身体状况很好，皮肤黝黑、肌肉健硕、面容宁静。在历史人类学意义上，这是那些衣着豪华、动作散漫的城市小青年的反例。十分钟后，他扛起长木凳离去，同时开启了声音机制："磨剪子咪——戗菜刀。"

国庆节后的第三个星期六，窗外传来他的呼声，"磨剪子咪——戗菜刀"。我打开窗户，高声呼喊他。他站在那里，用手指着自己，询问我是否在跟他说话？我带着一把菜刀、一把剪子，奔下楼。他放下木凳子，在一个气候变暖的时代里等着我。十年前的这个时刻，雪已经下过好几场，天气不会严寒透骨，但一定不像现在这样温暖。风吹在脸上像是春天，有的女孩又换上了裙子，去追逐夏天。

磨刀匠微笑看着我走来，接过菜刀和剪子："还没有开刃。"他说的是方言，我没听清楚。他重复了一遍，担心我不相信他的判断："我干了二十一年了，一看就知道没开刃。"他从提篮里拿出一把类似木工刨子的工具，中间是锋利的刀片，然后将菜刀固定在凳子上，用那个工具将刀刃两面削去一层。"真锋利，什么材料做的？""高速钢。"在凳子一头的包里有三块磨石，一块粗磨石、一块细磨石、一块油石。
他先用粗磨石开刃，"呲……呲……呲……"

  ——你是教师？教师工作好，一月得有七八千吧。

  ——但很累，没日没夜地看书、写作、上课。

  ——现在的学生怎么样，有没有不像话的？碰到这样的学生，你们
   怎么办？

  ——一方面要严格要求，又得尊重他们的选择，跟他们说明作为成
   年人，要知道自己需要什么。

  ——现在，很多上过大学的也找不到好工作，还不好好学习。我家
   那个地方也有这样的，我见了他们，看都不看他们一眼，无趣。

  旁边一个四十多岁的男人经过，在问磨一把刀多少钱之后，他又
补充了一句，含含糊糊。磨刀匠没有理会，埋头干活，"呲……呲……
呲……""我今年六十五岁了，干这行大半辈子了。"说话的时候，他
仍旧低着头，脖子后面露出了衣服。最里面是淡蓝色衬衫，看起来是
很好的布料；外面是军绿衬衫，浅绿底色上有深绿条纹；第三层是干
净的深蓝色棉布夹克；最外面是迷彩装，看起来又脏又旧：

  ——我听你的口音不是本地人？

  ——我是外地的，在这里工作。

  ——那也不错，上了大学，找个工作，你父母过来了吗？

  ——我母亲前些天来过，刚回去。你的孩子多大了？

  ——你是说我儿子？三十九岁了，我孙子都十四岁了，哈哈哈。

他的牙齿看起来很好，但下面缺了一颗，笑起来一脸皱纹，但皱纹里有一种在岁月里积淀的坦率与真诚，以及看到孩子成年后那种难以掩饰的快乐。在凳子西边的路上，一个人为他的父母买了一箱苹果。箱子不结实，他重新捆扎后往楼上搬。一个塑料袋被他扔到一边，又被一阵风吹到路上。他的父亲七十多岁了，跟在后面，捡起了这个袋子，跟着他的儿子上了楼。"你的剪子也要磨吗？来，一起给我。"之后，他换成细磨刀石，又磨了一遍。凳子上捆着一个油漆桶，他不时用刷子从里面蘸水，滴在磨刀石上：

——你是哪里人？

——安徽人，马鞍山的，改革开放后我就来这里了。

——三十多年了。

——那个时候好啊，钱顶花。我去批发菜刀，进价一把 2 元，然后去农村卖，一把 5 元，好一点的能卖到 10 元。我一天最少也有二三十元的收入，一个月上千块啊。那个时候，学校老师一个月工资也就一两百块，我一个月 1000 元，哈哈哈。现在钱不顶花了，100 元钱放在手里太轻了。（说完后，他抬起头看看我。）

——你的孩子也在这里？

——没有，儿子和女儿都回安徽工作了。我还能干，就自己干，儿女也不容易。

那一天，他刚刮了胡子，面容干净，精神饱满，粗粗的嗓音里有柔和的调子。他低下身子，最后拿出油石，换下细磨刀石："看来你要在这里安家了？其实只要有事干，哪里都一样。"他磨完剪刀后，我准

备给他工时费。"等一等，我再给你修理修理，不然你还剪不动。"他
从提篮里拿出小锤子，将剪刀放在地上，在楔子处敲了几下，然后拿
出一块布，用剪刀的各个部位剪了剪。

前后二十分钟，他收了我十块钱。这点钱在商店里能买一盒普通
的烟，或两瓶 500 毫升 52 度的二锅头白酒，或五瓶 600 毫升的矿泉
水，或五个煮熟的玉米，或二十个加了漂白剂的馒头。他收拾工具的
动作很快。我转身走了不多远，他又扛起木凳子，一步一步踩在水泥
方砖上，以日常艺术家的身份向前走："磨剪子咴——戗菜刀"，粗野
浑浊的声音里有安静与平和。

他在这个城市的小巷子里任意穿行，节奏平稳，不会创造出惊奇
或伟大。他身处当下这个时刻，每一个当下之后的时间都会消失，每
一个当下之前的时间也不会留下。这是一个不断变化的当下，它源自
未来，倏忽静止，然后流向过去，所以他身处不间断流动、没有文字
痕迹的时间中。

"磨剪子咴——戗菜刀"。在一个接一个有限度的日常空间里，家
家户户都能听见他的声音，但他的生意并不多。那些飞速行驶的送餐
电动车冲击了他的生存基础，因为在现代分工制度中，厨房的使用频
率在降低。他的肩上扛的是一个正在远去的职业。时代变化太快，而
他来不及改变，就已身处这个职业消失的末端，渐渐地被无用感或多
余感覆盖。

我跟在他的身后，在他的声音的笼罩下，与他一起在这个城市里
穿行。在一个日常景观面前，我停了下来。一个黑衣女人，坐在大理
石台阶上。她头发散乱，衣着单薄，沾满了灰尘。一个确定的事实是，
她已经很久没有洗过澡、换过衣服。她看起来只有四十多岁，但已经

失去了日常生活的因果逻辑。她安静地坐在那里，对于周围的一切淡然处之，不关心来往的目光，无论这些目光展示的是疑问、关怀，还是讽刺。之前，可能有一个巨大的或异常的事件落在了她的身上，将之从日常秩序中驱离。

几乎每个从这里经过的人都有帮助她走出困境的愿望，但人的空间与时间占有状况有时会决定个体道德的实践限度。在很多情况下，道德可能是一个空间问题、经济问题或体力问题。怀着这种愿望的人，如果有一个大农场，大农场里有很多房子，他就有能力将这个愿望付诸实践。相反，如果他只是一个现代城市文明中的孤立个体，他的道德感就没有实践的可能。我们可以说这个人是博爱的，但也可以说他是冷漠的。

我们能否凭借虚拟的道德实践力去判断一个人的道德意识？由于不具备真正的实践能力，很多道德意识转变成了虚拟的高贵，或是转瞬即逝的冷漠。我就属于这种情况。我希望帮助她，但我没有实践道德的能力，所以最终选择了离开。在走向冷漠的过程中，我既是一个悲剧景观的旁观者，也是这个悲剧景观的制造者。这是一个隐秘的制造过程，一个不需要承担法律后果或道德后果的制造过程。

从这个人的当下状态中，我似乎看到了一种抽象的或被控制的童年。我能想象到她出生时的状态，就像那些将来会成为政治家、思想家或商业领袖的孩子一样，她也是一个生机勃勃的婴儿，从出生的那一刻就在观察这个世界，适应这个世界。在这个过程中，她被动地接受了很多压迫性的观念，不但无法使之有对抗异常的能力，反而使之无限度地承受着内在的消耗。

我们还可以做一个不切实际的推测。如果她生在一个崇高的家庭，父亲给予她充足的自信，母亲给予她无限绵延的温暖，她可能就会有对抗异常、残酷与难以预测状况的能力，她也就不会像这个时刻一样，无意识地坐在这里。对于她而言，这个世界就像是虚无，但对于这个世界而言，她是一种难以言表的深奥。

这个推测的意义在于：一个成年人的异常状态，往往并非源于成年后遇到的问题，甚至也不是他的问题，而是源于童年时期被动、屈辱或受限制的成长环境。在理论意义上，他不应该为自己的异常状态负责，也没有承担这种困境的义务，因为无论他做了什么事，犯了什么错，受到什么样的谴责，他都不是第一责任人。对于人的生命进程而言，这是一个无法回避的道德困境。一个错误或灾难发生了，我们找到了法律意义的责任人。我们会发现，在短时段意义上，他是真正的责任人，但在长时段意义上，他也是受害者。因为他有一个被动、屈辱或受限制的童年。

这个女人漫无目的地坐在路边的台阶上，变成了一个具有深刻悲剧性的日常景观。由于空间、经济或体力的有限性，我只能充当一个陌生的、徒劳无益的旁观者。一个双重悲剧性的场景由此出现，而我是第二重悲剧中的角色。我在这个悲剧中沉落，没有反抗的力量。一旦意识到这个问题，我就无法回避这个角色，因为我没有充分的道德实践力，只能选择视而不见，继续向前走。我想离开，不想在这个悲剧中无限沉落，然而我却无法避免地加深了这个悲剧的内涵。

夜幕时分，路边商店的灯照亮了路，也照亮了这个人。在这个城市的居住区，每栋楼的一楼是一个特殊的空间，因其与路过的人有直接和具体的关系，包括视觉距离、声音传递、行为后果的可视性等，所以成为备受认可的商业空间。实际上，商业目的也在主导或满足着这些小巷子的需求。在任何一个街区，个体的日常目的基本上都能获得满足。

文字—图像机制为每个微小的商业空间赋予了存在感，"商店""烟酒""包子""蔬菜""五金""服装""药房""冷饮"……简单的构词方式在城市街道景观中无限蔓延，不断变化，单调却不可缺少。这是人类历史上最古老的日常信息传递方式，每个词能准确地传递特定的内涵，没有象征性，也拒绝深入阐释。

这是一种具有吸引力或诱惑力的可视性。对于这个问题，现代意识形态已经形成了源于分工制度的宽容度和开放度，因为这是一个纯粹的日常生活领域。如果"包子"出现在一部悬疑小说中，这个词就会突破简单的表意状态，让人恐惧。但在街道视觉景观中，这个词仅仅与进入它的视觉辐射范围的日常饥饿感有关。作为一个提示性的符号，它可能会激发一系列关于味觉的想象，这些想象有时能直接通向一个人的童年记忆，或满足这个人在这个时刻的体力需求。

作为一种日常景观，这些广告是没有规则的，而且次序混乱。它们以语言形式出现，但不会变成历史记忆，一楼整个商业空间也会无声无息地消失。即使我将它们纳入文本，但我是一个力量微弱的写作者，它们仍有可能不会变成历史记忆。但在抽象意义上，这些广告是现代城市景观的基础形式，不断阐释着个人与商业制度之间具体、暂时和局部的联系。现代思想家麦克卢汉对于这种联系表达了一种悲观的态度：

　　有史以来第一次，在我们这个时代里，成千上万训练有素的人耗尽自己的全部时间来打入集体的公共头脑。打进去的目的是为了操纵、利用和控制，旨在煽起狂热而不是给人启示。在人们脑袋里留下持久的烙印，使大家处于无助的状态，这就是许多广告造成的后果，也是许多娱乐造成的后果。[1]

　　麦克卢汉是伟大的思想家，目光锐利，表述深刻，但他的所有判断不会因为卓越的人格就有普世的力量，我们并不能据此去解释一切。在日常性的城市空间里，这类广告的确改变了公共景观，但它们的初衷并非如此，更不是为了控制或煽动集体心理，它们仅仅是现代城市中的底层社会为了扩大生存的可能。实际上，这不是一个广告意识形态的问题，而是个体生存愿望所衍生出来的视觉策略。

　　2021 年 7 月末，副热带高压气团出现在东北地区，持续一个月。在城市热岛效应的渲染下，白天热浪扑面，夜间潮湿闷热。对于东北而言，这是异常的天气。为了写作，我穿行于昏黄闷热的夏夜，在这个城市的小巷子里游荡。

　　这类日常空间经常为行人制造出空间意义的惊喜。从一条街道转入另一条街道，或是在一条街道上连续行走，到了中间地段的时候，一个瞬间的变化会意外地出现，包括节奏的变化、感觉的变化，或是心理的变化，从吵闹变成安静，从紧迫变成悠闲，从繁杂变成简单……这些变化仍旧没有脱离日常认识，但因为它们出其不意，所以就像是一个又一个的惊喜。

　　在持续的游荡中，我不断感受着视觉、听觉或心理状态的瞬间变化。这是从展示性的景观到日常性的景观的变化，或是从绵密的轰鸣

－ 1［加拿大］马歇尔·麦克卢汉：《机器新娘：工业人的风俗》，何道宽译，北京：中国人民大学出版社，2004 年，第 1 页。

到自然意义的安静的变化。当我从一条日常性的小巷子转入一条咖啡街时，又一个变化突然出现了。这是一个节奏感的变化，从紧迫到悠闲。这种悠闲源于一种语言意义的想象。到处是磨制咖啡的广告，白咖啡、手磨咖啡、卡布奇诺、焦糖玛奇朵……这些文字在人的想象中触发了很多关于味觉、空间或亲密关系的想象。

但在这个时刻，这些具体的想象很快消失，取而代之的是一种关于衰落或静止的压迫感。在间接意义上，这条街道的状态附属于这个世界的状态。新冠疫情发生以前，这条街道是这个城市文艺气质的聚集地，人来人往，轻快悠闲，空气中弥漫着音乐和咖啡的味道。但在新冠疫情的冲击下，文艺退却，饮食回归。接近三分之一的咖啡店关门歇业，另外三分之一已经变成麻辣烫、牛肉面、大盘鸡、司机快餐。这是一种日常理念类型的回归，即在困境中对于人类最基本的生存状态的希望，尽管这种希望并没有力量应对全球性的经济低落。所以，源于衰落或静止的压迫感塑造了一种不可见的个体心理。

每个店铺门前都有一个展示性的牌子，上面喷涂了内涵独特的文字和图像：TIME、卡法、手工坊、宅吉地、月亮、光阴等。这是商业性的展示行为，但它们的影响力是有限的，甚至没有突破生命意义的视觉范围，也就是说，只有那些来这里喝咖啡的人才会注意这些广告。他们未必能清晰地理解其中的内涵，甚至推开门进入店铺时，仍旧在怀疑，因为他们并不确定这个文字—图像机制与即将出现的感觉之间是否有反差。

我在一个咖啡馆门前停留。我不想进去验证是否存在这种反差，而是要发掘这个微小商业景观的思想内涵。咖啡馆临街的砖墙已被去除，取而代之的是落地透明玻璃。玻璃里面的墙上挂着一块液晶屏幕电视，正在直播东京奥运会男子百米决赛。镜头在每一个运动员身上停留大约五秒时间……我站在远处，看着这个长距离影音还原机制的展示终端。

这是一个公共化的私人生活景观。店铺里没有一个顾客，咖啡店的门也已关闭，所以这个空间的私人性更加浓厚。然而，电视屏幕的角度、落地玻璃的透明性使之成为一个具有部分公共性的街头景观。行人匆匆而过，一旦他们停下来，就会进入这个让人紧张的影音世界。八个运动员各就各位，调整起跑装置，然后半蹲在地上，一只脚支撑身体，另一只脚准备提供向前冲的推力。第一次起跑，英国选手抢跑，然后被取消比赛资格，他黯然无声地离开。第二次起跑，信号枪响起，"啪……"我的心脏在加速跳动。这是一种无法控制的身体感觉，因为中国选手苏炳添在第六跑道。

这是一个奇特的心理现象。我与苏炳添从来没有见过，以后也可能不会相见，但我在为他而紧张。我的视野完全被这个不断变动的影像景观所控制，尽管我听不到声音。刚跑过五十米，苏炳添两侧的运动员超越了他。他的身高没有优势，所以只能加快脚步频率，事实上也尽了最大努力，9.98秒，第六名。

这个日常生活景观在无意中变成了民族心理的展示空间。咖啡馆门前的街上不断经过各种汽车，这是一种全球性的技术综合体。像汽车一样的现代物质数不胜数，普通人的日常生活基本上也处在全球物质状况的控制下。但在一些特殊的时刻，这种全球性的物质状况是有边界的，即民族心理。这是语言文化、成长经历、政治意识所塑造的深层心理空间，通常在日常生活中隐没不可见。但在两种民族性碰撞的时刻，它会苏醒，例如在欧洲冠军联赛的足球场上，或在奥运会的竞技场上，全球性转而处于隐没的状态。

在东京奥运会的红色跑道上，苏炳添制造了一个横向的民族心理类型。他与周围的人赛跑，用身体速度阐释自己的民族属性。比赛结束后，另一个纵向的、历史性的民族心理类型很快出现。这个类型比前一个类型更深刻，而且的确是存在的：在人类百米竞赛的历史上，所有比苏炳添跑得快的几乎都是黑种人，而且是来自美国和牙买加的黑种人，而不是非洲的黑种人。

这是一个具有残酷内涵的生命—历史问题。自 16 世纪开始，大量黑人被西方白人殖民主义者从非洲掳掠到美洲。在抓捕时，他们会优先考虑那些身强力壮的黑人。在运送的过程中，包括陆运和海运，体力相对弱的黑人又被淘汰。到达美洲后，繁重的体力劳动和严酷的生存环境再次淘汰了一批，最后剩下了体质最好的黑人。

所以，这些比苏炳添跑得快的黑人是最强壮奴隶的后代。作为亚洲黄种人的百米速度代表，苏炳添的百米速度几乎超越了所有欧洲白种人、非洲黑种人，但他仍旧无法超过那些源自深刻历史性的奴隶后代。这种纵向的民族心理类型也就具备了人种学的内涵。植物学领域有一个基础概念，即自然选择，而殖民主义制造了一个与之相似的概念，即人工选择。

这个咖啡馆处在夜晚停业模式，被破产的想象笼罩，但它以一种意外的方式承担了思想创造或思想延伸的功能。这种功能本来应该由思想界承担，而且在这场比赛之后，中国的思想家也可能会承担起这种功能。但在同时性的意义上，纯粹学术研究无法取代这个咖啡馆的功能。在事件发生的那个时刻，它已经向街上的行人告知了这个世界正在发生的、足以改变人类体育史的事件。

　　所以，这个咖啡馆具有"制造事件"的力量。这里的"制造"并没有批判的内涵，只是用影像实践的方式让这个事件变得圆满。这种方式仍旧属于事件生成的一部分，尽管这个部分在整个事件逻辑中看起来微不足道，可有可无。

　　我走在这个城市的小巷子里，向左、向右，没有中断，没有隔离。这是一个自由随意的感觉空间。我会碰到各种人，他们年龄不同、职业不同、道德感也不同。我会通过他们的相貌判断他们的境遇，观察到他们眼神中的善良与粗糙着装之间的反差。这种反差源自命运的不公，尽管自古以来，这种不公出人意料地创造了足以推动历史进步的挑战与竞争。有时候，我也会遇到这种不公的另一端。一个穿着华丽、举止粗鲁的人迎面而过，趾高气扬，高跟鞋踏在地面上的声音响亮到让人厌烦，"咔咔……咔……咔咔咔……"那双优雅的黑色高跟鞋变成了一个滑稽的装饰。

　　一个卖地瓜的人跟我打招呼。他穿着蓝色长袍，戴着黑色帽子。旁边有一个用铁皮桶制造的简易木炭烤炉，熟地瓜的芳香从缝隙中溢出。烤炉旁边有电子秤，还有一个手机支付用的二维码。生活的重担加剧了他的苍老，满脸皱纹，但这丝毫没有削减他的眼神中的温和与平静："下班了？孩子去学校了？"我停下来，安静地看着他。他的声音在嗓子里停顿片刻，然后穿越我与他之间的空气，进入我的耳朵，经过耳蜗神经传到大脑皮层的听觉中枢。他对自己孩子的现状不满意："高考不理想，学了计算机专业，但他又不想读研，那你说以后工作可咋办啊？现在竞争这么激烈，有本事还失业，那要学不到本事，可咋办？"说完后，他凝视着我，举起的手臂一动也不动。

　　这些小巷子通向的是纯粹的日常生活空间。这个空间处在三种观看机制里：静止的观看机制、流动的观看机制，以及道德化的观看机制。在现代思想中，观看是一个具有批判性的行为，因为这个动作有肆意而为的能力，是对平等和自由的限制，或是潜在的威胁。这是一种抽象的批判。抽象有时候意味着深刻，有时候也意味着片面或无知。所以，我们对于观看的动作不能完全是质疑的。在日常生活中，这个动作有明确的功能，即为现代陌生人社会提供制度性的、可预见的安全预期。

在每个路口的楼角或水泥杆上，每个方向都有一个或几个处于工作状态的监控器。这是一种静止性的观看。在现代城市景观中，这种观看已经成为技术化的习俗。这种习俗的出现需要一种约定俗成的认知，但真正将这种认知付诸实践的是稳定的电力系统、庞大的数据存储能力，以及清晰的摄像功能。整个城市空间的行走基本上都处在可观看、可追溯的状态。这是一种与当下日常生活平行的状态，在多数情况下几乎没有起伏，没有断裂，也缺少预见性和道德的绵延性。

深夜中，巡逻警车不定时地出现在小巷子里。警笛处于沉默状态，蓝色和红色的灯光在高频率地闪烁。这是一种流动的观看。晚上十一点，一个小旅馆的老板与住客发生了矛盾，涉及押金是否该退的问题。双方纠缠不清，老板拨打了报警电话。他的陈述进入这个城市的警用协调中心，然后被迅速分配到在附近巡逻的警车。

一辆加长厢式警车很快到达了这个小旅馆。双方停止了争论，在蓝红闪烁的灯光中等待着。巡逻车右前侧车门打开，一个警察走入这个争端。他的左手拿着对讲机，右手指着双方："你们报的警？……这么晚了，什么事解决不了？……你们先自己协调，都别想着占便宜，但也不能吃亏……实在不行我们再参与，不过那就会麻烦一些了。"之后，他站在旁边，右手从口袋里掏出了一包烟，看着那两个人："你们抽吗？"他用嘴从烟盒里叼出一根烟，又将之放回口袋，转手拿出一个火机，"咔啪"，一个黄色的火苗将烟点燃。在将火机放回口袋的过程中，他深深地吸了一口，吐出的烟在空中不断扩散，变化着形状。

警车发动机处在稳定的怠速状态，"嗡嗡嗡……嗡嗡嗡……"蓝色和红色的光间歇性地照亮了他的脸、飞升的烟雾，还有周围的窗户、墙壁和树木。这根烟抽到了一半，这个争端已基本解决。他又深深地吸了一口，然后将烟头扔到地上，又抬脚将火光踩灭。这辆警车又开启了流动的观看之旅。

2021 年，在这个日常空间中，在街边的公共宣传玻璃窗内，一张一米长、半米宽的反腐败宣传画高密度地出现。这个有限的视觉空间立刻被一种衍射性的政治道德占领：

> 有逃必追，一追到底。
>
> 五年，十年，十五年，就算你已伪装得面目全非，追逃天网依
> 然知道你是谁。
>
> 举报电话：8877××××。

这是一种具体的、道德化的，而且有选择性的观看机制。对于那些身处权力内部的人而言，这是一种道德警示。而对于那些日常生活中的普通人，这是宏观政治制度在对外阐释自我管理的愿望。在现代陌生人社会中，这种愿望以间接的方式塑造关于理想生活的认同感。

四、售楼处：商业之美

这是一个让人想象未来的城市景观，以审美或诱惑的方式承担着城市文明生长的功能。在这个城市的中心地带，一个超高层商业—住宅综合体的地基越来越深，重型挖掘机旋转着钢铁力臂，重型运输车进来又离开。三年后，这里将会出现一个大型购物中心，一栋高档写字楼，一栋平层住宅，还有一栋高层公寓楼。这个建筑的生长节奏不会受制于日夜的交替，但无法逃脱严寒的冬季。

在地基工程启动之前，一个颜色、线条和空间布局让人惊叹的宣传广告已经遍布这个城市的各类媒体，让人对未来充满了真实或虚拟的想象力：

> 城市许以每人一个位置，而中心才是信仰的高度，你在中心的所有，映射你在城市的位置，一座城市，一个中心。每扇中心之门，都是一种身份的象征，在中心，让自己成为圈子……最早的光从这里升起，最晚的灯在这里落下。

在平等的现代语言领域，房地产行业获得了那些最有力量的词语的公共使用权，其中有一些不恰当的语法现象，但在整体的恢弘气势中显得无关紧要。这种气势足以让夸张更加强烈，让强烈变得深沉，然后将一个纯粹的商业动机变成一个为了这个城市的未来而进行的无私冒险。

两条具有景观营造功能街道的交汇处立着一排做工精细的石头墙，每两块石头之间都有一个长方形的铜板装饰。地面是一个长条形的喷泉，水池底部有规则地分布着淡黄色的装饰灯，每个灯的上面安装了喷泉。在夜色中，喷泉开启，然后创造了一个又一个不规则涌动的水光体。有限度向上的水流和稳定的光线不断地组合成永远不会重复的形状。水池中央有一组大理石雕刻的抽象卷曲造型，类似于在水面上展翅的天鹅。这个视觉景观存在于语言领域之外，因为几乎没有语言能描述一个瞬间的水流与光线。

这是一个售楼处的外部装饰，承担展示和交易功能的两层临时建筑立在旁边。从街道对面看，这个建筑隐藏在路边白杨树的枝叶中间。一楼向外一侧安装了玻璃幕墙，形成一个透视性的景观。在这个淡灰色的空间里，商业目的处于隐而不现的状态，然而它才是这个空间的主宰者。

这个建筑入口处有自动识别的玻璃门，两块落地玻璃向两侧滑动时安静得出奇。门口对着接待处，一个用双色大理石雕刻的长方形案台，右边深灰色，左边淡灰色，与地面颜色一致。案台后站着一个穿深蓝色套装的妙龄女子，笑容温暖，言语素雅。在她身后出现了一个双层石头景观，前一层为淡灰色条纹石，后一层是淡黄色米粒石，两层石头中间安装了柔和的灯带。在她上方的一侧挂着一个微小的摄像头。

——请问您是来看房子的吗？
——您提前预约了吗？
——需要我来帮您联系置业顾问吗？

她启动了随身对讲系统，通知后方有客户到访。我只看了她一眼，就再也不去碰撞她的目光。那是一种商业化的注视，其中隐藏着一种人类行为与心理学机制。它要控制人的心理，至少在部分意义上，然后期待着这个心理变化的商业效果。我转过身，在这个目光的注视中转向左侧的等待处。那里有一排石板椅，石板椅后面墙上贴着土地国有制度所衍生的一系列法律文书。[1] 这些文书以无声的方式证明这个空间，及其所创造的商业想象力的合法性。

这排石板椅正对着玻璃墙外的城市景观。那是一栋被灯光照亮的、日本殖民时期的建筑，现在变成了一个银行的地区总部。在当下，这个景观的殖民主义内涵不会彻底消失，但已经被日常生活秩序所覆盖。殖民主义还会在一些时刻出现，但仅仅是一种历史性的提示。三排汽车停在路上，发动机处于怠速运转状态，等待着十字路口的绿灯亮起：

比亚迪 F3 ～海马海福星～大众帕萨特～铃木雨燕～现代索纳塔～日产阳光～奇瑞瑞虎 8

丰田卡罗拉～凯迪拉克 CT5 ～奥迪 Q3 ～一汽奔腾 X80 ～本田 CRV ～大众速腾～红旗 HS5

丰田荣放～奔驰 C 级～大众途观～奥迪 Q5 ～本田杰德～奥迪 A4L ～大众宝来～奥迪 A6L

一阵高跟鞋的声音从楼梯方向传过来，既不尖锐，也不愚钝。这

－1 营业执照（名称、类型、法定代表人、经营范围、注册资本、成立日期、营业期限、住所、登记机关）、房地产企业暂定资质证书（证书编号、名称、住所、法定代表人、公司类型、发证机关）、建设工程规划许可证（建设单位、建设项目名称、建设位置、建设规模、遵守事项）、建筑工程施工许可证、建设用地规划许可证、商品房预售许可证（售房单位、预售范围、房屋坐落、预售方式、预售总建筑面积、预售总套数、有效期限、项目名称、房屋用途、预售对象、发证机关）。

是一种设计精良的音质。"先生您好，请问您是来看房子吗？"淡红色的嘴唇，鼻子上有一副无框眼镜，眼神柔韧，短发整洁，在高跟鞋的声音结束的那一刻，她站在了我的身后。我想逃离，因为我不是来买房子的。在她的邀请下，我坐在了符合人体力学的卡其色沙发上。

　　首先我向您介绍一下地理位置，然后再跟您说明房子的状况……两条地铁交汇，西侧有大型医院，北侧是公园，南侧是高档商务区，东侧有学校，这里将会成为一个高附加值的商业中心……这个城市综合体涵盖办公、休闲、购物、娱乐、居住功能，包括一栋五十五层的住宅，一栋四十一层的公寓，还有一栋六十三层的写字楼。写字楼旁边就是大型购物中心。住宅每平方米均价 30000 元，有 170 平方米和 260 平方米两种户型，小户型已售罄，还有几个大户型，楼层不是很好，总价差不多七百多万吧，现在主要出售的是公寓，均价 17000 元，有 40—70 平方米四种面积，2023 年精装修交付。

　　这是一个受过专门训练的语调，以克制、温和、准确的风格将一个举世皆知的商业目的完美地装饰起来。在这个过程中，她在有限度地运用眼神与表情，创造一种可控的情感距离，试图激活人与人之间最原始的认同感："先生，请您跟我到二楼，那里有样板间，您可以看看装修情况。"
　　在一个演示性的房间门口，一个穿着整洁的保洁人员为我准备好鞋套，推开门是一个原木色的入户玄关，三开门的实木柜，里面有自动感应灯。左侧是功能简单的次卧空间。右侧一边是开阔的南向客厅，淡黄色的装饰色调，一个半透明的白色窗帘制造了温和的光线。客厅中间摆放了一对灰色沙发，一个米色茶几，窗户边配备了立式书架。另一侧是宽阔的厨房和餐厅，餐桌上摆着装饰性的餐具。厨房对面是独立的洗衣间和洗浴间。在一个通道的最里面，南向分布了涵盖洗手间、浴室和化妆间的主卧，北向是另一个简单卧室……到处是方形的棱角、笔直的线条，以及充满了设计感的颜色拼接。

"先生，欢迎下次再来。这是我的名片，上面有我的电话，电话也是微信，保持联系。"在一个温暖又遥远的声音中，我穿过自动感应门，离开了这个关于昂贵与豪华的想象机制。我不会因为她的美而交出银行卡，但那仍旧是一种无法否认的美，一种商业之美，从来不会无目的地绽放。

在这个城市里，每一个在售的新楼都有一个用商业之美创造想象力的售楼处。每个售楼处里都有一群美妙的人。她们用甜美的声音、温暖的笑容和优雅的举止试图将到来的人卷入隐而不现的商业目的。为了实现这个目的，她们采用了一个关于美与诱惑的远古策略。当她们向一个过去陌生、未来也会陌生的人绽放笑容的那一刻，我已经识破了这个策略。但我并不抵触，因为她们不是这个目的的开端，而是被这个目的控制，然后用有限度的屈从和妥协获得生存的资源。

"她们也不容易"，这是一句描述她们工作状态的日常语言。她们从一个售楼处转向另一个售楼处，从一个地产公司转向另一个地产公司。她们可能不喜欢这个工作，但她们的身体状态适合在这个空间里出现，年轻、挺直、优雅，创造着一个又一个关于美与诱惑的城市景观，引导着一个人或一家人去占有一个法律意义的建筑空间。终有一天，这个房子会从未来的想象进入当下的实证。当想象与实证之间没

有差别的时候，她们的美会成为绵长的回忆。而当想象与实证之间存
在巨大的负面差别的时候，她们的美就会变成商业欺骗的象征。商业
之美随之变成商业之恶。

如果地产公司放弃这种诱惑性的奢华风格，转向简单，甚至简陋
的风格，这是否就意味着符合商业道德？在现代经济秩序中，奢华并
非是一个纯粹负面的现象。除了能展示表象的美好之外，奢华是推动
财富流转的合理方式。尽管救助或慈善是财富流转的完美方式，但在
个体主义时代，这种方式往往不具有普遍的实践力。

在这个城市的郊区，我进入了一个俭朴的售楼处。这不是一个独
立建筑，而是在已经建成的居住空间中开辟出来的临时展示空间。房
子卖完之后，这个空间将会低价出售，然后回归日常居住功能。样板
间同样设置在一个住宅空间里，这个空间最终也会被低价出售。

这个售楼处的入门处有一个简易沙盘，基本上无法展示住宅建筑
的细节。售楼员坐在沙盘周围的简易凳子上，上身衣着统一，裤子随
意，也没有经过专业化的语言和行为训练。一个二十岁左右的男人站在
我面前："大哥，我们现在搞活动，九折就卖，但是需要全款，不接受
商贷和公积金贷款……但房子总价低啊，如果您入手一套，升值潜力那
肯定是大。"我希望了解周边的建筑状况，他也不能准确地回答。他带
我去样板间参观，一路上试图用日常性的语言激活我的想象力。我站在
样板间里，装修简单，视觉粗糙，暖气片以不规整的角度斜挂在墙上。

这种俭朴是不是就符合商业道德？离开这个售楼处后，我查到了
这个地产商的很多负面新闻。购房者交了高额首付之后，开发商迟迟
不签购房合同；承诺是现房，但迟迟不交房，最终告知房子被法院查
封。在政府压力下，开发商最终同意用其他房子顶替，但要补差价，

三年前每平方米售价 6500 元，现在售价 12000 元。购房者聚集在那个简易的售楼处里，地产负责人安静地看着他们："我们也没办法，要不你们就走法律程序吧。"购房者不同意，会谈场景开始失控。那个负责人不再安静，转而变得亢奋，大声地告诉他们："你们想怎么闹就怎么闹，想找谁找谁，我们等着。"之后，这个简易的售楼处关闭。购房者联合起来，自费做了标语："×× 开发商违规售房，五年不交房，请政府为我们主持公道。"

然而，这是否就意味着：所有运用奢华装修策略的地产公司会遵守现代商业规则呢？在一个高档住宅区里，交房时的建筑质量与样板间装修标准差异很大。在新房售罄之后，地产商将展示用的景观彻底拆掉，使之完全消失，然后用劣质涂料、瓷砖、地板、壁纸、颗粒板重新装修。

这是一种切断日常记忆的、虚假的实证性，目的是在展示景观与日常景观之间制造永久的断裂。他们首先跑到未来，制造了诱惑人的虚拟景观。当这个未来将要变成当下时，他们又跑回过去，清除这个景观所形成的记忆。购房者在不满的同时，也充分体验了商业目的所展示的无与伦比的滑稽。这是一种试图控制时间与空间秩序时意外出现的滑稽：

> 之前买房子时，售楼处的小姐姐说得特别好，样板间什么样交房的时候就什么样，我们对未来的生活充满了期待。但交房时，装修实在太差了，与样板间差别太大。可是地产商已经把样板间刨除，然后重新装修，要多垃圾有多垃圾，要多难看有多难看。哈哈哈，我们又想哭又想笑，哈哈哈。

　　这群购房者的想象力被彻底颠覆。当他们走出这个被实利扭曲的商业领域，从建筑风俗学的角度审视这个过程，复原地产商的密谋，想想他们在密谋时的贪心、恐慌、小心翼翼，以及不顾一切的冒险精神时，这种商业行为艺术也就有了深刻的思想意义，在人类历史上具有长时段和跨地域的分析价值。

　　在现代城市文明的扩张中，售楼处出现在这个城市的内部或边缘，基本上都是临时性的景观艺术，以非文字化的方式创造了一个又一个虚拟的生活空间。这些临时性的景观最终会消失，因为它们的主要功能是开启商业地产销售模式。

　　谁都知道这些景观只是一种漂浮于日常生活之上的虚拟存在，但仍旧无法拒绝它们所创造的、对于未来的幻想。这些景观既有审美性，也有迷惑性。温暖的色彩、新奇的线条是一种游离的存在，并不符合当下的日常生活状态。这些展示性的景观有可能成为让人留恋的回忆，但也可能会成为让人避之不及的断裂。这是现代城市空间生产过程中不可预见的状况，谁都向往美好，但谁也不能确定自己是否会在想象美好的路上迷失。

　　一星期后，那一群在这个城市中心工作的销售人员出现在一个新房销售现场。她们穿着同样的职业装，但转换了功能，由兼具展示和诱惑的双重性转向纯粹商业逻辑的实践者。她们在这里协助一个新楼盘的签约。在沙盘前，一个漂亮女人向另一个漂亮女人传授经验。这个人昨天晚上没有统计清楚待购人员的信息，所以现在很被动："没想到会这么急""熬夜也得完成，我们准备了这么久，不就为了这一天吗？"在她的脸上，之前为到访客户讲解时的温情脉脉已经消失不见，取而代之的是干练、严肃与冷峻。

失去商业功能的售楼处

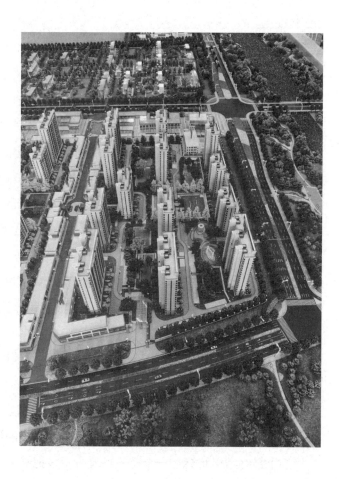

制造想象力的楼房沙盘

她们旁边有一个加厚钢化玻璃做成的展示平台，里面是待售楼盘的沙盘，十栋虚拟楼房，用高分子工程塑料做成，电脑程序雕刻细节，包括楼梯、门窗、护栏、楼顶蓄水池等。沙盘外围有虚拟的街道、绿化带、垃圾箱、停车位、路灯、地灯、汽车、各种树木景观。沙盘综合控制处配备了灯光系统，一个按钮控制虚拟路面和景观照明，一个按钮控制 100 平方米户型照明，一个按钮控制 120 平方米户型照明。

这是一个商业目的所期待的伟大时刻。在销售的意义上，关于房屋功能与未来景观的展示即将到达终点。房地产公司制造了这个想象空间，然后等待着结果。沙盘周边人来人往，要买房的人正在选定心仪的房子。他们走到沙盘南面，又转到北面，用手指定位，然后走上前仔细观察。他们认可了这个想象的空间，然后排着队，拿着身份证、银行卡、认筹协议，通过身份验证程序后进入随机选择机制。每个房间的编号在一块大屏幕上飞快出现，然后停止或消失，这是一个无法预测的结果。他们准备好了充足的首付款，但仍旧有可能买不到房子。因为购买者远远多于房间编号，而且在电脑随机程序选择后，一些人的目的与最终的结果并不匹配。

通往这个随机选择空间的路上铺上了崭新的红地毯，被沉积岩瓷砖覆盖的墙上挂着一个显示屏，上面有八个字："美好生活，美好未来。"两个工作人员站在旁边，穿着同样款式的黑皮鞋、黑裤子、白衬衫。他们微笑着、沉默着，热切地等待一个超过预期的商业结果。

这个最终结果将会在一个整齐摆着一千多把椅子的大厅里揭晓。临时志愿服务者站在大厅的各个角落，他们在观察着，等待着，他们的身体会根据场景变化而做出快速的反应。大厅窗户完全封闭，然后覆盖上深灰色的窗帘，阻绝外面的光线。室内灯光全部开启，大灯、小灯、景观灯投射出恰当的光线，室外换气系统承担着空气流通和温度控制的功能。在这个时刻，没有人从自然伦理的角度去质疑商业伦理对于电力的过度使用。

一千多个人坐在一千多把椅子上，观察着，等待着。这个空间出现了一种迷漫的声音，每个人都像是在说话，每个人也都控制着音量，熙熙攘攘，乌乌泱泱，但没有一句话是清晰的。这是一个特定商业目的所塑造的语言体系。这些人已经做出了决定，所以他们的语言中只有简单的语法和词汇："哪个户型……哪一栋……希望能选到合适的……想买高楼层……"在这个临时性的空间里，这些重复性极高的关键词足以实践充分的交流功能。选择机制即将开始，处于等待状态的声音瞬间被商业声音冲淡。大厅深处有一块 3 米长、2 米高的显示屏，附加一排黑色的环绕立体声音箱：

> ……香港客商用来料加工、贸易补偿的方式抢夺生意。与此同时，为国家创汇的指令激励着每位员工……20 世纪 70 年代的中国，对世界市场的依赖性很强……1973 年，该公司收到国家指令，需要向国外采购砂糖 47 万吨。当时，世界砂糖生产下降，但需求旺盛……

房地产商希望用这个历史性的声音为这批房子赋予历史性的内涵。这是一个无法复制的商业景观，也是无法复制的商业技巧：打开当下的这个空间，在其中加入"伟大的过去"，然后将日常居住行为变成一个具有历史内涵的问题。那些承担居住功能的石头、砖头、水泥、钢筋、玻璃也会被这个历史性的商业目的笼罩。这群人的身体在不规则地变动，坐下、起来、走动、弯腰、拿出手机看时间，举起杯子喝水……但无一例外地都处在这个目的的渲染中。

这个空间之外的洗手间是脱离商业声音渲染、回归个体理性的空间。在通向洗手间的路上，商业声音越来越小，自动冲水系统的声音越来越大，"唰唰……唰唰唰唰……唰……"女洗手间门前排满了二十多人，通往男洗手间之路畅通无阻。一个中年男人在角落里掏出一包烟，嘴里叼出一根，"啪"，用打火机点燃。他的眼睛在烟雾中微微闭上，然后猛吸一口，又吐出来。卫生间内部的自动换气系统全部开启，空气清新，还有一种淡淡的柠檬香。这是一个自我冷静的空间。

那个商业—历史声音结束了，公证员在讲台上高声确认这个商业活动的合法性。电脑随机程序开启，数字编号在屏幕上飞快变化，每个编号都指向一个关于未来的空间。这些编号将会带领这个由砖头、水泥、钢筋、玻璃、油漆、地板、瓷砖、壁纸等所构成的建筑空间，通过商业—法律程序，去寻找进入日常领域的机会。

在这个时刻，时间对于日常生活秩序的干预能力已经被降到最低程度，甚至变得可有可无。屏幕上不断变化的数字编号取代了时间的角色，这是一千多双眼睛的集中之地。环绕立体声音箱制造着令人紧张、又充满希望的节奏感，也在驱赶着时间。没有人关心现在是几点，要不要回家做饭。在这个时间近乎虚无的空间中，前排的人挺直身子观察，后面的人翘着脚尖眺望。每当一个数字编号获得了进入日常领域的机会，主持人会为之祝贺。

在这个商业目的中，最后一部分是确认并签署商业合同的法律程序。在大厅旁边的正方形房间里，四面墙上贴满了每栋楼和每个房间的信息，包括单元号、房间号、房屋面积、每平方米售价、房屋总价。

每张桌子上都有一叠贴纸，上面的"售"字可以随时揭下来。当买房人确认购买意愿后，这个有粘附能力的字就会成为这个意愿的标志物。之前，它可以随意变动，不过贴上之后就失去了变动的能力，但也就此具有了表达意愿的能力。

在随机选择程序开启之前，这里的工作人员都在安静地等待着。他们的胸前挂着深红色的工作证，上面印着姓名、相片和工作号。当那个商业—历史声音结束的时刻，他们的脸上迸发出了希望，还有一种关于收获的想象。买房人跑过来，桌子上的笔不停地转动、起伏，在商业合同的签名处实践着法律标记的功能。

出售过程结束后，这个庞大的建筑结构每个月升高两层，一年后主体结构完成，半年后外墙保温完成，窗户安装完毕。经过一个冬天的室内装修工程，住宅项目已经完工，并通过了一系列法定审核程序。[1] 春天时节，房地产公司发布了交房通知。之前购买房屋的人在约定时间再次来到售楼处。一辆载重量20吨，外加20吨车重的混凝土搅拌车进入售楼处后面的工地，厚重的轮胎激起了让人充满希望的尘土，他们掩住鼻子或侧过身、扭过头，看着面前高耸的塔楼，对于未来充满了乐观的想象。

售楼处的布局逻辑已经从商业景观主义转向日常实用主义。凳子、桌子、电脑都处在日常状态，除了实用功能之外不再有感染性的审美功能，或迷惑性的想象功能。物业、家庭宽带、供热公司等相关人员坐在红色的塑料凳子上，眼神疲惫，衣着普通，上面覆盖着源于劳动的灰渍。他们不断用简略的语言向居住者提出日常性的问题：

－ 1 城市规划设计条件的落实情况、城市规划要求配套的基础设施和公共设施建设情况、单项工程质量验收情况、拆迁安置方案的落实情况、物业管理的落实情况。

物业费每平方米 3 元，一年共计 3600 元……家庭宽带现在安装有优惠，可以携号转网，最便宜的每月 158 元，800 分钟通话、200 分钟国际长途，40G 流量，现在八折优惠……供暖费每平方米是 27 元，如果暂时不住，可以只缴纳 20%。

那群美丽的人没有出现在这里，一个也没有。她们中的一个去了深圳，继续在房地产中从业；一个回家待产，准备当妈妈；还有一个仍在本地工作，为一个新的住宅项目卖力地宣传。为了获得更多的奖金，她不断在微信朋友圈里发布买房信息："房贷利率降 5 个基点，买房这件事我不催你，国家都替我催你，是不是拐点看政策？"对于这个空间而言，她们已经变成了一种永远消失的商业逻辑。

在一些时刻，这是一个关于面容与相貌的商业逻辑。在这个逻辑中，面容是一个绝对的、不平等的区分机制。一个年轻的清洁女工穿过这个空间，二十几岁，穿一身浅灰色的工作服，拿着清扫垃圾的扫帚，动作轻盈，目光清澈，为了一点微薄的工资尽职尽责。如果她也穿上具有景观主义的服装，也一定会散发出商业性的诱惑，但她没有获得这个机会。她走到这个大厅的角落，清扫地面上的碎纸片，然后用抹布擦拭玻璃，极尽努力地维护这个日常空间的整洁。这是让人珍惜的纯真与质朴，但也是被商业意识形态所轻视的乡里土气。

五、房屋中介：空间开放的象征

除了法律意义上没有产权或产权不明确的房子之外，现代城市的住宅都可以自由交换。纯粹的商业属性弱化了居住空间与家庭情感的

关系，现代人的故居观念正在减弱，甚至已经消失。这是个体心理的
巨大变化，但并不是完全负面的现象，因其确保了人口的自由移动。
自由移动是现代城市精神的基础因素。表面上，住宅买卖是个体的自
由选择，实际上维护了城市空间的开放性。一个人自由地进入一个城
市，在陌生人社会中施展无与伦比的创造力，也可以随时离开，无牵
无挂地去另一个城市。

　　在自由流动与空间开放的现代城市中，如果总是回味古典主义时
代的亲密情感，我们可能会批评这种现象所导致的情感稀薄和记忆断
裂。因为每一次流动都是一段旧记忆的结束，以及一段新记忆的开始。
在无限的开始与结束之间，个体记忆会出现片段化的问题，缺少空间
联系的记忆片段会消解寻根的能力。几乎没有人愿意去追溯这些记忆
片段的起始状况，这种追溯一般也不会变成当下心理状态的起源。一
切都在重新开始，又会彻底结束，而且不会留下长久性的情感标志物。

　　尽管如此，我们仍旧无法否认现代城市空间开放的意义。每个人都
有进入城市文明的可能，而且进入城市之后很快就能获得稳定的社会身
份。他可以在这个城市里长期生活，安家立业、生儿育女，也可以搬到
其他城市，重新开启自己的事业。在这个城市里，他可以在商业区、文
化区购买高层住宅，也可以在偏远的郊区购买低层住宅。城市文明所创
造的空间理念已经取代了传统时代的空间理念，成为现代精神的发源地。

　　在长时段意义上，开放性是个体心理与集体心理保持平衡的身
体—空间基础。这种情况对于个人有重要意义，对于宏观政治状况也
是如此。在现代化进程中，英国没有出现 1789 年法国革命之类的政
治巨变，一个重要因素是海外殖民地所提供的庞大空间。一个人不满
于英国的状况，他就可以离开，去北美、澳大利亚、印度、南非等殖

民地。对于殖民地的原住民而言，这是一个被剥夺的过程，但这个英国人是幸运的，他用可以承受的空间代价彻底改变了心理状态和生存境遇。同样，现代英国也是幸运的，它获得了独特的历史机遇，尽管这个机遇违背了最高的正义，但这个国家的矛盾得以对外输出，从而有效避免了内部动荡。

19世纪后期，工业化时代的美国也没有出现破坏性的社会运动，一个原因是西进运动所创造的开放空间。在这个历史进程中，土著印第安人受到了极大的伤害，但美国白人找到了缓解内部对抗的有效方式。所以，空间的开放性是维持集体心理稳定状态的重要条件。对于其他民族而言，这是一个既残酷又耻辱的问题，但对于英国和美国而言，自由移动最大限度地避免了破坏性的革命。

在宏观历史趋势中，现代精神源于空间的开放，在微观领域，这个道理同样适用。这个城市里的合法住宅都有开放性，房产中介是实践这种开放性的群体。只要有房屋交易的地方，他们就会出现。在获得房主授权后，他们持有这些待售房屋的钥匙，自由地进出房间，在出售目的的引导下，向购房者介绍房间的状况。

在这个过程中，他们会使用语言技巧与情感技巧，用亲近的话语创造深入交谈的机会，并在情感化的交谈中放大房屋的优势，弱化其中的缺陷。他们还会把将来时的语态改变为现在时的语态，关于未来的规划不再是抽象的概念，而是近在眼前的现实。在日常交易的无数磨炼中，他们获得了良好的观察力，三言两语之后就能判断购买者的意图、身份、经济状况，然后据此推荐相关户型。当他们觉察到放弃的意图时，就会立刻调整话语、表情和动作策略。

如果我们用高尚的美德评判这类行为，可能会偏离这个职业的本质，进而误解这个职业。这是一个他们投身其中，并以此为生的交易，其间出现的所有话语、表情和动作都会服从于交易的目的，而不是为了传播美好的情感，或实践崇高的理想。为了卖掉一个房子，他们有时会用"逼单技术"。在一个临时性的交易空间里，他们以表演性的情感创造出虚假的信任，将经济行为转换为亲密的情感。在这种情感出现的瞬间，他们会单方面地制造紧张气氛，迫使购房者心甘情愿或稀里糊涂地签合同。

这个群体的言行中既有诚实可靠、实事求是，也有刻意的欺骗与隐瞒。两个类别的比例会由于购买者的年龄而不同，也会因为这个群体本身的道德差异而不同。在买房的过程中，我逐渐获得了应对这个群体的技巧。在多次陷入情感策略之后，我最终变得客观，然后安静地看着他们表演。

对他们而言，笑容与温暖是迫不得已的交易技巧。对我而言，这是一个社会化的过程。我已经充分认识到他们的表演性，不为之惊奇，不为之感动，也不受其迷惑，无论他们的语言技巧多么丰富，我都不会忘记自己的需要。这是在买房子，而不是从这些很快就消失的陌生人那里获取情感。

但初次接触这个群体时，我并没有这样的认知，瞬间就沉浸在他们用语言和表情创造的美好想象中，然后在匆忙与急切中选择了一个并不合适的房子。这段经历随之成为我在这个城市生活的行为基础，作为一种情感性的提醒或批判性的注视，规范我的行为。

等到第二次购房时，我又进入了这个戏剧化的场景。在一个中介的会谈室，五个年轻人开始了表演。这是一个早已排练好、并且可能已多次上演的情景剧。在一张碎木料密度板制成的长桌子面前，一群中介安静地坐在周围，经理掏出一盒高档烟，给我递了一根："兄弟，买房不能计较三五万。"他又掏出打火机，两根烟缓慢燃烧起来。他调整了坐姿，庄重、肃穆、真诚地看着我，脸上绽开了父爱般的笑容："你看我，以前在事业单位，年年都是劳动模范，我还救过人，现在自己干，自由自在，每天能为这么多人服务，心里真是乐呵。"他抽了一口烟，试图带领我进入他的思维世界。在这个世界里，一个关于勇敢、无私与奋发有为的故事逐渐成形。"有了房子，就是新生活的开始。那种心情，是买车买衣服换不来的，所以我刚才说买房不计较三五万。"

屋内烟雾缭绕，突然门开了，一个二十岁左右的年轻人快速进来，走到经理面前："那对夫妻也想买这个房子，他们想约房主谈一谈。""那你赶快去耗着他们，先别约房主，我们这里正谈着，总归有个先来后到嘛。"经理转向我："新来的，不知道规矩，你别介意啊。"那个年轻人再次陈述："他们说合适的话能全款。"坐在我对面的一个中介站起来，一边往外走，一边对经理说："要不我将房主约过来，我们先谈。"经理看着他："先带那对夫妻去看其他的房子，上下楼要注意，别碰面。"墙上有一个电子石英钟，秒针在稳定地转动着，"嗒……嗒……嗒……"我又开始紧张了，担心这个房子被人买走。我看着经理，同意了他的方案。

十五分钟后，房主来了，一个中介在前面为她开门，另一个中介在旁边伴随，还有一个中介跟在后面，随手关门。这是一个封闭的对话空间。首先是简单的自我介绍，她微微笑了一下，正式谈判开始。虽然经理一直强调"买房不差三五万"的道理，但谈判还是在这个问题上陷于停滞。对方一分钱不减。这是对于中介职业尊严的冲撞，因为他们之前承诺"便宜五万有难度，但两三万不是问题"。四年前，她购买了这套新房，使用商业贷款，首付30万，贷款80万，20年还款期限，年利率5.6%，等额本息，每月偿还5548.38元。现在，她坚持不能低于一万六，"一分也不便宜"。我看着这个安静的炒房客，就像欣赏一种商业行为艺术。

　　四周一片沉默，经理暂停了谈判进程，将房主约出去，然后关上门。他们向远处走去，在那扇门关闭前的短暂时刻，一句话从经理的嘴里飞出来："你买的时候不才一万多点吗？"这句话的声音越到后面越小。第二个句子出现一半的时候，那扇门彻底关闭，只进入半句："差不多……"十分钟后，他们再次进来，经理脸上有笑容，但很僵硬，就像雕刻在淡黄色大理石上的褶皱。谈判重新开始，他再次陈述了"买房不差三五万"的道理，然后又转向房主："您也让几万，买卖舒心，胜过揣着黄金。"她的脸上有一点不满意，但仍旧被虚假又温暖的笑容覆盖着："我之前不是说好了，就这价，不行我就再等等。"

　　谈判的话语开始不断重复，这里的人已经没有了时间意识，空间意识也在减弱，所有人就像飘浮在空中。在凝固的时刻，她的电话响起来："……你在家等着啊，我很快回来。""我的女儿这两天不舒服，我得陪她去医院，以后我们再谈。"等到她离开这个房间，僵硬的气氛顿时消失。经理落寞地坐在那里，无精打采。我一直期待买到这个房子，但这个程序自己停止了。

　　我站在街头，这个戏剧在结束的时刻变得清晰可见。在我进入那个房间时，实际上已经进入了这个情景剧，并且是隐秘的主角。确切地说，这是一个双重的戏剧。第一重戏剧的情节几乎不会变。这是一个稳定的结构，对任何购房者都会上演，其中有虚构的时间、编造的情感，以及不存在的人物。第二重戏剧覆盖在第一重之上，情节极不稳定，有时能圆满结束，但也经常半途而废。即使最终有一个结局，但各类情绪无法把握，失望、愤怒、冷静、喜悦等反复出现。

当我进入那个房间，那扇门被关上之后，我就进入了第一重戏剧，旋即又进入第二重戏剧，成为一个受诱惑的主角。他们围在我的身边，不间断地描述关于未来的新图景，用豪放的语言缩短现实与理想之间的距离，为我制造一个唾手可得的梦。等我从这个双重戏剧出来后，他们的语言与情感技巧已经消失。我回忆刚才的场景，就像看着一群天真孩子的表演。但我毫不轻视他们，也不厌恶他们，因为他们在卖力地谋生。

这是一群处在现代城市文明边缘地带的人，骑着两轮电动车，在小巷子里高速穿行，饿了就去路边店，点一份牛肉面或盖浇饭，以为这是天下美味。他们中的多数来自农村，学历不高，缺少谋生技能，于是进入这个行业，以不稳定和高负荷的劳动获取生存条件。这个行业对于他们的要求并不高，城市公告栏或网络购房平台上经常发布招揽他们的广告：

> 只要好好干，月薪就过万。
>
> 一眼能看到底的人生，不是年轻人该有的选择，加入我们，用实力改变未来。大平台，有梦想，不甘现状就来。
>
> 这是一个不限经验，不限学历，不限技术，不限年龄，不限男女的平台，又是一个提升自我能力的平台。
>
> 招强人，招比我强的人，招想变强的人，招简单实在的人，招挺直腰板挣钱的人，招立即行动说干就干的人。
>
> 获取客户信息，带客户现场看房，成交后获得提成。不用害怕您不会，我们手把手教。底薪 + 提成 50%—75%+ 其他奖励。

经过半个月或一个月的语言—行为技能培训后，他们穿上了公司统一发放的工作服，到处搜集房屋出售信息，好言好语，拼尽全力，从偶然成功的交易中获得意外的收入。这类着装具有很强的辨识度，纯色的西装和裤子（黄色、绿色、灰色或蓝色等），尽管整洁高档，但一眼就能看出他们的职业属性，尤其是他们三五成群，骑着电动车飞奔的时候。这个景观有深刻的思想内涵。西装，作为 19 世纪无产阶级的正式衣服，最终成为这个群体的标准服装，从而瓦解了西装对于中国上层品位的垄断。他们在四处奔波中不断阐释着这种服装的劳动内涵。

我走在一条小巷里，周围都是重点学区房，每平方米 4—6 万。这是房屋中介出现最多的地区。尽管价格高昂，但这类房子的居住体验并不好，20 世纪 80 年代建造，60 平方米左右，公共设施陈旧，所以每年中考结束后就有成批的房子出售。之前，他们借用了这些房屋附属的教育资源。现在，他们的孩子已经毕业，这些房子也就不再有用。

我进入了一个房屋买卖店。正门是灰色的办公桌，上面有一个台式电脑。南侧墙上挂着附近居住区的简易地图，北侧墙上钉了一块挂房屋钥匙的木板，三分之一的挂钩上都有房屋钥匙。入门左边是一张简易沙发，办公桌后面是谈判房间。一个二十多岁的年轻人出来接待，以职业性的和颜悦色开启了交易话语机制：

> 大哥您好，是要买房子吗？……这里主要是学区房，您需要学区吗？……我们保证房屋产权明晰、学区未占用。现在好学区的房子太贵，谁也不能马虎……每年这时候是成交旺季，性价比高的房子得碰运气。经常有房主临时涨价，我们也没有办法……在这里住肯定是不行，房价高，面积小，一家人窝在一起怎么行？所以来这

里买就是买学区。现在的父母为了孩子不顾一切。但我们实话实说，即使上个好学校，孩子也不一定成才，但如果去了差一点的学校，父母就得后悔一辈子……大哥我带您看几个，买不买看完再说，毕竟不是笔小钱……

我们走在粉红色水泥方砖铺成的人行道上。右侧是一排商业用房，饭店、商店、药店、自习室、理发店、水果店、服装店、房屋中介、快递代收处、课后辅导班……左侧的街道上车辆拥堵，一辆接着一辆：

标致 301 ～东风菱智～大众速腾～一汽奔腾 X80 ～日产骐达～吉利帝豪～福田卡车～福特福克斯～大众帕萨特～丰田卡罗拉～上汽宝骏 730 ～奥迪 A6L ～奔驰 E 级～别克凯越～红旗 H7 ～长城哈弗 H6 ～大众高尔夫 7 ～沃尔沃 XC60 ～雪佛兰科帕奇～大众高尔夫 7 ……

家庭的稳定性是中国政治制度的底层基础，中国历史上的动乱往往与家庭失序密切相关。学区房制度是普通人对于未来良好家庭秩序的期望。为了孩子在未来有理想的家庭生活，当下的父母们不惜一切。我们经过斑马线，穿过右侧车辆拥堵的街道。经过多次大范围治理后，交通规则越来越有规束力，尤其是在这个有摄像头的地方，疾驰的车辆在远处刹车，一个司机在车内挥动手臂，示意我们安全通过。

在一个老旧小区，在一栋楼房入口，那个青年人指着高处："就是那个，70 平方米，装修情况不太好，但是双学区，每平方米七万元。我们也都觉得贵，但是没办法，总会有人要。"推开一扇破旧的铁皮防盗门，再推开一扇暗灰色的木门，水泥楼梯，一眼就看出四十多年里脚步踩踏的状况。地面坑洼不平，暖气管道上的保温棉露在外面。在审美意义上，这是一个消极景观。但在日常生活意义上，这又是一种普遍的、无可非议的景观。

　　在四楼西户门前，那个青年拿出钥匙，插入旋转式门锁，向左扭动半圈。正面墙上是一个具有考古意义的电子挂表，"嗒……嗒……嗒……"每当我们的对话停止，这个声音就会变大。钟表下方有一个风景挂历，挂历上方是一个简易的木质衣架。它曾经日复一日地承担着衣服的重量，但现在上面什么也没有。房间左侧有一张简易桌子，桌子上摆着一个微波炉，还有一个落满灰尘的音箱。桌子后面是一个衣橱，右侧墙边安装了暖气片。一张床出现在暖气片旁边，床下有两个黄色的纸箱子。根据日常经验判断，这是一个临时性的住所，前些天还有人住在这里，但并没有营造出温暖的家庭气氛。

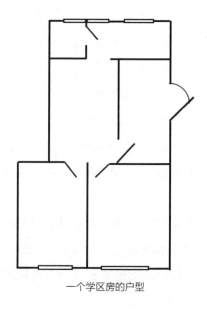

一个学区房的户型

　　我走在已经褪色的实木颗粒地板上，经过一个木门，进入这个房子的中心区域。右侧是客厅，一边放了木框沙发，对面是70英寸的液晶屏幕电视。电视左侧有一个双层冰箱，上层为冷藏功能，下层是冷冻功能。电视右侧是简易的玻璃餐桌，桌子靠墙而立，配备了三把木头椅子。桌子上有一把粉红色的2升电水壶，对面是白色波轮洗衣机。经过这个房间，我来到房屋北侧，右边是1.5米宽、3米长的厨房，里面有油烟机、燃气灶、不锈钢洗刷池、圆木菜板，以及各种厨具和调味品。在家庭功能陷入停滞时，这些东西都处于无用状态。左侧是卫生间和洗澡间的合体结构，入口处是洗脸盆，里面有冲水马桶，马桶上方的墙上安置了一个50升的热水器，以及淋浴花洒。

　　我们再次返回电视机附近，进入南侧左边的主卧室。主卧室门上贴着春联："迎新春家兴业旺，庆佳节国泰民安。迎春纳福。"这个房间里有用的东西已经被搬走，剩下的东西使这个房间呈现出日常性的混乱。实木颗粒地板上层的油漆部分脱落，尤其是在经常走路的地方。两把椅子、一张简易双人床、两张覆盖着深红色桌布的桌子也都处于被遗弃的状态。窗台上有六盆草本花卉，两盆已经干枯，剩下的四盆即将干枯。旁边的次卧是家庭生活状态保存最好的房间。进门右侧是巨大的单人床，床垫九成新，墙边有一个三人沙发。远处的窗户拉着半透光的白色窗帘，一张木质桌子处在光线最好的位置。桌子旁边摆放着铝制衣架。那个中介站在电视机旁，耐心地等待我的反馈：

　　——这个房子要是买下来就得重新装修。这家人在这里住了有七八
　　　年，孩子毕业后就搬家了。他们买这个房子，也是为了学
　　　区……就看您有没有学区的需求。如果没有就没有必要买这里，

四五百万呢，买哪里不行？

——你们中介费收取多少？

——总价的 2%，这是统一的收费标准。

——接近十万元，有点高，你们凭什么收取这么高的费用？

——这个价格我们还可以谈一谈，但一般都是这样。我们也要做很
多工作，查房屋档案，看看有没有抵押，学区是否被占用、水
电煤气欠费情况。我们也负责过户、办理房产证，一直到房子
安全落在您的名下为止。

分别前，他拿出手机，启动微信扫一扫功能。我也打开微信，启
动个人二维码功能。他的手机摄像头对准这个二维码，"嘀"。"我们
保持联系，您要买这里的房子就跟我发信息，我有合适的也给您发
过来"。

一起下楼后，他快步离开。我站在原地，仰头看着四楼的那个房
子，破旧的楼梯、生了锈的单元门，还有泛黄的塑钢门窗。如果没有
学区，这里的房子每平方米最多一万元左右。父母对于孩子前途有良
好期望，对于家庭未来也有良好的期望，这些期望将这个水泥钢筋空
间变成了一个超越价值本身的想象力结构。这个执念甚至超过了宗教
性的信仰，因为对于中国人而言，家庭是一种日常性的信仰。

第二天，这个中介在微信朋友圈里发布了图文信息。他的孩子
戴着金黄色的纸壳生日帽子，类似于王冠形状，上面印着"Happy
Birthday"。他刚吃完一口蛋糕，鼻子上沾满了白色的奶油。奶奶或外
婆在左边欣慰地笑着，妈妈在右边骄傲地笑着，虽然笑容中有无法掩
饰的疲惫。这个小孩的味觉获得了满足感，也在开心地笑。这个年轻

的父亲为这幅图片写了一句话:"生日快乐,一周岁了,愿你以后平安健康成长,开心快乐每一天。"在这个城市的大街小巷,他骑着电动车四处奔波,寻找房源信息,带人看房,接受质疑,讨价还价,不断转变话语技巧和面部表情,想方设法获得最多的收益,为了自己,为了孩子,也为了家庭。

在中国历史上,他是一个幸运的年轻人,因为在最好的年龄遇到了中国城市全面开放的时代,然后自由自在地进入了这个城市。只要在这个城市购买房子,他就能在这个城市落户,彻底改变以前的身份,并在法律意义上成为真正的城市人。即使没有购买房子,只要在这个城市租房居住半年以上,他可以办理居住证,他的孩子也有机会在普通公办学校就读。所以,他有理由高兴。

我在这个城市已经生活了十多年,与很多中介有过直接或间接的交往,最初被他们的话语与表情技术迷惑过,但现在认识到他们谋生之艰,所以每次都安静、宽容地看着他们从远处过来,留下一句话:"大哥,最近买房子吗?"他们仅仅是在问候,并没有期待一个确定的回答,所以骑着电动车飞快地离开,作为现代城市空间自由的象征。

结
论

在这个世界中，自由、平等或独立意志以具体的方式
展示，或以抽象的方式聚集，然后在双重意义上阐释
着现代精神。

一、城市、故乡与现代精神

城市是现代人的故乡，一个不同于传统意义的故乡。现代社会中的流动性和陌生感减弱了传统故乡的情感功能，却创造了一个现代意义的故乡。这是一个线条、色彩、声音密集的表象世界，也是一个日夜提供安全、丰富性和自由选择的制度世界。越来越多的人在城市里出生、成长、工作，他们有时会因为重复的日常性而烦闷，但也会获得稳定的物质回报，或意外的精神启示。在这个现代空间里，人与人之间源于共同地域或血缘的亲密感不断弱化，取而代之的是人与制度的密切关系。

现代故乡与传统故乡有很多共同之处，例如创造关于根源的想象，也能无限地接纳各种不满，并有力量消解这些不满。城市需要人群，也的确吸引了越来越多的人，然后以平等交换的方式征用他们的体力、智力和想象力，为之提供等价的生存资源，同时也会原谅他们的不辞而别或隐秘的反抗。

在个体情感意义上，有些人可能并不喜欢城市，他们生活在这里，却无数次幻想着逃离。但真正离开后，他们又会想念这个模糊的故乡，想念陌生与流动中的无限可能，所以再次回归，然后将内心的动荡变成创造的力量。在思想意义上，这个逃离—回归的过程是创造精神的重要起源，又是一个让人迷惑的悖论，也就是忽视最重要的，或拥抱自己不喜欢的。

这种复杂的心理让现代人与众不同，既深刻又孤独。他们在城市里日复一日地行走、观察、睡眠，并隐约地意识到这是自己的故乡，而他们是这个故乡的生命符号，一个在现代精神里有时安宁、有时动荡的符号。在高楼大厦的影子里，在拥挤的地铁车厢里，在技术节奏的声音里，记忆中的乡村已经变成遥远的想象，现代故乡对于个体心理也就有更强大的覆盖力量。

这种感觉无处不在，但仍旧不是一个征服性的意识。由于现代日常生活的分散性和不可预期性，这个现代故乡常常被人忽视，或是被贬低。一个浅层的精神类型会取而代之。这是一种非实证性的愿望，爱好新奇，厌恶熟悉，不接受反复出现的日常真实。这个精神类型由此制造了很多消极的感觉，例如单调、无聊、空虚、焦虑，以及消耗性或对抗性的功利主义。这些感觉相互缠绕，时而发作，不断影响着现代人的判断力。

2021 年 9 月，这个作品系列的前两部出版，它们与这部作品的目的相似，也就是降低浅层精神类型的影响，从个体理性和历史理性的双重角度展示现代城市的精神。有人可能会认为当下的日常景观没有意义，普通平常，无所不在，没有新奇感，所以也就没有记录的必要。但如果转换分析的角度，我们会发现这些景观是在以直接和具体的方式说明这个时代的特点。如果更多的人去记录当下的日常景观，也就是我们每个人所生活和工作的城市，一个阐释时代精神的叙事类型就会出现。

这是一种自由自在的写作实践。我在这个城市的大街小巷里四处行走，启动听觉机制、视觉机制，不间断地收集缺乏奇异的微小景观，然后从抽象角度阐释它们的内涵。在任意行走时，我看着一个景观在一瞬间展开，然后在游荡的、没有聚焦的目光中彻底消失。我推开一扇门，进入了一个线条、颜色、味道或知识的独特类别，根据空间布局或物质状况想象分工制度对于现代人的影响，包括对于身体、语言、行为和心理的影响。表面上，这是一种没有预设目的的游荡，因为我不知道会看到什么，而且最终看到的几乎都是在不可预期的状态下出现。但在本质意义上，这是一个当下之人在拥挤繁忙的城市里发掘日常景观与现代精神的关系，希望完成一个具有时代性和地域性的感觉—叙事类型。

由于人的感觉的有限性，这种叙事可能会缺乏普遍的阐释功能。每个游荡者都会完成独特的叙事，而且由于观察时刻的不同，这个游荡者还会完成另一种叙事，其中有完全不同的人物、事件和空间状况。但无论如何，只要一种叙事出现，它就会有无可取代的价值，因为一个时代的人往往有统一的时代性。他们生活在相似的劳动秩序中，用相似的方式思考，用相似的关键词说话，也知道这个时代的各种明喻、隐喻和暗喻。有些人希望突破这种令人乏味的时代性，凭一己之力去改变流行的规则。他们的行为看起来与众不同，但仍旧无法彻底去除自己身上的时代性。人与时代精神之间的密切关系为这个叙事类型赋予了普遍的阐释力量。

2020 年冬，深夜十一点，我去药店买药，在周期性休眠的城市街道上疾步而行。一个年轻女人从一条垂直的路上并入，走在我的前面。她也在疾步而行，希望尽快穿过这个阴暗的小巷子。她很快注意到身后有一个人，像是在追赶她。她看起来有些紧张，抱紧行李包，加速向前。我放慢脚步，拉开距离，减轻她的幻觉，10 米，20 米……我们的距离越来越远，她的脚步越来越快。前方的红绿灯打破了这个幻觉减轻的过程，她被红灯挡住了。她站在街边，侧过身体，试探着向后看。那是一个紧张的动作，因为她对后面充满了恐惧性的好奇，但又不能向这种感觉屈服，因为屈服可能会加速危险的到来，至少让自己处于不利的地位。等到绿灯亮起，她迅速在深夜的城市里飞奔。

在这个时刻，一辆闪着警灯的巡逻车从前面的街角突然出现。它缓缓而来，一瞬间打碎了这个女人对于恐惧的想象，以及这种想象的蔓延。一个令人印象深刻的场景随之出现，确切地说，这是个体心理的重大转折。她停下慌张的身体，站在红蓝交错闪现的光里，转过身，自信地看着我从远处走来、走近，又消失。对她来说，不管之前的恐惧是幻觉，还是一个确定存在但已经破产的阴谋，这一切都不再重要。在深夜的街头，巡逻警车为这个夜行女人提供了可以信任的安全感。

1848 年，美国传教士卫三畏在《中国总论》中提供了一个关于大清帝国衰落的域外视野。在皇权制度面前，晚清老百姓卑微懦弱，蹑手蹑脚，畏首畏尾，不但缺乏安全感，也失去了对于国家而言无比重要的思想创造力：

> 民众对政府有极大的畏惧，只有敬而远之才有安全……只要怀有对这种不幸后果的模糊的空间感，就抵消了中国人的真正活力，导致他们不关心任何进步，满足于已知和已有的事物，屈从于可能落在个人身上的一些不公平和损害。[1]

但在一百多年后，对于这个夜行女人而言，情况已经完全不同。

－1［美］卫三畏：《中国总论》，上册，陈俱译，陈绛校，上海：上海古籍出版社，2005年，第27页。

在这个时刻，她不再畏惧公共权力，相反，她希望从那里获得个体意义的安全感。闪闪烁烁的灯光正是她所需要的安全感，而当她迫切需要的时候，公共安全机制出乎意料地出现。免于恐惧是现代自由的前提，也是个体融入现代制度的前提。

在现代陌生人社会中，这种个体感觉是隐而不现的，它的影响却无处不在，并在很多方面塑造了现代人的衣着风格、审美标准或出行状态。在现代城市里，雄浑、狂野、刚直的品质及其象征物越来越稀缺，而且不会因为稀缺性而备受珍爱，因为越来越多的人喜欢洁白、纤细、柔美，喜欢弱不禁风。在间接意义上，这种个体感觉又影响到衣着风格，尤其是年轻女人的衣着风格。有些人会将天气与衣物之间的关系推到公共审美的极端，以此展示身体的原始吸引力。在安全感不足的时代，例如在残酷的战争或忍饥挨饿的时代，这种衣着风格和审美标准是难以想象的，因其无法应对最严苛的生存困境。所以，身体的展示程度与公共安全感的状况密切相关。

在这条大街上，我、这个女人，还有那辆警车构成了一个关于制度与自由的、即时性的景观。实际上，没有人知道她在这个时刻所面临的困境，尽管只是她的幻觉，但那辆警车来了，在街道上缓缓而行，灯光高频率闪烁，不断对外释放着关于公共安全的信息。巡逻车上方有一块电子显示屏，屏幕上从右到左滚动着安全提示："谨防电信诈骗，珍爱生命，远离毒品……"

在现代城市里，无限量的物质与信息在高效地流通，创造了种类繁多的工作，也创造了无限多的财富。这些财富中的一部分进入公共财政，根据年度预算分配到公安机关，用于支付汽油、轮胎、工资、夜间工作补贴，支撑着这辆巡逻警车的自由移动。它在深夜里缓慢穿行，作为一个悬置的、等待启动的公共权力符号，保持警觉，寻找异常。

　　在那个女人的幻觉出现又消失的短暂时刻，一切看起来都让人无法预料。在她快步并入我的路线的时刻，我不知道她会害怕；当恐惧袭来时，她不知道会遇见一辆警车；警察在路上巡逻，并不知道那里有一个迫切需要他们出现的人，所以她是从偶然性中获得了自己的所需。当幻觉消失后，她转过了身体，用批判性的目光看着我。对她而言，我的出现是不正义的，即使我在走我的路，我也不应该在那个时刻出现在那个地方。在这个景观开始之际，我们都不知道它会怎样结束。而当一切结束后，我意识到这是一个内涵丰富的日常景观，尽管她可能并不知道自己的幻觉会激活这些内涵。

　　在现代城市里，这是一个偶然与深刻并存的日常景观，经常在深夜的街巷里出现，在夜行人的心里制造出虚假的感觉。这种感觉可能会通向现代精神的阐释机制，我们可以据此审视现代人与公共制度的关系。在乡村—故乡情结变弱的时代，人与制度的关系转而成为城市—故乡情感综合体的基础。

　　这个情感综合体并非是一个抽象或远距离的存在，而是一系列源于此时此地的具体感觉。这些感觉以不可见的方式组合，又用微弱却清晰的方式阐释现代故乡的意义。现代人在城市里来去匆匆，衣着整洁，在对于各类制度的想象中奔向自己的目的，或实践预设的功能。

　　盛夏时节，大雨滂沱而下，每个人都不希望自己的鞋子湿漉漉，所以城市街道下方布满了迷宫一样的排水管道。这些管道足以应对一般降水，但无法应对极端降水。所以，在极端降水情况下，一个临时性的制度会在这个城市的低洼区域出现。

2021 年夏季，一场特大暴雨即将来袭，三个穿雨衣的市政人员在一处容易大范围积水的路段等待。他们安静地坐在路边的台阶上，在暴风雨来临前的潮湿闷热中掏出一盒烟，每人一根，空气中弥漫的水汽让烟味更加浓重。很快，雨点啪啪啪落在地上，雨量瞬间变大。他们扔掉抽了一半的烟，移开覆盖在下水道入口处的铁栏，增大排水量，然后又在附近放置车辆和行人避让的荧光标志。在极端天气里，这些中断抽烟的中年男人变成了一个临时制度的实践符号。

雨势陡增，积水蔓延。我踏水走过街道，鞋子、袜子和半截裤子湿透。一辆高档轿车停在水中，发动机已经熄火，应急双闪灯不停闪烁，现代保险机制很快将会为之启动。一辆厢式封闭救护车急速通过这片积水。在柴油发动机的推动下，四条轮胎（215-75-R15 型号）持续向前滚动。车载发电机提供稳定的电流，车顶上闪烁着蓝色的提示灯，外置喇叭重复播放着高分贝声音："哇……嗷……哇……嗷……"这辆车的底盘要高于一般车辆，因为制造商、医疗机构在生产或购买时已经充分考虑了极端的路况。在前面的一个十字路口，它毫不犹豫地启动了公共健康所赋予的通行权力，在垂直方向上行驶的汽车主动刹车，为它让行。它顺势闯过红灯，疾驰而去。在这条路上，这辆汽车是公共医疗制度的象征符号。

现代人对于城市的故乡情感是在被动状态中创造的，确切地说，是那些怀念传统故乡的人在寻根意识的引导下创造的情感类型。这个类型不是单向的，因其总会从现代制度中获得慷慨的、日常性的回馈。正是对于这个情感类型的良好期望，我不再纠结于现代化所导致的传统亲密关系的解体。相反，对于现代制度，我有了一种不同于传统亲缘的信任感。

　　传统的熟人社会仍旧想挤入这个现代情感类型，并在事实意义上制造了一些半熟人社会、半陌生人社会的交错类型。它的信徒实践的是虚拟的情感逻辑，在相互的目的中创造一种敷衍、短暂的亲密关系。他们的目的不是纯粹的情感需要，也不是家庭伦理职责，而是心照不宣的利益诉求。这种关系对外具有隐秘的排斥性，也就没有绵长的延续性。在无限流动的现代生活中，传统熟人社会所依靠的血缘关系已经模糊不清。等到那个利益诉求完全消失，这个交错类型也会随之解体。

　　这个交错类型是一种选择与排斥机制，为局外人制造了极富挑战的竞争。在人类历史上，几乎每个群体空间里都充满了相同目的或不同目的之间的竞争。有些竞争是温和的，自始至终具有情感和道德抚慰的功能；有些竞争是激烈的，甚至会冲破约定俗成的伦理边界，令人紧张、失望、无助。

　　没有人喜欢这种竞争，因其变幻莫测。但在历史意义上，这种竞争以悖论的方式激活了人的创造力，以及对于质朴情感的追求。熟人社会的道德感已经悬空，他们可以充分发挥自己的创造力，出乎意料地运用个体的理智和情感，不断将之推到极限。在这个过程中，他们变成了谨慎的乐观主义者，接受命运，但不放弃希望。他们珍惜当下拥有的一切，并希望在沉默中义无反顾地创造。最终的结果可能让人无法预测，所以他们学会了如何接受失败，也学会了拥抱孤独。实际上，这是人人都想回避的消极状态，但在客观意义上，不确定的生活所激发的创造力推动了历史的进步。

　　2016 年，一个短句子入选《咬文嚼字》年度十大流行语，即"友谊的小船说翻就翻"。这是一个现代陌生人社会中的语言现象。对于那些依然对熟人社会怀着希望的人，这是一个具有微弱悲剧意义的结果。但对于现代陌生人社会，这是一个缓慢开启的序幕。熟人社会的影响力会不断减弱，取而代之的是人与制度的密切关系。

人与制度的关系最初是一种事务性的处理机制，但也有可能变成现代情感的创造机制。这就意味着，现代制度对于日常生活的介入并未停留在实用主义领域，也会进入非功利性的日常感觉领域，例如对于鳏寡孤独的关怀。无所依靠的老人能享受暮年的安宁，无家可归的孩子既能健康成长，也能获得独立的人格……在这种情况下，陌生人社会就有力量消解熟人社会之弊，关于陌生的感觉也就不会变成消耗性的孤独感。

在这个远离故乡的城市里生活，我已经习惯了从熟人社会向陌生人社会的过渡状态，并对这个正在形成的陌生人社会怀着希望。这是现代精神的汇集之地，也是现代精神的实践空间。这个陌生人社会为每个人赋予了一种或几种特定的功能，并使之成为一个行为类别、知识类别或秩序类别的实践符号。在公共事务中，这些符号都在发挥着稳定的功能，从而取代了熟人社会中不稳定的情感或道德关系。

我进入了银行大厅，一个工作人员微笑看着我。这种微笑并不是个体亲密关系的表象，而是一种经济功能的启动方式。我在她面前的椅子上坐下，是因为她能够高效地实践这种经济功能。这是陌生人之间的现代交往状态。我们都有自己的目的，然后在一种专业制度的引导下完成各自的目的。在这个过程中，我们都不需要投入情感，甚至由于信任这种制度的有效性，事前和事后我并不需要过多的理性思考。

对于个体情感而言，这可能是一个让人失落的过程，因为那个优雅、端庄，让人对于美好生活充满了想象的女人只是一个符号。如果她对于面前的某个男人也充满了同样的想象，这个转瞬即逝的场景可能会变成一部在沉默中开始、在沉默中结束的喜剧……这是些不切实际的离题话，我们言归正传。在可预期的状态中，这个符号会以专业高效的方式，帮助客户实现他们的经济目的。对于现代社会的前景而言，这是一系列符合制度预期的个体行为，影响力微小，但不可缺少。

在家族血缘范畴不断缩小的时代，人与制度之间的稳定关系为相互陌生的人创造了很多意想不到却触手可及的可能性，包括生命维持、理性启发和情感满足。在行走范围之内，他的生存需要和精神需要就能获得最大限度地满足。对于古典时代的人而言，很多现代生活状况是无法想象的，例如稳定的电力、石油、粮食供应，以及与之相关的现代技术的多重功能，还有高效的分工制度在现代文明中所创造的复杂层次。

一个人在现代城市里生活，就意味着他接受了现代分工制度，并成为这个制度的一部分，或一个符号。这个现象不能完全被定义为人的异化，或现代人精神状态的单一化。在一个特定的分工秩序里，他仍旧有实践个体理想的条件，尽管在时间意义或空间意义上受到很多限制。例如在工作时，他不能玩手机，他的身体行为和语法逻辑要符合既定的工作程序，心平气和，目的明确，既不能无端发怒，也不能肆意大笑。但工作结束后，他不但可以玩手机，还可以看电影或四处旅行，也可以用日常语言发表私密性的感慨。

在多层次的现代文明中，由于技术和经验密切相关，一个人可以在分工制度中跨空间移动或跨行业移动，例如从建筑业到装修业、从教育业到制造业，或从艺术业到服装业。他不断地进入新秩序，但一切并不陌生。所以，现代分工制度并不意味着人的彻底隔离。这是现代城市文明所塑造的人员、物质和信息的流通模式，自由、平等，不可预设，充满了挑战，但也提供了无限创造的可能。

在深夜的露天酒桌上，牛、羊、猪、鸡在现代分工制度中被剥夺了生命，然后以身体分散的状态进入人类食物体系，首先在菜单上处于等待状态，然后在热水、沸油、烈火中变成可食用状态，又在盐、醋、酱油或料酒的辅助下变化着味道。这些食物是街头聚会的物质基础，不断在人类话语陷于停滞或断裂的时刻维持着连续性。

八个男人坐在简易的凳子上。两个木头框架以 90 度的状态相互交叉，然后又以 45 度的状态支撑在地上。这个结构上端有一个用绳子穿起来、柔软而坚韧的身体承载面。他们坐在这种凳子上，围着一张简易的桌子，赤裸上身，摸着肥大的肚子，捋着乱蓬蓬的胡子，海阔天空地吹牛，无拘无束，声音震天。在现代分工的时间机制和空间机制之外，他们瞬间变成语言狂野、思想滑稽的自然人。他们是一个个能够阐释浪漫主义内涵的符号，因为他们都知道在短暂逃离后要顺从地回归，但在当下这个有限的时刻，一小时或两小时，他们是名副其实的精神独立者。

一个年轻的服务员跑过来，握着一把冒着烟气的羊肉串，放在桌子上的不锈钢餐盘里，然后以旁观者的角色挤入这个话语空间，履行现代分工职责，结束之后又瞬间被挤出去：

——你们还要点什么？
——再来十瓶啤酒。

——哈哈哈，喝醉了可被老婆赶出来了。

——哈哈哈，我们是自由人，不怕露宿街头。

——…………

　　在现代分工制度中，当一个词语出现时，往往会带动一个知识类别、一种道德规范，或很多愿望。但在分工制度之外的日常生活中，词语的这些功能消失了。词语的内涵被无限度压缩，不再具有象征性或引申性的内涵。每个词都被松散的语法控制着，在随意的场景中突然出现，传达直接、短暂的意义，或制造一些幽默或讽刺性的效果，然后瞬间消散，就像吹过这张桌子的风一样。

　　这些词语甚至比风更加抽象、不可捉摸。一阵风从这个地方吹过，会去另一个地方，作为缓慢流动的空气，或再次变成新的风。而这些词语源于不可见的思维，以声音的形式出现，进入人的听觉，其中的少部分会成为短暂的记忆，其余大部分会彻底消失，无影无踪。

　　桌子旁的空酒瓶越来越多。这个空间制造的音量也越来越大，并逐渐远离了日常性的因果逻辑。在酒精的渲染下，他们的意识出现了错觉，然后被一片真情笼罩。这种真情让他们珍惜当下，对于未来又有模糊的希望。下午五点之前，他们还受制于分工制度，作为特定功能的符号。但在这个时刻，他们成功地逃离了分工制度，也彻底抛掉了职业性的语言与行为秩序，瞬间变成自然意义的高等生命，在酒精的迷惑下开启了一种难以预测的话语逻辑。

　　那个光着上身的男人拍了拍肥大的肚子，"砰砰砰"。他眼神迷离，舌头僵直："你们听听，是……是……是不是喝饱了？"他还想说话，并张开口试了几次，但始终无法让自己的声音保持均匀的起伏，所以他开始唱歌，用发自肺腑的、低沉的吼声："一瓶二锅头，喝了不上头……"

一群人脱离了分工制度，而另一群人进入了分工制度，包括厨师、服务员，还有汽车代驾员。当八个男人的身体发出酒足饭饱的提示，他们的语言能力表现出了贫瘠的状况。他们努力站了起来，摇晃着身体。酒精已经麻醉了他们的神经系统，视觉和听觉随之出现了选择性的模式，对于一些场景听而不闻，或视而不见。他们的视野在变窄，就像一道手电筒的光，聚集在一个圆形的微小空间。

在酒后驾车属于刑法范畴的时代，他们需要车辆代驾。六个骑电动车的男人穿过黑夜而来。他们的身上挂着不断闪烁的指示牌，"代驾……代驾……代驾……"。这群人是这个日常聚会结束的符号，他们会将六辆汽车安全地驾驶到指定地点。

一个代驾负责运送那个醉到只能唱歌的人。他首先将电动车折叠起来，放到汽车的后备箱里，并按照既定的程序启动手机，从各个角度拍摄汽车的状态，然后上传到云系统，作为驾驶状态的证据。在履行商业职责的同时，他还要履行人道主义职责。他将那个人扶到副驾驶的座椅上，帮他系好安全带，又对他的同伴说："你们先跟他的家人打个电话，早点下楼接应。"他在驾驶位坐好后，转向这个醉汉："我们不走快速路了，你要吐就提前说，这样我们能随时停车……要是吐在车里，那可热闹了。"

在现代精神的笼罩下，这些喝酒的人享受着技术、风俗与制度所创造的日常幸福。尽管现代分工制度要将人异化，但原始性的日常幸福却能安抚人。因为这种幸福是平等的，不区分，不封闭，也不稀缺，唾手可得。

在现代城市文明中，技术异化和日常幸福是普遍存在的二元状态，相互补充，相互对抗。这是一种无限绵延的感觉，既创造了丰富的个体心理，也创造了一个深刻的历史理性类型。技术异化在达到顶端的过程中，日常幸福会将之中断或彻底删除，然后重新开始。这是一个关于对抗—互补的无限序列。分工与效率所制造的无聊、苦闷并非没有限度。在日常幸福到来的时刻，这种有限度的消极状态转而成为对比的背景。在这个背景中，日常幸福会变得更加有安抚力。

在技术异化和日常幸福的二元状态中，现代人很容易进入现代精神的深层，并在一些方面，或在一定程度上成为城市文明的拥护者或批判者，或是两种身份的综合体。因为批判并非纯粹的拒绝，而是一种排斥性的融入。他们可能还会说自己厌恶城市，并希望有一天离开城市，但他们的身体仍在城市里，奔向一个又一个目的，获得生活所需，以及内心的安宁。越来越多的人进入城市，或是从农村迁徙到城市，或是从小城市迁徙到大城市。喜欢与排斥、确定与迷茫、满足与厌烦共同塑造了现代精神的特质。

我在这个城市里行走，周围的景观与结构与其他城市几乎一样，其最终目的是满足人的需要，既包括视觉需要、听觉需要，也包括物质需要、精神需要；既包括合法需要，也包括一些符合人性状况、却不合法的需要。在这个过程中，传统意义的道德判断无法再去实践语言专制或视觉专制。

在现代技术时代，这些需要中的大部分是可预期的。即使气温低到零下30摄氏度，菜市场也有稳定的新鲜蔬菜供应。公交车日复一日地在固定线路上往返，出租车在不同目的的引导下无规则地穿行。在一年四季，这个城市的书店不间断地出售各类实用类、文学类、思想类或审美类的书籍。如果没有现货出售，还可以选择预定方式。如果不愿意在书店里购买，还可以根据书店展品信息在网络上低价购买。这是一种不受欢迎的方式，却无法避免。在现代陌生人社会中，日常意义的自由无处不在，有时它们也会超越本来的内涵，转向自己的反面。

在追忆性的叙事中，现代城市文明会受到批评，因其冷漠无情，或枯燥乏味，中国的城市也不例外。这是个体心理所主导的、不公平的文字现象。越来越多的人辛苦费力地进入城市，一定不是因为喜欢它的冷漠无情或枯燥乏味，而是对于自由、平等与正义的期待。

但我们也不能回避现代城市文明的另一面。这个汇集了现代政治、经济和技术的空间制造了农业文明无法制造的消极心理，例如匆忙、紧张、焦虑，以及亢奋之后的单调、无聊与空虚。受到这些心理侵袭的人有理由批判城市文明，其中一些人有过乡村生活的经历，所以在批判之外会陷入关于乡村风俗的美好想象。他们并没有获得沈从文《边城》里的平静与安宁，只是创造了一种无法回归的乡村叙事。

乡村叙事在中国已经流行了十余年，一方面通向现代化进程中的寻根意识，另一方面通向现代乡村治理。在快速的城市化进程里，农村出现了很多前所未有的问题，这些问题应该怎么阐述，又应该怎么解决。所以，乡村叙事并不只是为了追溯一段美好的回忆，也是在发掘理解乡村、改变乡村的方法。这种乡村叙事也就不会遵循沈从文的古典风格，因为他们关注的是农村被拖进现代化之后的消极状态，"原本古老、恒定，依附于传统价值观念之上的因果关系，其表象的坚硬其实早已脆弱不堪"，取而代之的是漂泊、当下、变化、即时性、偶然性等。[1]

乡村叙事的反乌托邦化并没有消解现代城市文明所受到的批评,相反,这种倾向很自然地对接了西方现代城市批评理论,西方人对于城市文明的理解也就成为中国城市批评的参考。19世纪以来,西方城市文明制造了很多消极的心理,包括苦闷、孤独、被遗弃,以及个体存在感接近虚无时仍然没有出路的恐慌:

> 过去的一切已不值得留恋,因为信心已经丧尽了;未来嘛,他们是喜爱的,但那是怎样的未来呢……像是一个用大理石雕的情妇,他们在等候她的苏醒,盼望热血在她的血管里奔流。最后,给他们留下的只有现在了,而所谓的世纪精神,黄昏的天使,它既不是黑夜,也不是白天,他们看见它坐在一只装满骸骨的石灰囊上,把自己紧紧裹在利己主义的大衣里,在可怕的严寒中发抖。[2]

在西方历史上,这些心理类型有很多负面影响,例如19世纪的城市变成了贫困之地、革命之地,或社会动荡的根源。但在当下,无论对于西方还是中国,现代城市的物质供应是充足的,而且是可预见的:一方面是宏观意义的可预见性,即一个城市的商业机制清楚地了解附近居民的各种需要,按需供应,并会创造新的需求;另一方面是微观意义的可预见性,即一个人认为自己一定能从附近或远处的商业类别中获得自己的所需。

－1 黄灯:《大地上的亲人:一个农村媳妇眼中的乡村图景》,北京:台海出版社,2017年,第328页。
－2 [法]缪塞:《一个世纪儿的忏悔》,梁均译,北京:人民文学出版社,1980年,第7页。

在思想意义上，物质充足的内涵已经远远超出了物质本身。这是实践现代自由的第一前提，即没有充足的物质就不会有独立的生存权，也就无法免于恐惧。这种感觉是如此重要，以至于一个人只有生活在充足的物质序列中，才能独立地实践关于自由的理想。但在从西方向东方传播时，自由的内涵越来越抽象，变成了纯粹的语言学状态，与那些作为实践基础的物质之间也不再有具体和直接的关系。有些人在去物质化的语境中追寻自由、阐释自由。这是一种缺乏实践力的自由，更多的是一个虚拟或漂浮的概念。它具有政治道德的注视功能，但缺乏改变现实的实践功能。

对于现代人而言，城市是一个去权力化的自由之地，或一个不区分的平等之地。日常景观里几乎没有强制性的说教，也没有让人表演的强力意志，时间与空间、物质与心理之间出现了原始的对应关系。无论一个人的身份有多高，或有过多么辉煌的经历，最终都要回归这种原始的对应关系，甚至在他被辉煌笼罩的时刻，他也无法拒绝这种关系。

我走在这个城市的人行道上，也就是走在现代故乡的内部，在陈旧与新奇、片段化却有普世性的日常景观中一步步向前、向左或向右，没有屈从与迎合的被动愿望，独立地观察这个简单又深奥的表象世界。在这个世界中，自由、平等或独立意志以具体的方式展示，或以抽象的方式聚集，然后在双重意义上阐释着现代精神。

二、现代性的中国类型

在西方现代思想中，城市是一个生机勃勃的力量体，但也受到了很多批评，例如18世纪的城市是肮脏之地，19世纪的城市是革命之地，20世纪的城市是放荡、萎靡与虚幻之地，总之，这个力量体无法负载人类对于美好生活的理想。与这类批评同时出现的是逃离城市的愿望，以及诸多的思想潮流，例如自然宗教、浪漫主义、自然文学等。西方现代历史的动荡与城市文明的流动性密切相关，这是城市受到批评的原因。

在当下这个时刻，对于中国城市的解读，我们无法遵循这种批评模式，因为城市是中国现代精神的实践空间。在一定程度上，我们甚至可以说城市化是中国现代化的基本模式。城市文明体系越健全，它所容纳的现代精神会越丰富，也就能更加清晰地阐释现代性的中国类型。在日常生活领域，这个类型以不可见的方式实践着现代精神，几乎每个人都有机会享用现代城市的物质、信息和空间。在宏观历史领域，这个类型最大程度地推动了政治改革、经济改革和文化改革，并在陌生人社会中创造着关于前提、过程和结果的平等。

陌生人社会的前景是让人期待的，但在实现的过程中会受到很多干扰，因为熟人社会或裙带关系仍旧希望垄断语言、行为、情感甚至是心理。所以，陌生人社会代替熟人社会的进程是缓慢的，也是可以接受的，在这个过程中，隐秘的垄断即使难以禁绝，但已日渐失去约定俗成的道德根基。

在对抗熟人社会的弊端时，现代城市文明展示出了政治学内涵。这是一种关于流动与陌生的政治学，有别于传统意义或抽象意义的政治学。电力、石油、煤气、清洁水、日用品、居住空间、移动空间是这种政治学的物质基础。在实践过程中，这种政治学大规模地改变了现代心理和日常生活状态。由于广泛存在的流动性与陌生感，自由、平等、宽容等现代概念有更多实现的可能，而且无需借助于传统意义的政治革命。因为流动性与陌生感本身属于现代精神的范畴，或是间接地展示了现代精神。

在世界历史上，几乎每个国家的现代化都有独特之处，并超出了外来理论的解释能力，中国问题同样如此。晚清以来，西方传教士深入中国风俗，从各地的日常生活中发现了很多独特的因素。在功利主义主导的国际交往中，他们可能会轻视中国，因为那时的中国是落后的，吏治腐败，民众沉迷于个体利益，不惜损人利己，既无法应对外部威胁，也不能在内部高效地治理。但在客观意义上，他们无法回避中国问题的独特性，既包括中国文明的独特性，也包括这种文明所衍生的现代精神的独特性。这是表象的不同，也是实质的不同。

我们可以将这种独特性看作是一种深奥莫测的集体心理，既能对抗逆境，也能在隐忍与挑战中努力向前。这种心理在很多方面超出了个体理智和情感的范畴，最终凝练为一种宏大的历史理性。1944—1979 年，李敦白（Sidney Rittenberg）在中国生活了三十五年，见证了现代中国的变化。在晚年回忆时，他认为应该用历史理性解释这个问题：

> 我有个想法，也许不科学。在世界上，只有一个生存了几千年，而且在同一块地盘上，用同一种语言，很多风俗习惯都一样，这就是中国……小时候，我在家乡的博物馆看到一种很漂亮的蛇，它每年脱皮……中国也是这样，只能慢慢从旧皮中爬出来，没有别的办法。中国的事，着急不行，有的东西变化很快，却不是好事，

也不真实。[1]

　　史景迁长期研究中国历史，并将美国人的叙事风格用于这个领域。在《大汗之国》中，他提出了一个观点，即中国文明所具有的吸引力。这种力量一直让西方人着迷，尽管不能归化那些怀有破坏意识的异域冒险家，但对于那些有修养的西方人，这种力量是无法忽视的：

　　　　一个国家之所以伟大，一个条件是既能吸引别人的注意，又能维持这种吸引力。西方刚接触中国时，中国明显具有这种能力，几个世纪以来，流行风潮的无常，政治情势的改变会让中国一时蒙尘，但中国的吸引力从未完全消失。[2]

　　长期以来，西方人在宏观意义或微观意义上分析现代中国。他们提出了很多观点和理论，并试图归纳出一些无所不能的方法，却难以准确地说明中国现代精神的特点。自中西交往以来，理解中国一直是西方的基础问题。在这个过程中，宗教意识、功利主义、西方中心主义等制造了很多误解与偏见，理解中国最终变成了一种单向的中国阐释学。基辛格对于中国问题有实证性的思考，但这种方式在西方仍旧是稀缺的。既然如此，在这个关于自我认识的问题上，我们又怎么能随意地借用西方的观点、理论与方法？筑室道谋，可能会歧路亡羊。

　　中国的现代化源于一种内在的意志，尽管这种意志是被迫产生的，

－1 徐秀丽编：《我是一个中国的美国人——李敦白口述史》，北京：九州出版社，2014 年，第 315—316 页。
－2 ［美］史景迁：《大汗之国：西方眼中的中国》，阮叔梅译，桂林：广西师范大学出版社，2013 年，第 7 页。

而且在当下这个时刻，我们在很多方面仍旧受惠于西方文明，但一个确定的问题是：中国现代精神源于一种不同于西方文明的类型。近二十年，德国学者哈森普鲁格在中国任教（哈尔滨工业大学、沈阳建筑大学、同济大学），看到贫困落后的中国如何变成崭新的中国，他并不认同用"中国的西方化"解释这个过程：

> 中国其实根本不是西方化。中国的确在大量地消费西方产品，同时将之彻底消化，用以构建一个新的，仍然还是中国的社会……这种看法同样适用于中国城市的发展模式。那些乍看上去所谓西方化的东西在经过进一步考察后，就会暴露出其本身对于中国传统的深深依赖。[1]

在这里，我们需要澄清一个问题，即"西方的现代性"在严格意义上并不成立。英国有自己的现代性，其特点是长期稳定的代议制度和高效的世界殖民主义策略，不断打开其他地区的边界，释放自身的动荡。法国通过内部革命，在各个地区、各个阶层、各个领域逐次、反复地实践现代精神。这是一个长期的、消耗性的过程，历经百余年最终确定了现代性的特点。美国借用了源自欧洲的古典制度和现代制度，依赖奴隶贸易所提供的稳定劳动力，以及从印第安人那里抢夺的地理空间，高效地完成了现代化。这是一个残酷无情的过程，并在部分意义上造就了美国的现代精神。在西方秩序中，德国的现代化更有破坏性。这是一种在西方内部反抗压迫的破坏性，也就是反抗英国的

－1［德］迪特·哈森普鲁格：《中国城市密码》，童明、赵冠宁、朱静宜译，北京：清华大学出版社，2018年，第7页。

殖民主义、法国的文化优势。这种反西方的倾向是 20 世纪西方动荡的根源。德国为此受到了历史审判，但以间接方式制造这个悲剧的英国却没有受到历史审判。这个世界上还有一些保留王室的国家，例如丹麦、瑞典、西班牙、葡萄牙、比利时等，它们通过温和的政治变革完成了现代化。在 19 世纪工人阶级崛起的时代，国王和贵族不断妥协，避免了旧制度的灭亡，并奠定了现代制度的根基。

我们可以从这些国家的历史中发现一些相似性，但无法回避其中的差异。这些差异几乎瓦解了"西方现代性"作为一个概念的可能。中国的现代化策略和进程有别于这些国家，既有反抗殖民主义的内涵，也有现代革命的内涵；既有对外学习的愿望，也有维护民族意识独立的目的。所以，中国现代化不能拒绝全球化的策略，更不能放弃自身的创造精神。在中国现代化开端之际，这个问题已经出现。在赴法勤工俭学时，陈毅希望以旁观的视野，而不是完全浸入的视野去观察西方：

> 我来法国差不多两年了，对于彼邦学术自惭毫无研究，因为我的初意是欲先观察事实，从复杂的社会中找相同的关系与因果，然后研究前人遗留的学说，与自己的实验相印证，并且同时可以解决生活问题，调剂不生活的罪过。这是我希望的工学美满生活，是我到法国的初志。[1]

在中国现代化全面开启后，这个问题又屡次出现，尤其是在外部

- 1 陈毅：《我两年来旅法勤工俭学的实感》，选自清华大学中共党史教研组编：《赴法勤工俭学运动史料》，第二册，北京：北京出版社，1980 年，第 47 页。

力量起主导作用的时刻。1958 年，针对苏联专家援华的弊端，毛泽东在成都开会时说明了这个问题的症结所在：

> 规章制度从苏联搬了一大批，已经深入人心，各部都有，搬苏联的很多，害人不浅，因为我们不懂，完全没有经验，横竖都不知道，只好搬。如办报纸，要搬《真理报》的一套，不独立思考，好像三岁小孩，处处要扶，丧魂失魄，丧失独立思考。[1]

经过近百年的探索，中国现代化最终回归自身文明的逻辑。中国革命采取了农村包围城市的策略，而中国现代化采取的是城市策略。在这个过程中，农村不断为城市提供人力、物力和精神力。我们不能说农村被完全放弃，但一个明确的事实是，现代精神已经在城市中慢慢展开，以具体或深刻的方式。城市景观日新月异，新式的建筑理念、平等的人口政策、越来越高效的公共服务和制度规划，以及接纳批评的能力已经将城市塑造为中国现代精神的象征。而农村景观基本上处于停滞状态，因为越来越多的人进入城市，从现代分工制度中获得了自然秩序所无法提供的生存条件。

有人可能会批评现代城市文明引起了过度的竞争，以及过度竞争所激发的道德冲撞。这是一种源于个体感觉的判断。在历史理性的意义上，这是一种超越了生存权的、更高层次的竞争。这种竞争将个体心理从对于生存困境的担忧转向对于个体发展的担忧。在现代城市里，一个人只要努力工作，就可以衣食无忧，不会受到饥饿或死亡的侵袭。

－1 转引自沈志华：《苏联专家在中国》，北京：社会科学文献出版社，2015 年，第 234 页。

在现代分工制度中，他可以选择建筑、教育、商业领域，也有机会进入公务员系统。尽管每次选择都要经受高强度的竞争，每个行业也都需要艰苦的努力，但个体有充分发展的自由。这是经济意义的自由，也是心理意义的自由，即独立意志。

公共制度出现在这些竞争的开端，制定优胜劣汰的基本规则，作为维持公平的力量。公共制度也会出现在这些竞争结束的时刻，以区分的方式确定胜利者，又以不区分的方式实践博爱主义，为那些失败者提供基本的生活保障，维护其社会身份的稳定。就此而言，我们可以说城市文明是中国现代性的主体结构。

在以城市文明实践现代性的过程中，中国问题与西方问题有一个本质的不同。殖民主义与帝国主义是西方现代性的基础，而中国的现代性源自于对抗殖民主义和帝国主义，所以是西方现代性的反面。中国的经济增长不是借助于对外侵略或剥削，中国的对外交往不是通过压迫与强权。这意味着现代性的中国类型与西方类型之间存在一种内在的冲突。

然而，缓解这种内在冲突的方法不在于模仿西方，因为中国文明中没有对外掳掠的愿望。我进入这个城市的博物馆，依次经过原始时代、古代、近代和现代展览类别，其中有很多断裂与消失，但没有来自异域的陈列品。相反，在近代和现代展览品中，对抗殖民主义和帝国主义是最重要的主题。然而，在法国卢浮宫地下一层，我看到了一个让人惊奇的外来世界。这是一片完整地阐释文化劫掠内涵的展览品。文化劫掠是一个神奇的历史动作，因为它的罪业能被时间洗白。经济劫掠或政治劫掠通常会被隐藏起来，当被揭示后，也会有人为之掩饰、辩解。但文化劫掠却不同，它希望对外展示，劫掠会幻化为隐秘的高傲。在这个地下空间，游览者们被来自远方的古典文明体系所震惊，从而忘记了已经消失的劫掠动作，甚至对这个动作充满了敬意。

我在 19 世纪初法国人从埃及搬来的城墙、纪念碑和木乃伊中穿梭，寻找罗塞塔石碑。公元前 196 年，埃及人用希腊文字、古埃及文字和当时的通俗文字刻写了一篇国王诏书。西方考古学家发现了这块石碑，然后对照这些语言，成功破解了已经失传的埃及象形文字。我在卢浮宫里来回多次，但没有找到，所以向一个管理员求助。他六十岁左右，花白的胡子，眼睛里有监视者的敏锐。我问罗塞塔石碑在哪里，他安静地看着我："那块石碑在英国的博物馆，你在这里找不到。"说完后，他的目光转向右侧，保持观看的敏锐。"太遗憾了，你们当年怎么没抢过来。"他转过头，再次看着我，眼睛里的敏锐消失了，一种类似于无奈或厌烦的东西出现了。他闭紧嘴唇，又耸了耸肩，以此结束对话。

对于西方人而言，中国文明的连续性是个难以理解的问题，另一个与之类似的问题是：这个文明在其最强势的时期，为什么没有实行帝国主义或殖民主义？从远古时代流传至今的温和与善良既是中国文明延续的风俗基础，也是中国现代化的风俗基础。这是一种不可见的、非文本化的传统，以宽容、坚韧的方式平衡现代化所激活的流动性。这是一种不可避免的流动性，在庞大的空间里变成难以描述的状态，有时会冲散传统时代的情感和道德平衡，从而导致来自远古的优良品质处于悬空状态，并引起一系列社会问题。尽管如此，中国仍旧没有对外实行帝国主义或殖民主义。

根据历史经验，对于殖民主义与帝国主义的拒绝会延缓现代化进程，并有可能导致过度的内部消耗，所以中国无法像日本、美国、英国一样在短时间内完成现代化。但正是由于这种方式，中国现代化策略才有普世的正义性。有人可能会否认这个问题，或没有发现这种正义性的存在，尤其对于那些习惯于使用个体理性和情感的人，但在宏观历史理性的意义上，这种正义是存在的。1868—1872 年，德国人李希霍芬在中国考察，近距离观察中国风俗，对于很多问题发表了观点，但在这个问题上，他的判断是错误的，至少表现出了让人厌恶的利己主义：

> 这种落后对我们来说或许不是坏事。假使中国人的教育水平和精神力量一下子达到与他们的智力相匹配的高度，那么黄种人必定会向世界其他地方进军，还好现在他们只有为我们生产茶叶和丝线的能力。[1]

在现代思想界，关于殖民主义、帝国主义与现代化的关系，西方人更愿意选择沉默或回避，也就是否认他们曾经实践了这种关系，然后转向现代国家的权力分配、阶级变化与社会改革等问题，并将这些因素作为现代性的前提。实际上，他们有意忽视了两个问题：一是西方现代化对于这个世界造成的伤害，这是一种长久的、根本性的伤害，有可能会击垮一个民族的心理，使之接受殖民主义的历史后果，逆来顺受，失去希望；二是在这个世界上，有些民族并不需要现代化，他们更喜欢原始的风俗传统，而且会生活得更好，但他们还是被卷入了这个过程，作为附属或被压迫的角色。

－1［德］李希霍芬：《李希霍芬中国旅行日记》，上册，李岩、王彦会译，华林甫、于景涛审校，北京：商务印书馆，2016 年，第 111 页。

爱默生被誉为美国现代精神的代表、盎格鲁—撒克逊文明在美洲土地上孕育的杰出后裔，优雅、深邃、独立、宽容。1837 年 8 月 31 日，在马萨诸塞州剑桥镇，他对美国大学生荣誉学会发表演讲，主题是"美国学者"。这个演讲意义重大，并被视为美国精神独立于英国文化的标志：

> 文艺爱好是一种无法消除的本能。但这种本能应该更进一步，它将会变更一新——也许变更的时刻已经到来。美洲大陆的懒散智力，将要睁开惺忪的眼睑，去满足全世界对它多年的期望——美国人并非只能在机械技术方面有所成就，他们还应该有更好的东西奉献给人类。我们依赖旁人的日子，我们师从他国的长期学徒时代即结束。在我们四周，有成百上千的青年正在走向生活，他们不能老是依赖外国学识的残余来获得营养。[1]

在爱默生呼吁创造美国精神的这一年，美国人在西部大规模地屠杀了印第安人。而之前的一年，他们也屠杀过，之后的一年又大规模地屠杀两次。根据粗略统计，从 1539 年到 1837 年，西方殖民者和美国人针对印第安人的有组织屠杀发生过 67 次，从 1837 年到 1911 年又有 78 次。对于一些人而言，这是几个无关痛痒的数字。但对于另一些人，这些数字里隐藏着无数的家破人亡，一个待产的印第安女人被杀死了，而她腹中的胎儿随后也会窒息而死……

1833 年，达尔文在美国考察时，遇到了一支屠杀印第安人的军

－1 ［美］爱默生：《美国学者》，《爱默生集》上卷，赵一凡、蒲隆、任晓晋、冯建文译，赵一凡校，北京：生活·读书·新知三联书店，1993 年，第 62 页。

队，指挥官向他讲述了一次屠杀的经过。前不久，他率领 200 名美国兵去科罗拉多北部，围剿一个印第安人部落。他们很快发现了这个部落的行踪，男人、女人和孩子共计 110 人。美国兵发动了突袭。这些人大部分被杀死，无论是否抵抗，所有 20 岁以上的女人也难逃厄运。达尔文对此很不理解，那个美国兵反问道："为什么？我们做什么才好呢？要知道她们又会养出这种人来。"[1]

达尔文从这个美国兵的描述中看到了一种历史性的残酷。尽管这种残酷不是美国精神的全部，却在这个时刻展示了美国精神的特点：

> 这里的每一个人都完全相信这是最正义的战争，因为它是反对野蛮人的战争。现在这个时代，究竟有什么人能够相信，在一个基督教的文明国家里，会干出这类残酷无情的事情呢？印第安人的孩子们幸存下来了，他们被卖掉或送给人当仆人，甚至奴隶。[2]

借助于人口清空策略，美国扩大了领土，同时也以矛盾的方式塑造了美国现代精神。这种精神中既有卓越的品质，也有残酷与野蛮。20 世纪初，美国是世界秩序的主导者，逐渐控制了这个世界的石油供应、物质生产、货币兑换制度。美国军队在世界各地驻扎，美国男人的爱情冲动也在世界各地生根，留下了很多被父亲遗弃的孩子。那些在美国文明扩张中幸免于难的印第安人、那些失去了父母的孩子，他们缺少表达苦难的方式，只能用沉默去消解无法言说的悲剧性。

- 1［英］达尔文:《达尔文自传》，曾向阳译，南京：江苏文艺出版社，1998 年，第 151 页。
- 2 同上，第 151 页。

　　这种沉默塑造了无限绵延的受害者心理。在现代历史上，这种心理被淹没，或被曲解。在一些人的记忆中，它并未完全消失，而是作为家族故事、种族故事一代代传承，长久啃噬着一群人的存在感，却无法以准确的状态进入公共话语。在殖民主义已经侵入语言领域、并控制着表达方式的时代，这种心理无法对外展示，也就不会变成历史记忆。

　　我在这里重提这些历史情节，目的并不是彻底否定西方的现代事业。实际上，这是一个不可能用文字实现的目的，因为在人类历史上，文字对于既定结果并没有改变的力量，甚至没有让人反思的力量。我的目的仅仅是说明西方现代性制造了一个世界性的人道主义悲剧。这个悲剧仍在延续，从实践层次进入了诡辩层次，因为西方人，包括政治家和知识群体，至今仍旧在回避这个问题，既不承认，也不负责，但是对外征服的愿望依旧热烈。在艺术领域，古希腊戏剧家以虚构的方式展示了人性的残酷。而在现实中，印第安人和他们的孩子以直接、具体和可见的方式展示了这种残酷。客观而言，西方在很多领域提升了人类文明，但无可讳言的是，在人类历史上，西方现代性从实践意义上制造了这个悲剧。

　　这是一个被压抑、被埋没，或受到政治目的或语言目的控制的历史悲剧。在殖民主义、帝国主义与现代性的关系上，西方历史展示了一种相似性，也就是说，他们共同制造了这个残酷的历史逻辑，然后希望回避或隐藏这个逻辑，并最终形成了回避或隐藏这个逻辑的精神默契。一直以来，他们将这种默契归结为共同的追求，尤其是政治追求，例如对于民主、自由的信念，并希望用这些信念再次控制这个世界。这是一个政治目的主导的思想策略，也是一个诡辩性的思想策略，足以诱惑那些沉迷于文字逻辑的人。在现代历史上，民主与自由是两个有限度的概念，即使在一个国家内部也难以彻底地付诸实践。在跨越不同肤色和种族时，这些概念的内涵往往会解体，不但没有实践力，反而有可能走向它们的反面。

然而，我们不能将这个问题完全归咎于西方政治家，因为西方思想家在概念与实践的关系上有认知偏差。一个概念几乎都有地域性的内涵，而且这个内涵往往是基础性的。西方思想家并不重视这种情况，相反会直接或间接地渲染这个概念的普世内涵。一个人提出了一个概念，然后希望放之四海而皆准，这是一个经天纬地的愿望，但实际上是蒙昧自大的愿望。既然如此，西方政治家也就可以毫无顾忌地强调地域性概念的普世价值，无论他们是否言行一致，但一个负面的后果是：当这个概念在域外之地遇到实践困难时，一种意识形态的对抗就出现了。他们可能并没有放弃传播概念的愿望，但更希望制造对抗，结果事与愿违，自己也陷入了求之不得的迷途。

在理解现代性的中国类型时，一个基础问题是区分个体理性与历史理性的评断范畴。也就是说，一个问题对于个体理性而言是令人难以忍受的，但对于历史理性而言却是合理的。与之相似的是，在理解西方现代性的进程时，一个基础问题是区分一个概念对内实践的内涵与对外实践的内涵，我们会从这种区分中发现理想与现实之间的矛盾。这是一个西方政治家们所热爱的矛盾，因其是一个比文化劫掠更隐晦的问题。他们可以用正义的借口去破坏，名正言顺地实践非正义。例如民主与自由，在对外实践时，它们的真实内涵被有意地悬置，西方政治家会丢弃对于民主与自由的信仰，无所顾忌地实践无意识的残忍。

在一些重要的历史时刻，这种无意识的残忍为西方国家开启了现代的序幕，但也在其他地区制造了历史性的悲剧。对于这些备受损害的地区而言，现代性意味着一种非道德化的席卷与碾压。一个个土著族群消失，一个个古老的政治体坍塌，数以千万的人死去，数以亿计的人变成了被任意支配的符号。

在全球化时代，当我们发现西方人仍旧希望延续这种席卷与碾压的时候，当我们发现他们遇到阻挡后就会愤怒，转而指责阻挡行为违背现代正义的时候，当我们发现没有法律、道德或政治逻辑能够为那些受到席卷和碾压的人恢复名誉，也无法让无情地实践席卷与碾压的冒险家们认识到自己的问题、并敢于承担责任的时候，一种现代性的危机就出现了。

这是现代人面临的真正危机，因其关乎人类的未来。这种危机不同于西方思想家的现代性批判，他们更多的是在讨论现代人面对技术、服从、消费、科层制度时的困境，这些讨论汇集为一个地域性的思想类别，即"西方文明危机"。但这个世界性的危机要比"西方文明危机"深刻得多，因其是一个普遍正义是否存在的根本问题。

对于那些仍旧被席卷和被碾压的民族，这种危机从没有消失过，所以他们对于是否要开启现代化往往需要长久的审视。即使已经全面开启，他们对于现代性的前景仍旧存有疑虑。物质力量会让一个国家无限强大，但也会加速它的毁灭。它往往不会在孤独中自我毁灭，而是在挑起争端、希望毁灭其他国家的过程中走向毁灭。

根据历史经验判断，中国的现代性并不是制造毁灭，因为这是一个有别于西方现代性的类型，那么应该如何阐述这个类型？我们可以根据本雅明、弗洛伊德、福柯、雅各布斯等西方思想家的理论分析这

个类型，因为他们对于现代精神的论述有普世性的维度。在逻辑化和
修辞术的辅助下，这些理论可以用于那些已经开启现代化的多数国家，
包括中国。但这不是阐释这个类型的最好方式，因其会掩盖中国问题
的特殊性。这种特殊性不仅仅是一种不同，也包含了对于西方现代性
的内在批判。

　　20 世纪八九十年代，中国学术界已在接触西方后现代理论。这是
一个在现代化晚期出现的思想类型，对于当时处在现代化初期的中国
而言是抽象的。在那个时刻，我们难以理解：一个国家实现了现代化，
为什么还会有那么多忧虑、漂泊的灵魂。物资供应极为丰富，人的生
存权得到了最大程度的保护，但整个社会却受到无处不在的紧张感或
无用感的侵袭。

　　近二十年，当现代主义真正到来的时候，我们在两个方面陷入其
中：一个方面源于现代性的外部状况，即中西现代性的不同类型意味
着潜在的对抗；另一个方面源于现代性的内部状况，即效率、分工等
现代秩序驱逐了自然意义的安宁与秩序，从而制造了一种无限漂移与
根源消失的困境。那些思考现代化的中国学者也陷在其中，无法获得
置身事外的客观视野。在现代分工制度的要求下，他们不停地填写考
核表格，一次次地向分工制度汇报，展示自己的价值，证明自身存在
的合理性。这是一种高强度的竞争，很多人为此筋疲力尽，然后陷入
身份迷茫或精神流浪的境地。

　　20 世纪后期，中国学术界对于西方后现代理论的引介并未减轻当
下的心理困境。但我们不能就此说这个超前的学术潮流是没有意义的，
因为当现代状态真正到来时，我们对于其中的问题至少已不再陌生。
然而，我们也不能否认：这是一种虚拟的意义。在西方后现代理论流

行的时刻，中国的现代性还没有出现，所以这些理论仅仅是一种来自远方的幻觉与抽象。

当我们完全进入现代性的时候，"后现代"才真正地成为一个需要面对的问题。数字革命和人工智能在西方现代性与中国现代性之间创造了合流的机会，但这并不意味着我们就能用西方理论来设定思考的方向。西方现代理论，作为一个来自异域的、非同时性的抽象体系，在很多方面无法阐释中国问题的独特性，例如中国文明的连续性与现代化的关系，以及现代城市中的物质、语言与日常景观中所涵盖的现代精神。

如果要降低或消除西方理论对于中国思想的影响，关于此时此地的分析视野是必要的。为了实现这个目的，我们有必要反思依附于西方理论的弊端，但不能一味地批判西方中心主义，因为这种批判仍旧属于西方中心主义的附属类别。对于西方中心主义，我们完全可以忽视它，然后以独立的态度构建一个关于此时此地的思想类别。这个类别最初可能是不完备的，但不完备并不是这个愿望受到轻视的理由，因其能回答地域性和同时性的问题，也能作为一个独立的思想结构，平等地观看西方中心主义。

客观而言，中国思想已经具备了实践这个目的的前提，即对于西方的全面认识，尽管这个过程是艰难的。16—18 世纪，对于中国而言，西方威胁还是可以忽视的，对华侵略的目的基本被中央和地方机制所化解。但在 19 世纪，西方国家掌握了全球性的物质生产和供应体系，并在对华交往中高效地实践政治、经济和文化目的。对于那时的中国，西方已经是一个实际存在的胁迫力量。在之后的百余年，中国全力应对这个充满挑战、让人无所适从的问题。1933 年，胡适在北京大学讲学，在分析这个问题时，他借用了美国学者托勒的观点：

> 在其他地方一点点取得进展的经济、政治、知识运动，在今日
> 的中国同时躁动着，文艺复兴、民族主义，创造独立自主的统一国
> 家的努力，以及为此而与地方分裂独立的斗争、东部沿海工业革命
> 的开始，以及随之而来的批评与热切希望……所有这些，以及许多
> 其他问题，发生在一代人的时间里。[1]

这个艰难的适应过程展示了一种类似于伟大史诗的内涵，丰富、深刻、出乎意料、千变万化。无数人的命运被改变，瞬间从传统状态进入现代状态。20 世纪后期，中国从被动转变为主动，在很多领域影响着人类历史的方向。一个曾经备受轻视的孤独者变成了一个引人注目的独立者。

对于西方国家而言，这个转变制造了令人难以缓解的震惊。这种震惊源于两个问题：一是中国现代性的高效实践，不到半个世纪，中国打碎了被席卷、受压制的状态，初步获得了与西方文明平等对话的机会；二是中国现代性是一个不同于西方的类型，西方历史模式无法解释，但作为一个既定结果，现代性的中国类型已经展现。

在中西交往的历史上，西方人并非初次遭遇这种震惊。16 世纪，来自意大利和法国的传教士看到这个庞大的文明时，就感受到了这种震惊。他们来不及学习汉语，只能仓促地按照汉字发音去理解这个文明。《四书集成》被粗糙地翻译成 *Sse-chou-tsi-tching*，《十三经》翻译

－1 转引自胡适：《中国的文艺复兴》，欧阳哲生、刘红中编，北京：外语教学与研究出版社，2001 年，第 153 页。

成 *Chi-san-King*，《日讲四书解义》翻译成 *Ji-kiang-sse-chou-kiai-i*……

在语言交往的历史上，这是一个奇幻的现象。面对这个来自远古的、无限绵延的文明，他们表现出了文明意义上的失语症，即一个文明初次接触另一个文明时，由于判断失误而导致的交流落差。预定的交往策略失效了，他们只能被迫做出调整，然后发明了一种完全不同于奴役非洲和南美洲的策略，也就是有限度、有区别地采用军事、经济或文化方式，例如侵略、压迫、诱惑、炫耀等，以间接的方式实现自己的目的。

而在当下，这种震惊又一次出现。这是一种历史性的感受，可能会延续很长时间，并深刻地影响他们对于中国的认识。但在一些方面，西方思想界采取了非历史性的语言学策略，即用语言方式维持曾经的状态，掩盖已经发生的事实。有些西方政治家更不想接受这种改变，所以他们的理性在一些时刻处在失控的边缘。客观而言，他们有理由这样做，因为这个变化出乎意料。近两百年里，他们习惯于担任思想导师和实践导师的角色，但是他们的目的不是维护这个导师的尊严，而是在导师角色的掩盖下实践民族主义的目的，同时也制造了一个征服性的语言—行为模式。

英国考古学家斯坦因在莫高窟的场景最大限度地解释了这种现象。1906—1908 年，1900—1901 年，斯坦因赴甘肃和新疆地区考察，发现了楼兰古城，1906 年重返中国，抵达敦煌莫高窟。他雇用蒋孝琬为参谋，与守门人王圆箓达成协议，支付一定的银两后可随意选取经卷、文书、画像。斯坦因和蒋孝琬搬了七个晚上，共计 24 箱。很快，王圆箓反悔，锁上了房门，这个文化侵略的过程才终止，但斯坦因认为那是公平的："王圆箓得到了很多马蹄银，对于自己的良心和寺院的利益，他都觉得满足，这足以说明我们是公平交易。"[1]

　　自 1792 年英国马戛尔尼使团访华之后，西方人要求清政府遵守国际法，然而，西方人对于中国的文化掠夺却处在国际法之外。他们妥善地保管来自中国以及东方的历史遗物，开创了东方学的完整体系，自 1871 年至今，"国际东方学会议"已举办 37 届，英国、法国、德国、意大利、荷兰、比利时设有"东方学会"或"东方研究会"之类的机构。

　　在这个征服性的语言—行为模式中，东方要一次次脱光衣服，让西方观看，让西方的知识权力有管辖的对象。最初，西方入侵者是拿着鞭子、高声叫喊的野蛮人，现在是优雅博学的绅士。西方本来是一个充满了内部矛盾的空间概念，但在掳掠东方的过程中，这个概念变成了一个统一的文化意识。"被观看的东方"与"观看东方的西方"构成了一个悲剧意义的辩证法，其中的悲剧性在于西方人所主持的东方学会邀请东方人参加，参加的东方人有时会以此为荣。

　　1978 年以来，这个辩证法的结构已经改变，这个征服性的语言—行为模式也受到了挑战。对于西方国家，这是一个从主动到被动的变化；对于中国，这是一个从被动到主动的变化。一般而言，我们并不敬重那些身处优势地位而保持优雅的人，因为这是一种过分的自尊，或功利主义主导的表演类型。对于这种人，我们更希望在他们身上看到独特个性的真实表现，也希望看到他们在命运转圜中对于败落的理解。在绝对败落或相对败落发生后，如果他们仍旧保持着优雅，这才是真正的优雅，也是令人敬畏的品格。

- 1［英］斯坦因：《西域考古记》，向达译，北京：商务印书馆，2013 年，第 205 页。

现代性的中国类型为西方的冒险家们提出了这个难题。在中国现代化早期的困境中，胡适曾提出中国如何应对西方的策略。这个策略是站在中国文明的角度，而现在这个策略转移到西方的角度。在历史理性的意义上，西方人有必要像之前中国文明接受西方文明一样，重新审视中国文明，然后提出一个有别于民族主义或殖民主义，却符合历史理性的策略：

> 我们中国人如何能在这个骤看起来同我们的固有文化大不相同的新世界里感到泰然自若？一个有着辉煌的历史，并且自己创造了灿烂文化的民族，面对一种从异域他国输入的新文化，并且是因民族生存的外在需要而被强加于它的新文化时，决不会感到自在的。这完全是自然的，也是合理的。如果这种新文化不是被旧文化有组织、有系统地吸收同化，而是突然全盘替代旧文化，而引起旧文化的消亡，这肯定是全人类的一个重大损失。[1]

在当下的全球化时代，现代性的中国类型已经清晰地出现。这个类型源于一个连续的文明，以及这个文明内部多次艰难的调整。在强大、无情的西方力量面前，这个文明不得不采取被动的应对策略，而且在个体理性的意义上，被动策略衍生了很多屈辱感，但在历史理性的意义上，这个策略创造了一个深奥的历史心理空间。

经过这个心理空间的缓冲后，强大、脆弱、屈辱、高傲、短暂、永恒会以符合历史理性的状态出现：强大不再是脆弱的反面，即使在

—1 胡适：《中国的文艺复兴》，第16页。

民族主义的逻辑中也未必会变成永久的控制；高傲的表象虽然会转瞬即逝，它的历史后果却可能是长久的；对于一些人而言，群体心理的屈辱感有时是不可见的，但这种心理最终会影响到个体的命运……在从传统向现代的剧变中，这个连续性的文明让每个身处其中的人都获得了深奥的洞察力和应变力。

现在，智慧的轮盘转到了西方文明那一边。他们如何面对现代性的中国类型，理解还是对抗，延续之前的殖民主义思维，还是在全球危机时代实践普遍的正义，至少是相互尊重？这是一个世纪性的问题，关乎这个世纪历史理性的基本状况。在已经开始二十多年的新世纪里，与这个问题同等重要，或比之更重要的问题还有很多，例如能源与环境问题、和平与战争问题等，但这个问题是对五百年现代历史意识的重新注释。

对于西方人而言，平等客观地接受中国文明并不容易，可能像中国接受西方文明一样艰难，甚至更难。2011 年夏天，我来到巴黎政治学院国际研究中心（CERI），进入法国汉学家让-吕克·多梅内克（Jean-Luc Domenach）的工作室，四周书架上摆满了中国文献，包括毛泽东、周恩来、刘少奇、邓小平、陈云等人的作品，还有很多报纸。他向我说明这些书的来源和类别："都是在中国买的，你一定不陌生。这是我的一部分书籍，还有很多在我的家里，你知道单靠这点书是无法理解中国的……我们今天的谈话是坦诚的，你可以录音，也可以拍照，我希望看到你们年轻人发挥出你们的力量"。之后，我们相视而坐，谈到了他的新书《中国让我不安》：

　　我首先告诉你这本书的写作背景。2008 年初，我希望到中国去研究，但没有获得签证。我认为这是一个重要的机会，因为中国马上要举办奥运会，所以我求助于萨科齐总统，他出面帮忙，我获得了签证……我主要在北京活动，雇用了一辆出租车，每天到各种场所……由于观察范围有限，这本书的一些结论可能并不正确，但有一个问题是明确的，即我们要密切关注中国的发展，这对于我们理解中国很重要。

2008 年，多梅内克出版了《中国让我不安》。对于这个世纪性的问题，这部作品是一个来自西方的传统解释。其中的"中国"是在现代化进程中快速变化的中国，而"我"不只是多梅内克，还有一批与之有共同感受的西方人，他们将中国看作潜在的威胁："中国为经济发展投入大量的劳力因素，如果他们为之投入同样多的智慧因素，那么西方所拥有的东西会不会消失？"[1]

在中西交往的历史上，我们从来没有像现在一样安静地看着西方，听着他们的各种评论，无论这些评论对我们有利还是不利，是有根据的还是无稽之谈。借助于即时性的全球信息机制，我们对于西方的历史与现在、理论与实践已经有更加客观的认识，在很多问题上知道他们为什么反对、为什么认同、为什么言不由衷，以及他们为了证明自己的观点而采取的各种方式，无论这种方式是符合正义的，还是违背常理的。对于中西交往而言，这是一种回归真实的状态，而只有真实才能维持平等的对话，尽管这种真实有时会让西方不满，有时让中国不满，但谁都无法用回避真实的方式去获得尊重。

- 1 Jean-Luc Domenach, *La Chine m'inquiète*, Perrin, 2008, p.11.

　　客观而言，这个世纪性的问题在很多方面超出了个体理性的范畴。很多人可能已经意识到这个问题的重要性，却无法从历史理性的角度概括它的内涵，甚至也无法用语言清晰地展示它的复杂性。然而，既然一些历史性的误解在西方思想中长期存在，关于永久和平的想象迟迟不能实现，但仍旧是可以预期的，那么作为永久和平的支持者，我们有责任用实证性的方式提出这个世纪性的问题。

　　为了实现这个目的，我能做的是在这个东北的工业城市里行走，从那些正在生长或已经失效的日常景观中寻找中国现代精神的具体表现形式。对于回答这个世纪性的问题而言，个体化的景观叙事只是局部的视野，但也是必要的视野。在新冠病毒在这个世界蔓延，并断绝了自由旅行的时刻，这个视野需要承担起沟通的职责。

　　作为宏观历史中一个可有可无的普通人，我走进这个城市的内部，开启自己的感觉机制，在无限多的此时此地，观察不断变化的线条、颜色、文字、声音和行为，从中寻找现代精神的具体象征，据此说明现代性的中国类型及其与西方类型的差异。这是一种即时性的实证主义。为了观察这些不断出现、相互重叠的此时此地，我有意放弃了西方理论的指引，也不再满足于抽象推理或虚拟逻辑所制造的语言幻觉。

　　相比于我的正常工作，也就是在时间与空间的悬空中阅读历史档案，或利用各种现成的理论构建逻辑严密的分析结构，这是一种个体化的写作方式。我诉诸自己的感觉，并相信这种感觉源于这个时代的精神，然后用具体、直接的方式说明它的特点。在日常景观与历史时间或历史记忆之间构建清晰明确的关系，这是一种新的历史哲学的实证基础。

后
记

这是一个有无限可能的实践写作系列，因为当下是不断变化的，每时每刻都是崭新的，当下的空间状态也是无限的，所以生活在当下就意味着生活在无限的可能中。

　　这是"日常生活＆档案生成"系列的第三部，延续了前期作品的写作方向，即关注日常生活中那些无处不在、转瞬消失的物质、空间与人物状况。在人类历史上，这是一个隐蔽的领域，在文本意义上不可追溯、不可复原。我们所熟悉的文字制度并不能完整地表现这个领域，很多问题被裁剪，很多问题被忽视。

　　我的工作是历史研究，尤其是 17—18 世纪法国历史研究。在这个领域，我已经努力了二十年，进入了法国历史档案的最深层，但我仍旧无法回答一些基本的问题。我想了解法国思想家卢梭的生活状态、他的思想与日常生活有什么关系及其如何影响了现代社会的变革，文字制度并不能提供完整的分析视野，因为这是日常性的问题，在一个时刻无所不在，但最终消失不见。文字制度喜欢奇异、伟大、断裂，而日常生活是平凡的、重复的，缺少明确的意义，所以文字制度对于日常生活的忽视和裁剪有充分的理由，因其不符合阅读习惯。一个关于存在与虚无的本体论矛盾随之出现：在一个时刻、一个空间里，一种类型的日常生活无处不在，在人类历史上却不会留下任何踪迹。

　　为了克服这个矛盾，我决定重新审视当下的日常生活。这是我最熟悉的领域，为我提供了无限多的生存可能，但也是我所忽视的领域。我的生命仰赖于此，却对之视而不见，听而不闻。每时每刻，我都在制造着关于存在与虚无的本体论矛盾。

　　"日常生活＆档案生成"系列是为了克服这个矛盾，从思想意义上观看日常生活，记录这些具体的存在，使之避免彻底消失。这是一种实践性的写作方式，也就是将流动的日常生活变成可追溯的叙事，向当下的人和未来的人展示这些被忽视的意义。这个愿望是一种方法，一种应对日常流动性的方法。

《流动的丰盈：一个小区的日常景观》是这个系列的第一部，历时八年完成了一个小区的日常叙事，目的是突破文字制度对于这个微小空间的忽视或裁剪，在情感意义上提出"小区"的概念，进而说明这类小空间的心理内涵。小区是现代城市的基本生活场景，就像传统时代的村庄一样。我们不知道一百年后的人会在什么样的场景里生活，但在这个时代，小区是我们的生活场景。实际上，这是一种通向未来的档案类型，让未来的人看到这个时代的日常生活，让那些存在过的东西具有显示的能力。所以，这是一个记录流动性的文本学策略，最终目的是应对关于存在与虚无的本体论矛盾。

《驶于当下：技术理性的个体化阐释》是这个系列的第二部，根据个体感觉阐释汽车对于现代文明的影响。汽车是日常生活中的技术综合体，它的存在状态同样被文字制度过度裁剪。20 世纪以来，汽车虽然极大改变了宏观历史和微观历史的进程，却没有以恰当的角色进入历史档案体系。我们在电影和文学作品中经常看到汽车，它会成倍地放大恶的力量，也能让正义及时地降临。但由于没有语言能力，这种机械化的力量总是一个边缘角色。根据电动车的普及情况，在未来的二十年或三十年，燃油汽车可能会从日常生活中消失。在现代历史上，这是一种重要的动力机制，为现代文明提供了稳定的移动性，但在不远的将来，它们会消失。

2014 年初，我开始思考这些问题：汽车在多大程度上改变了现代生活？如果没有汽车所提供的稳定的动力机制，现代文明又会发生哪些变化，是回归古朴，还是出现混乱？ 20 世纪的战争会不会不再那么残酷？现代城市文明会不会是另一种状态？2021年，这部作品正式出版。这是一个关于技术的档案类别。即使燃油汽车彻底从日常生活中消失，未来的人仍然可以看到这个技术综合体对于人类文明的巨大影响。

这个系列的第三部表现的是一个东北工业城市的日常景观。这些景观基本上不会变成文字，也就不会进入历史档案体系。但在当下，它们共同构成了这个城市的基本状态，并以具体或抽象的方式阐释着这个城市的现代精神。这种精神会不断向后延伸，作为一个令人期待的状态。未来的人一定希望知道这个状态是如何形成的，当这个愿望与这个写作系列相遇时，关于"现在—未来"的思想传递进程就会变得圆满。

这部作品源于一种边缘的视野。对于我而言，城市是一个既陌生又熟悉的文明状态。我生命中的前十年是在农村度过的，熟悉传统熟人社会里的一切，之后进入城市，首先在小城市，然后在大城市。在日新月异的现代城市里，我始终像一个局外人，既属于农村，又属于城市，既不属于农村，又不属于城市。我已经在城市里生活了三十年，但在情感意义上，我仍旧感到无法完全融入现代城市文明。而在思想意义上，这是一种来自边缘的视野，一种从平常中发现不同的视野，我希望用它去记录这个城市的日常景观，发掘这个城市的现代精神，以及中国城市的现代精神。由于城市是中国现代文明的主体结构，所以我也希望从中寻找中国现代精神的具体象征。

这是一个有充分实证性的研究系列，所有的景观叙事都来自我的观看、感知或思考。我们可以称之为"当下写作系列""日常生活系列""档案生成系列""景观叙事系列""个体感觉写作系列""东北三部曲"或"发现中国系列"等。虽然每一部作品都有不同的叙事对象，但目的相同，也就是关注那些被文字制度裁剪并会彻底消失的日常生活。但在写作过程中，一个无法回避的问题多次出现：我采取了选择的策略，既包括空间意义的选择，也包括时间意义的选择。这是一个迫不得已的方法。在庞大、无限、变化的日常性面前，选择是叙事结束的前提。而没有选择，就要一直写下去，这将是一个没有尽头的叙事结构。

其中一部分选择源自无意或迫不得已，因为我的感觉机制无法出现在这个城市的所有角落。另一部分选择源自对于归纳法的信任。在同时性的日常生活中，一个场景是另一个场景的重复，同时也是这一类场景的象征。对于文字制度的选择性，我是十分谨慎的，因为选择意味着失去。我希望避免这个问题，但事与愿违，并就此陷入了关于存在与虚无的矛盾之中。

这个系列出版后，一个思想共同体在我面前展现。之前，我希望遇到这个共同体，而现在它瞬间就在我面前展现。这个共同体源于我们对于当下的共同认识，既包括理性意义的认同，也包括情感意义的理解。一个当下的日常生活片段变成了文字，其中的同时性可能会让人厌烦，但也是构建共同认识的前提。来自古代和异域的叙事会有充足的惊奇感，让人沉迷、幻想，却未必有助于塑造关于当下日常生活的共识。前两部作品出版后，这个共同体很快就捕捉到了构建共识的愿望，我的理论诉求也得到了充分的理解，在深度和广度上都出乎我的意料。

在出版之前，我曾以为这种写作风格可能不受欢迎，因为当下的研究制度有明确的学科边界，跨越边界可能会失去身份认同的根源。

在写作期间，我想象着自己失去了这个根源，回归一无所有，然后在默默无闻中重新开始。但是一个判断让我敢于写下去：中国现代学术制度鼓励创造，并为之提供了足够多的保障，只要坚持独立思考，怀着希望，不怕失去，任何人都有机会进入现代思想的深层领域。即使如此，未来依旧是不确定的，然而不确定本身是一种关于无限的想象。但出版之后，不同领域的学者，还有很多关心中国问题的普通人以不同的方式表达了认可。

近年来，我基本上处在独立的研究状态，很少与外界接触。这些人我并不认识，之后可能也不会相见。所以，这是陌生人之间的深情厚谊，我希望有机会与之举杯共饮。嘤其鸣矣，求其友声，这是我继续写作的力量。同时，我也尊重那些不同的观点，并且做好了面对批评的准备。在现代社会中，每个人都有发表观点的能力，但也要有接纳不同的能力。现代独立人格创造了很多差异，这些差异让人更深入地思考，并意识到自我的存在。孤独中的自我存在意识是现代独立人格的基础，而具备独立人格又是思想创造的前提。

客观而言，这是一个有无限可能的实践写作系列，因为当下是不断变化的，每时每刻都是崭新的，当下的空间状态也是无限的，所以生活在当下就意味着生活在无限的可能中。但在写作过程中，一个困难越来越清晰，即创造的愿望往往是排斥相似性的。一个风格出现后，如果之后的作品延续这种风格，那么创造的内涵就会减轻，甚至消失。马尔克斯创造了《百年孤独》，如果有人模仿他的风格完成一个续篇，即使更魔幻，但已不再是创造。每一次创造都是一朵难以复制的花，只开放一次，后来的都是模仿。

我希望清晰地展示实践写作的方法。这是一个重要的目的，但也

是让人矛盾的目的，因为长期用一种方法写作，它所具有的开拓性会
就此消失。我可以无限次地重复，却不再有最初那种在未知中探索的
新奇。而根据预先的目的，我要用这种方法持续写下去，以直接、具
体的叙事记录自己的所见所闻，为后代人储藏这个时代的日常景观。
所以，这是具有矛盾性的写作状态：一方面是创造的愿望，另一方面
是为后代人写作的愿望，它们之间是相互排斥的，倾向于一个愿望的
任何决定都会压迫另一个愿望。

　　在我看来，这个系列更适合在五十年或一百年后出版，因为只有
时间能将这些同时性的日常景观变成有追溯价值的历史景观。上海书
店出版社诸位同道超越了纯粹的商业目的，将它们从未来拉到现在，
使之从未来的档案类别变成一面当下日常生活的镜子。我们与这个镜
子里的像没有时间距离，我们出现，它就出现。然而，没有距离感就
会缺少想象力，缺少想象力也就不能吸引人。鉴于此，我要向上海书
店出版社致谢。这不是一个肤浅的情感策略，也就是用语言投机或情
感表演的方式去宽慰他们。相反，这是一个严肃的思想策略，也就是
向勇敢、真诚的学术精神致敬。

徐前进

2022 年 10 月

图书在版编目(CIP)数据

现代精神之花:一个东北工业城市的具体与抽象/
徐前进著. —上海:上海书店出版社,2023.1
("日常生活&档案生成"系列)
ISBN 978-7-5458-2248-9

Ⅰ.①现… Ⅱ.①徐… Ⅲ.①工业城市—城市发展—
研究—东北地区 Ⅳ.①F299.273

中国版本图书馆 CIP 数据核字(2022)第 224377 号

责任编辑 俞诗逸
营销编辑 王 慧
封面设计 郦书径

现代精神之花:一个东北工业城市的具体与抽象
徐前进 著

出 版 上海书店出版社
　　　　　(201101 上海市闵行区号景路 159 弄 C 座)
发 行 上海人民出版社发行中心
印 刷 江阴市机关印刷服务有限公司
开 本 640×965 1/16
印 张 27.5
字 数 310,000
版 次 2023 年 1 月第 1 版
印 次 2023 年 1 月第 1 次印刷
ISBN 978-7-5458-2248-9/F·60
定 价 78.00 元